Leernetwerken

Leernetwerken

Peter Sloep
Marcel van der Klink
Francis Brouns
Jan van Bruggen
Wim Didderen

Houten 2011

© 2011 Bohn Stafleu van Loghum, onderdeel van Springer Media
Alle rechten voorbehouden. Niets uit deze uitgave mag worden verveelvoudigd, opgeslagen in een geautomatiseerd gegevensbestand, of openbaar gemaakt, in enige vorm of op enige wijze, hetzij elektronisch, mechanisch, door fotokopieën of opnamen, hetzij op enige andere manier, zonder voorafgaande schriftelijke toestemming van de uitgever.

Voor zover het maken van kopieën uit deze uitgave is toegestaan op grond van artikel 16b Auteurswet j° het Besluit van 20 juni 1974, Stb. 351, zoals gewijzigd bij het Besluit van 23 augustus 1985, Stb. 471 en artikel 17 Auteurswet, dient men de daarvoor wettelijk verschuldigde vergoedingen te voldoen aan de Stichting Reprorecht (Postbus 3051, 2130 KB Hoofddorp). Voor het overnemen van (een) gedeelte(n) uit deze uitgave in bloemlezingen, readers en andere compilatiewerken (artikel 16 Auteurswet) dient men zich tot de uitgever te wenden.

Samensteller(s) en uitgever zijn zich volledig bewust van hun taak een betrouwbare uitgave te verzorgen. Niettemin kunnen zij geen aansprakelijkheid aanvaarden voor drukfouten en andere onjuistheden die eventueel in deze uitgave voorkomen.

ISBN 978 90 313 8920 9
NUR 801, 807, 808

Ontwerp omslag: hAAi, Rotterdam
Ontwerp binnenwerk: Studio Bassa, Culemborg
Automatische opmaak: Crest Premedia Solutions (P) Ltd, Pune, India

Bohn Stafleu van Loghum
Het Spoor 2
Postbus 246
3990 GA Houten

www.bsl.nl

Inhoud

	Inleiding en leeswijzer	7
	Auteurs	11
1	Achtergronden en aanleidingen *Peter Sloep en Francis Brouns*	14
2	Leren in online sociale netwerken *Marcel van der Klink, José Janssen, Jo Boon en Marjo Rutjens*	36
3	Verder bouwen aan de kwaliteit van het leernetwerk *Peter van Rosmalen, Jan van Bruggen en Howard Spoelstra*	53
4	Ontwerpbenaderingen voor leernetwerken *Slavi Stoyanov, Wendy Kicken, Jo Boon en Marlies Bitter*	71
5	Welke technologie is behulpzaam voor een leernetwerk? *Henry Hermans, Marcel Wigman en Adriana Berlanga*	87
6	Diensten in het leernetwerk *Francis Brouns, Jan van Bruggen en Ellen Rusman*	106
7	Leernetwerken vanuit het perspectief van de individuele deelnemer *Hendrik Drachsler, Wolfgang Greller en Wendy Kicken*	128
8	Ontwerpen van leernetwerken vanuit organisatieperspectief *Steven Verjans, Marlies Bitter en Wim Didderen*	146

9   **Epiloog**   168
     Peter Sloep, Marcel van der Klink, Wim Didderen, Jan van
     Bruggen, Francis Brouns en Kees Pannekeet

     Algemene literatuurlijst   184

     Verklarende woordenlijst   191

     Register   198

Inleiding en leeswijzer

Kennisdeling, kennisontwikkeling en de leerprocessen die hiermee verband houden, staan momenteel erg in de belangstelling. De 21ste eeuw vraagt om een nieuwe benadering om innovatie en leren zodanig vorm te geven dat dit leidt tot een duurzame inbedding in bedrijven en organisaties. Daarbij gaat het niet meer alleen om innovatie en leren van een selecte groep van individuen, maar is het van belang ervoor te zorgen dat grote groepen in staat zijn om met elkaar en van elkaar te leren. Dit doen ze door het delen en samen verder ontwikkelen van kennis, teneinde de snelheid en kwaliteit van de innovatie van producten, diensten en werkwijzen te verbeteren. Eén manier om hier concreet vorm aan te geven is het creëren van leernetwerken.

Voor u ligt een boek waarvoor we als team hebben samengewerkt om op beknopte en heldere wijze te presenteren wat we onder leernetwerken verstaan en wat er nodig en mogelijk is om leernetwerken op te starten en verder te ontwikkelen. Bij het samenstellen van dit boek hebben we als auteurs rijkelijk geput uit onze ervaringen met opdrachtgevers en ons laten inspireren door de resultaten van (eigen) onderzoek naar de thematiek van leernetwerken. Het boek is gemaakt door de leden van de vaste staf van het Programma Leernetwerken van het Centre for Learning Sciences and Technologies (CELSTEC), onderdeel van de Open Universiteit.

Met deze publicatie willen we een brede doelgroep bereiken van professionals die in bedrijven en organisaties verantwoordelijk zijn voor het vraagstuk van kennisontwikkeling en voor het leer- en opleidingsbeleid. Maar ook individuen die in het kader van bijvoorbeeld een hobby, interesse of belangenvereniging eropuit zijn met anderen kennis te delen en verder te ontwikkelen, vinden in dit boek materiaal om te bepalen of en hoe een leernetwerk hieraan kan bijdragen. Het boek biedt zowel informatie over de redenen die ertoe hebben geleid dat leernetwerken meer in de schijnwerpers komen te staan als concrete informatie die nodig is voor het ontwerpen en verder ontwikkelen van leernetwerken. Deze combinatie van perspectieven maakt het boek ook uitermate geschikt als studiemateriaal voor studenten in het hoger onderwijs.

Leeswijzer

Het boek bevat negen hoofdstukken. De eerste drie hoofdstukken zijn vooral inleidend van aard. De daaropvolgende hoofdstukken belichten telkens een aspect van het ontwikkelen van leernetwerken en in het laatste hoofdstuk komen alle voorgaande hoofdstukken nogmaals aan bod.

Hoofdstuk 1 leidt het boek in. Het bespreekt en onderbouwt de noodzaak voor een andere vorm van leren voor postinitieel onderwijs. De vorm die dit boek hiervoor aandraagt, heet 'leernetwerken'. In totaal acht voorbeelden van leernetwerken komen in dit hoofdstuk aan bod. Vier vanuit het perspectief van de individuele lerende met een persoonlijke leerbehoefte en vier vanuit het perspectief van bedrijven en instellingen. De beschrijvingen suggereren eisen waaraan de leeromgeving die een leernetwerk is, moet voldoen. In de overige hoofdstukken van dit boek wordt veelvuldig gerefereerd aan deze voorbeelden. Dit alles laat zien dat leernetwerken geen gegeven zijn, maar ontworpen worden met eigenschappen die grotendeels bepaald worden door de behoeften van de voorziene gebruikers. Aangezien gebruikers van elkaar verschillen, verschillen leernetwerken ook van elkaar. Het hoofdstuk sluit af met een inventarisatie van de dimensies waarlangs leernetwerken onderling verschillen.

Hoofdstuk 2 gaat in op de vraag welke leeractiviteiten in een leernetwerk plaatsvinden. Leernetwerken kennen een meerledig doel: naast het maken van een product of het oplossen van een probleem, is ook het leren van de deelnemers een expliciete doelstelling. In hoofdstuk 2 ligt de focus primair op hetgeen dat leren inhoudt, wat de meest voorkomende typen leeractiviteiten zijn en welke voorwaarden aanwezig moeten zijn om dit leren efficiënt en effectief te laten verlopen. Het hoofdstuk eindigt met vragen en opmerkingen die relevant zijn bij de start, maar ook bij de verdere ontwikkeling van leernetwerken.

Hoofdstuk 3 is gericht op de kwaliteit van het leernetwerk. Het bespreekt een aantal toepassingen die kunnen helpen om de kwaliteit van leernetwerken te verhogen. In dit hoofdstuk wordt als ordeningskader de sociaal-kapitaaltheorie geïntroduceerd. Deze maakt gebruik van een drietal ordenende principes of dimensies: de structurele, relationele en cognitieve dimensie. De toepassingen komen tegemoet aan bestaande voorbeelden en voorbeelden van zeer recent en veelbelovend, lopend onderzoek. Van elke toepassing wordt uitgelegd hoe deze een bijdrage kan leveren aan essentiële processen in leernetwerken op het structurele, relationele of cognitieve vlak.

Hoofdstuk 4 betoogt dat het van belang is een participatieve ontwerpmethode toe te passen bij het ontwerp van een leernetwerk. De toekomstige gebruikers worden dan namelijk actief betrokken bij de ontwikkeling van het leernetwerk, waardoor het leernetwerk beter bij hun behoeften zal aansluiten. De verschillende technieken die gebruikt kunnen worden tijdens het participatief ontwerp, zoals focusgroepen, contextgebonden interviews, het beschrijven van een personage, het maken van verwantschapsdiagrammen en groepsclustering, worden in dit hoofdstuk beschreven en uitgelegd.

Hoofdstuk 5 gaat in op de keuze van de technologie voor het leernetwerk. Welke technologie wordt gebruikt bij het opzetten van een leernetwerk, wordt bepaald door een combinatie van factoren. Zo spelen allerlei technische, financiële en juridische randvoorwaarden een rol. Vanwege deze randvoorwaarden biedt dit hoofdstuk een kader voor het kiezen van een geschikt platform voor het implementeren van een leernetwerk en het selecteren van benodigde functionaliteiten. Aan de hand van een vijftal vragen krijgt de ontwerper van het leernetwerk handreikingen voor de selectie van de technologie.

Hoofdstuk 6 gaat in op diensten die ondersteuning bieden aan allerlei leerprocessen zoals die ook in leernetwerken van toepassing zijn. Diensten die voor formeel leren relevant zijn, zijn in een leernetwerk niet inzetbaar of niet van toepassing omdat er vaak geen sprake is van vooraf ontworpen onderwijs waarbij duidelijk is waar de informatie vandaan komt. Diensten die genoemd worden, zijn gebruikersprofiel en portfolio, collegiale ondersteuning en terugkoppeling. In het hoofdstuk wordt aan de hand van voorbeelden beschreven wat het doel van de services is en worden overwegingen voor het ontwerp van de dienst gepresenteerd.

Hoofdstuk 7 gaat in op het perspectief van de individuele lerende die op zoek is naar andere lerenden met een gemeenschappelijke interesse. Het hoofdstuk bespreekt een aantal (gratis) instrumenten waarmee lerenden in een leernetwerk contacten kunnen aangaan, materialen kunnen maken en delen, discussiëren en op de hoogte kunnen blijven van de kennisontwikkeling binnen het leernetwerk. Deze instrumenten zijn te combineren en aan te passen aan de individuele behoeften van de lerende, die daarmee als het ware zijn eigen persoonlijke cockpit samenstelt om binnen het leernetwerk te manoeuvreren.

Hoofdstuk 8 gaat in op het perspectief van organisaties. Het activeren en actief onderhouden van het kennispotentieel is van vitaal belang voor het voortbestaan en de verdere ontwikkeling van kennisintensieve organisaties. Wat moet een instelling of bedrijf in termen van een leernetwerk organiseren en/of inrichten om dit blijvend leren van de organisatie succesvol en efficiënt in gang te zetten? In dit hoofdstuk wordt het 'hybride professionele leernetwerk' (HPLN) geïntroduceerd als basismodel voor een leernetwerk dat een flexibele coördinatie en sturing vanuit de organisatie mogelijk maakt en tegelijkertijd de juiste randvoorwaarden schept om aanwezige kennis en connecties binnen de organisatie, en via de netwerken van professionals ook buiten de organisatie, optimaal te benutten.

Na al deze hoofdstukken is het zaak om aan de slag te gaan. Hoofdstuk 9 introduceert een case die weliswaar fictief is, maar tegelijkertijd wel is gebaseerd op de vragen en opmerkingen die de afgelopen jaren door bedrijven en organisaties aan de auteurs zijn gesteld. Na een introductie van de case wordt telkens vanuit het perspectief van één van de voorgaande hoofdstukken gereflecteerd op deze concrete situatie. Daardoor wordt ook inzichtelijk dat de afzonderlijke hoofdstukken weliswaar bruikbaar materiaal aanleveren, maar dat de combinatie van de perspectieven zoals die in de voorgaande hoofdstukken zijn gepresenteerd noodzakelijk is om daadwerkelijk tot oplossingen te komen. Met een korte uitleiding wordt dit hoofdstuk afgesloten.

In de Verklarende woordenlijst, achterin dit boek, worden ten slotte termen toegelicht die tot het vakjargon behoren.

We wensen u veel leesplezier en hopen dat dit boek bijdraagt aan het verhelderen van de mogelijkheden die leernetwerken bieden én dat het boek handreikingen geeft voor de opzet en verdere ontwikkeling van leernetwerken.

Peter Sloep
Marcel van der Klink
Francis Brouns
Jan van Bruggen
Wim Didderen

Auteurs

Alle auteurs die aan dit boek hebben bijgedragen zijn lid van de staf van het programma Leernetwerken van het Centre for Learning Sciences and Technologies (CELSTEC) van de Open Universiteit.

Dr. Adriana Berlanga is universitair docent. Ze houdt zich voornamelijk bezig met het onderzoeken en ontwerpen van ICT-ondersteund leren voor een leven lang leren.

Dr. Marlies Bitter-Rijpkema is universitair docent. Haar werk is gericht op het faciliteren van leren en innoveren van professionals, met het accent op stimuleren van creativiteit binnen veranderende organisaties. Ook werkt ze aan leer- en businessmodellen voor open innovatie en open educatie, alsmede aan de vertaling ervan in sectorspecifieke toepassingen, zoals voor bibliotheekorganisaties.

Dr. Jo Boon is universitair hoofddocent, capaciteitsmanager en onderzoeker. In haar onderzoek staan professionalisering, leren op de werkplek en informeel leren centraal. Leren in netwerken is hierbij een belangrijk gegeven.

Dr. Francis Brouns is universitair docent. Zij is betrokken bij de ontwikkeling en implementatie van innovatieve leeromgevingen en specificaties. Haar huidige onderzoek richt zich op de sociale aspecten van leernetwerken en het ontwikkelen van diensten om het 'leven lang leren' te faciliteren met gebruikmaking van nieuwe ontwikkelingen op het gebied van ICT en internet.

Dr. Jan van Bruggen is universitair hoofddocent. Daarnaast is hij lector Educatieve Functies van ICT bij Fontys Hogeschool. Hij is betrokken geweest bij de coördinatie en uitvoering van de master Onderwijskunde van de Open Universiteit en momenteel leidt hij de ontwikkeling van een minor Educatieve Functies van ICT bij Fontys.

Drs. Wim Didderen is projectmanager en valorisatiecoördinator. Hij vervulde in diverse onderwijsorganisaties de rol van initiator en aanjager van onderwijsvernieuwingsprojecten, met speciale aandacht voor de rol van ICT en online communicatie. Zijn achtergrond als ecoloog is medebepalend voor zijn visie op het optimaal faciliteren van leren.

Dr. Hendrik Drachsler is universitair docent. Hij werkt aan het personaliseren van leren met behulp van systemen voor het vinden, ontsluiten en beheren van informatie ('information retrieval') en adviessystemen ('recommender systems'). Ook is hij geïnteresseerd in onderzoek naar leernetwerken en persoonlijke leeromgevingen. Via zijn blog http://www.drachsler.de informeert hij over zijn werkzaamheden.

Dr. Wolfgang Greller is universitair hoofddocent. Hij verricht onderzoek naar taaltechnologie en 'datamining' ten behoeve van nieuwe leertechnologieën.

Drs. Henry Hermans is onderwijstechnoloog. Hij houdt zich voornamelijk bezig met het ontwerpen en implementeren van leernetwerken, waarbij integratie van Web 2.0-tools een belangrijk onderdeel is.

Dr. José Janssen is universitair docent. Haar werk richt zich op het ondersteunen van keuzeprocessen in een 'leven lang leren' door documentatie van leerpaden, bijvoorbeeld in de vorm van een e-portfolio.

Dr. Wendy Kicken is universitair docent. In haar onderzoek en consultancy richt zij zich met name op het bevorderen van het zelfsturend vermogen van studenten binnen het competentiegericht onderwijs middels de inzet van een passend begeleidingsmodel en ontwikkelingsportfolio.

Dr. Marcel van der Klink is universitair hoofddocent. In zijn werk staat onderzoek en consultancy naar een leven lang leren centraal, met het accent op informeel leren, employability, assessment, e-learning en competentiegericht opleiden.

Drs. Kees Pannekeet is als onderwijstechnoloog betrokken bij de ontwikkeling en implementatie van diverse tools en voorzieningen die bijdragen aan netwerkleren, kennisopbouw en disseminatie van kennis.

Dr. Peter van Rosmalen is universitair hoofddocent en consultant ICT, leren & kennismanagement. In zijn onderzoeks- en adviewerk staat het gebruik van technologie ter ondersteuning van de gebruiker centraal. Zijn werk concentreert zich onder meer op de mogelijke toepassingen van taaltechnologie, het leren in netwerken en serious games.

Dr. Ellen Rusman is universitair docent. Kern van haar werk is het doen van onderzoek en het verstrekken van advies en training op het gebied van het ontwerp van omgevingen voor online samenwerkend leren, vertrouwen in (internationale, virtuele) teams, kennismanagement en leernetwerken ter ondersteuning van een leven lang leren.

Marjo Rutjens is universitair docent. In haar werk ligt de focus op competentieontwikkeling, een leven lang leren en informeel leren vanuit HRM-perspectief.

Prof. Peter Sloep is hoogleraar Technology Enhanced Learning en leidt het programma over leernetwerken in het kader waarvan dit boek tot stand is gekomen. Zijn onderzoek richt zich op een leven lang leren in online omgevingen voor kennisdeling en kennisontwikkeling, in het bijzonder op instrumenten en richtlijnen voor zulke omgevingen.

Drs. Howard Spoelstra is universitair docent. Zijn werk concentreert zich op onderzoek naar virtuele teamvorming in leernetwerken ten behoeve van geografisch gespreide, zelfsturende 'leven lang lerenden'.

Dr. Slavi Stoyanov is universitair docent en verricht onderzoek naar het leren met behulp van nieuwe technologieën. Hij is met name geïnteresseerd in het oplossen van complexe problemen, cognitive mapping en individuele verschillen tussen lerenden.

Dr. Steven Verjans is universitair docent e-learning en onderwijstechnologie. Zijn werk is gericht op het leren in combinaties van online en offline leeromgevingen, en met name op de rol van online social media voor het leren van jongeren en volwassenen.

Drs. Marcel Wigman is universitair docent. Hij houdt zich voornamelijk bezig met het ontwerpen en implementeren van innovatieve leeromgevingen en leernetwerken.

Achtergronden en aanleidingen 1

Peter Sloep en Francis Brouns

1.1 Inleiding

Dit boek gaat over de inzet van zogeheten leernetwerken voor postinitieel, non-formeel leren. *Leernetwerken* zijn een noviteit. In onze opvattingen zijn het relatief grote, online groepen van mensen die om allerlei redenen kennis met elkaar willen delen of nieuwe kennis willen opdoen over een onderwerp dat hen allen interesseert. Dit soort mensen leert, maar ze leren 'anders'. Zij hebben de intentie te leren, maar hun leerproces moet anders georganiseerd worden dan het iedereen bekende formele, schoolse leren zoals dat door de traditionele onderwijsinstellingen wordt verzorgd. (We schetsen hier gemakshalve even een scherpe tegenstelling, maar aan die traditionele onderwijsinstellingen wordt natuurlijk ook flink nagedacht over vormen van leren die je als non-formeel kunt karakteriseren.) Onderdelen van dat anders organiseren, zijn een andere didactiek en andere leeromgevingen. Omdat leernetwerken online netwerken zijn, speelt de inzet van ICT een grote rol bij hun ontwerp.

Over dit 'anders leren' gaat dit boek. Dit hoofdstuk geeft een inleiding. Het schetst allereerst waarom er een maatschappelijke behoefte bestaat aan leren in leernetwerken, vanuit een breed maatschappelijk perspectief (paragraaf 1.2) en vanuit acht gevalsbeschrijvingen; vier vanuit het perspectief van het individu, vier vanuit een organisatieperspectief (paragraaf 1.3). Die behoeftenbeschrijving wordt vervolgens vertaald in een set van eisen die je aan leeromgevingen dient te stellen (paragraaf 1.4), hetgeen vervolgens uitmondt in een omschrijving van leernetwerken als leeromgeving (paragraaf 1.5). Leeromgevingen worden ontworpen, dat geldt dus ook voor leernetwerken. Aan welke eisen moet zo'n ontwerp voldoen? Paragraaf 1.6 ten slotte gaat daarop in.

1.2 Leren en de kennismaatschappij

Vooral de westerse maatschappij is zich in hoog tempo aan het omvormen tot een maatschappij waarin kennis de belangrijkste productiefactor is geworden, betoogde Alvin Toffler al in de jaren tachtig (Toffler, 1980). Termen als 'kennissamenleving' en 'informatiesamenleving' worden gebruikt om dit karakter te onderstrepen (Castells, 1996; Wetenschappelijke Raad voor het Regeringsbeleid, 2002). Kennis als productiefactor houdt in dat voor het ontwerpen en de vervaardiging van producten (en voor het bedenken en aanbieden van diensten) hoogwaardige kennis nodig is, kennis waarover alleen hoger opgeleiden beschikken.

Waar een boer vroeger kunstmest gelijkmatig over zijn land verspreidde, werkt hij nu met GPS-gestuurde verdelers die rekening houden met de in geografische informatiesystemen (GIS) opgeslagen verschillen in bodemstructuur op zijn land. Die verdelers moeten ontworpen en gebouwd worden, waarvoor hoogwaardige kennis nodig is; dat geldt ook voor de noodzaak informatie te vergaren en in GIS-systemen op te slaan. En de boer in kwestie moet leren de verdelers te bedienen, maar moet ook inzicht krijgen in de manier waarop dit nieuwe systeem van bemesting werkt, voor het geval er onvoorziene dingen gebeuren, zoals teruglopende opbrengsten.

Niet alleen de productie van artefacten, zoals GIS-systemen en kunstmestverdelers, maar ook de dienstverlening is kennisintensief geworden. Terwijl je vroeger een boek in de winkel bij de boekhandelaar kocht, bestel je het nu online, wat een computergebaseerd afhandelings- en betalingssysteem vereist. Dit vereist niet alleen kennis om de noodzakelijke technologische systemen te bouwen en te onderhouden, maar de boekverkoper moet ook met dit systeem kunnen omgaan om er maximaal van te profiteren. En de klant moet natuurlijk ook snappen hoe zulke systemen werken, inclusief de aanbevelingssystemen (klanten die dit boek kochten, kochten ook boek X, Y en Z) die ermee geassocieerd zijn.

Deze voorbeelden zijn uit te breiden met vele andere. Auto's zijn tegenwoordig geen puur mechanische apparaten meer, ze zitten vol met computersystemen. Artsen krijgen röntgenfoto's tegenwoordig op een computerscherm. Afspraken voor een onderhoudsbeurt van de auto of een bezoek aan de tandarts kunnen tegenwoordig ook via e-mail gemaakt worden. Ze illustreren allemaal de noodzaak kennis over nieuwe technologieën te vergaren en over hoe we ermee om moeten gaan. Deze veranderingen, zo betogen Toffler, Castells en velen na hen, beïnvloeden de maatschappij in al haar geledingen. Dat geldt voor de overheid en politici, omdat die ervoor moeten zorgen dat de maatschappij op de gewenste veranderingen anticipeert. Maar dat geldt zeker voor het onderwijs, omdat dat tot taak heeft leerlingen en studenten voor te bereiden op een maatschappelijke carrière en een volwaardig burgerschap.

Overheden onderkennen ook het belang van hun rol, zoals blijkt uit de gezamenlijke formulering van de Lissabon-doelstellingen door de EU-landen enkele jaren geleden. Hiermee neemt Europa zich voor om ervoor te zorgen dat meer dan 50% van haar beroepsbevolking hoger onderwijs heeft genoten. Dat voornemen is recentelijk nog eens herbevestigd in het rapport Europa 2020 van de Europese Raad (European Council, 2010). Dat het hoger opleiden van de beroepsbevolking inderdaad zoden aan de dijk zet, laat een recent OECD-rapport zien (OECD, 2010). De daarin gebruikte economische modellen tonen dat op termijn aanzienlijke economische groei kan worden bewerkstelligd door te investeren in het opleidingsniveau van de beroepsbevolking.

Behalve economische motieven om te investeren in een kennismaatschappij, zijn er overigens ook andere. In democratische samenlevingen als de westerse worden burgers geacht een mening te hebben over talloze zaken, variërend van de best passende school voor hun kinderen via het inrichten van een oudedagsvoorziening tot het stemmen op kandidaten voor een nieuw nationaal of Europees parlement (Billett, 2010; European Council, 2010). Verstandige keuzen, keuzen die een balans weten te vinden tussen korte- en langetermijnbelangen, tussen eigen en collectief belang, kunnen alleen gemaakt worden door goed opgeleide burgers. Naarmate de samenleving complexer wordt – en dat geldt voor een kennismaatschappij – worden hogere eisen gesteld aan het opleidingsniveau van haar burgers.

Maar het afleveren van goed opgeleiden in de gewenste aantallen is niet eenvoudig. Volgens het zojuist genoemde OECD-rapport moet het beginnen met de verbetering van het rendement van het initiële opleidingstraject, dat van basisonderwijs loopt tot en met het hoger onderwijs. Maar dit opleidingsmodel, met een verplicht, initieel traject voor adolescenten, dat afgesloten wordt met een diploma dat toegang geeft tot de arbeidsmarkt en tot het leven als volwaardig burger, schiet uiteindelijk tekort. Dat wordt ook erkend in het rapport van de commissie Veerman over de toekomst van het hoger onderwijs (Veerman, 2010). Een ander kenmerk van de kennismaatschappij is namelijk dat kennis in een toenemend tempo 'veroudert', dat wil zeggen, haar economische relevantie verliest (Boshuizen, 2003; Sloep & Jochems, 2007). Het afstudeerdiploma van een onderwijsinstelling verliest zijn waarde binnen enkele jaren, eenvoudigweg omdat de afgestudeerde niet meer beschikt over de kennis en vaardigheden die dan van belang zijn. En dit betekent dus onvermijdelijk dat het einde van het initiële traject moet samenvallen met het begin van een nieuw, een levenslang durend traject. Hoewel dit misschien voor sommige schoolverlaters geen prettige boodschap is, zal de kenniswerker in de kennissamenleving (vrijwel iedereen dus) gedurig bezig moeten zijn zichzelf bij te spijkeren om aldus zijn of haar inzetbaarheid (*employability*) veilig te stellen. En, minstens zo belangrijk, het initiële onderwijs moet hen op dit postinitiële traject voorbereiden. Het beeld dat zo ontstaat, is dat van een samenleving waarin kennis centraal staat, met een beroepsbevolking die een verplicht initieel traject laat opvolgen door een postinitieel traject. Het is het beeld van een maatschappij waarin een leven lang leren voor grote groepen werknemers een realiteit wordt, als het dat al niet is!

Hoewel de overheid het als haar verantwoordelijkheid ziet een leven lang leren te bevorderen, zijn uiteindelijk de werknemers zelf verantwoordelijk voor hun eigen competentieontwikkeling en daarmee hun eigen inzetbaarheid. En omdat bedrijven er altijd op uit zijn om hun concurrentiepositie te handhaven of zelfs te verbeteren, zullen zij er ook belang bij hebben dat hun werknemers blijven leren gedurende hun gehele leven. Individuen en bedrijven delen dus de verantwoordelijkheid voor de levenslange inzetbaarheid van werknemers, en daarmee voor de vormgeving van het leven lang leren. Het initiële traject daarbinnen wordt door scholen en universiteiten verzorgd, en hoewel er van alles te zeggen valt over hoe goed ze daar al dan niet in slagen, zullen we dat hier niet doen. We zullen ons concentreren op het postinitiële traject. Welke de onderwijsbehoeften in dat traject zijn, kan goed geïllustreerd worden aan de hand van enkele kenmerkende situaties waarin individuen en bedrijven zich bevinden en waarin de behoefte aan postinitieel leren ontstaat. We bespreken eerst vier gevallen die betrekking hebben op individuen met leerwensen (casussen I1-4), daarna vier andere die betrekking hebben op bedrijven die hun werknemers wensen te scholen (casussen B1-4). Elk daarvan is authentiek, maar de beschrijving is vereenvoudigd (en geanonimiseerd) om beter als archetypisch voorbeeld te kunnen dienen. Wat ze gemeen hebben, is dat het in elk van de acht gevallen gaat om de ontwikkeling van competenties, in de zin van gehelen van kennis, vaardigheden en houdingen, zelfs al zullen de betrokkenen dat zelf niet altijd zo benoemen.

1.3 Casusbeschrijvingen

Box 1.1 Casus I1: Chemisch ingenieur Jan
Jan is chemisch ingenieur en werkt voor een klein bedrijf dat reinigingsmiddelen voor zwembaden vervaardigt. Hij is bang dat hij vast gaat lopen in zijn carrière en ambieert een baan als *watermanager* bij het lokale waterleidingbedrijf. Hij vindt dat inhoudelijk uitdagender omdat een heel breed scala van milieuaspecten aan de orde komt. Bovendien denkt hij in een groot bedrijf gemakkelijker naar een managementpositie te kunnen doorgroeien. Hoewel hij vanuit zijn opleiding daarvoor in principe gekwalificeerd is, wil hij zijn wat roestig geworden chemische competenties, vooral kennis, bijspijkeren. Tegelijkertijd wil hij zich verdiepen in allerlei inzichten en methoden die tijdens zijn studie nog volkomen onbekend waren. Jan is dus vooral geïnteresseerd in het verwerven van competenties die hem bij zijn carrièreplannen van pas komen.

Box 1.2 Casus I2: Juriste Janine
Janine is een juriste die zich gespecialiseerd heeft in octrooirecht. Na haar afstuderen is ze voor een groot farmaceutisch bedrijf gaan werken, waar ze zich bezighoudt met het octrooieren van nieuw ontwikkelde geneesmiddelen. Langzamerhand is ze zich gaan realiseren dat ze eigenlijk geen flauw benul heeft waarover die octrooien nu eigenlijk gaan, hoe die geneesmiddelen werken en hoe ze ontwikkeld worden. Hoewel dat voor haar werk niet strikt noodzakelijk is, ervaart ze het toch als hinderlijk in de gesprekken die zij met haar collega-farmaceuten voert. Ze heeft daarom besloten zich bij te scholen tot het niveau van een in farmacie en moleculaire biologie geïnteresseerde leek.

Box 1.3 Casus I3: De ouders van Joop
Joop heeft gedragsproblemen, zo is zijn ouders al vroeg op school verteld. Een gang die zijn ouders langs allerlei hulpverleningsinstanties en artsen heeft geleid, heeft aan het licht gebracht dat Joop gedrag uit het autistisch spectrum vertoont. De ouders van Joop zijn volledige leken op dit gebied en vragen zich af hoe zij

hun kind het best kunnen helpen niet alleen een opleiding naar zijn mogelijkheden te krijgen, maar straks ook een zelfstandig leven te kunnen leiden. Daarover willen ze graag met lotgenoten van gedachten wisselen. Maar ze willen ook voldoende competent zijn om een verstandig gesprek over hun kind te kunnen voeren met de deskundigen, op school en in het hulpverleningscircuit. Per slot van rekening gaat het om hun kind en krijgen ze de indruk dat niet alle deskundigen het helemaal met elkaar eens zijn. Zij willen dus enerzijds competenter worden op het gebied van kinderen met autistische stoornissen, maar anderzijds willen ze hun kennis en vooral ervaringen ook delen met andere ouders.

Box 1.4   Casus I4: Motorliefhebber Janke
Janke is motorliefhebber en heeft net een Moto Guzzi V7 uit 1972 gekocht. Het is haar grote wens deze motorfiets in zijn originele staat terug te brengen. Hoewel ze een handige sleutelaar is die wel vaker motorfietsen gerepareerd heeft, is dit een klus die haar huidige kennis en vaardigheden te boven gaat. Bovendien heeft ze gemerkt dat ze allerlei kennis en vaardigheden nodig heeft die specifiek zijn voor dit type Moto Guzzi en daarover beschikt ze niet. Formeel onderwijs bestaat er niet op dit gebied, maar er is wel een heel grote groep van andere liefhebbers van wie velen deskundiger lijken te zijn dan zij. Van hen wil Janke leren hoe ze haar Moto Guzzi in zijn oude glorie kan herstellen. Uiteraard wil ze haar niet-geringe, meer algemene kennis en ervaring over het repareren van motorfietsen graag delen met haar collega-Moto Guzzi-liefhebbers. Stiekem denkt ze dat als ze eenmaal bekendstaat als een competent restaurateur van V7's, ze met restaureren ooit nog eens haar brood kan verdienen.

Box 1.5   Casus B1: HAL
HAL is een grote onderneming met vestigingen verspreid over de hele wereld. HAL realiseert zich dat binnen het bedrijf heel veel kennis aanwezig is binnen de afzonderlijke vestigingen waarvan collega's in andere vestigingen nauwelijks weet hebben. 'If IBM only knew what IBM knows' is een binnen HAL veelgehoorde uitspraak, die wordt toegeschreven aan een CEO (manager) van IBM.

Terecht of niet, ze beschrijft het probleem van HAL adequaat. Het gebrek aan kennisdeling is er niet alleen verantwoordelijk voor dat er dubbel werk gedaan wordt, het remt ook het innovatief vermogen, eenvoudigweg omdat niet de juiste menselijke hulpbronnen worden ingezet. Voor HAL is het niet alleen belangrijk dat individuele werknemers hun vak bijhouden en zich verder ontwikkelen, het is ook belangrijk dat zij daarover anderen informeren zodat men weet heeft van elkaars specifieke competenties.

Box 1.6 Casus B2: VNE
De VNE is een vereniging met als ideële doelstelling kennis over het nationale erfgoed te ontsluiten en verspreiden. De vereniging heeft dat tot dusver altijd gedaan door boekjes en brochures uit te geven, maar ook door bijeenkomsten te organiseren, in musea en daarbuiten. Ze realiseert zich dat de opkomst van het internet allerlei nieuwe mogelijkheden biedt om haar doelstellingen te realiseren. Dat is niet eenvoudig omdat het zittende personeel voor een groot deel uit mensen bestaat, die het internet alleen als eenvoudige gebruiker kennen (als ze het al kennen). Er is dus een achterstand in digitale competenties die moet worden ingelopen. Die moet bovendien gericht worden ingelopen zodat dit als basis kan dienen om de VNE 'opnieuw uit te vinden' zodat zij haar plaats als bewaker en ontsluiter van het nationaal erfgoed kan herbevestigen. De werknemers van de VNE moeten dus met elkaar aan de slag om te proberen de VNE om te bouwen door met en van elkaar te leren.

Box 1.7 Casus B3: SME
SME is een klein bedrijf met nog geen tien werknemers. Het is gespecialiseerd in in-vitrodiagnostiek op basis van biologisch actieve, magnetische korrels. Vanwege zijn nauwe specialisatie en het risico dat op zeker moment de markt voor zijn producten opdroogt, al was het maar door concurrentie van grote bedrijven, is SME op zoek naar mogelijkheden om tot productinnovatie te komen. Zijn bestand van eigen werknemers is eigenlijk te klein om tot innovatie te komen die verdergaat dan het eenvoudig exploreren van nieuwe mogelijkheden voor bestaande producten. Aan

het combineren van zijn bestaande producten met elkaar of met die van anderen komt men niet toe, laat staan aan het definiëren van radicaal nieuwe producten. Door de kleine omvang van het bedrijf ontbreekt het niet alleen aan tijd, maar ook aan inspiratiebronnen. Daarvoor zullen de werknemers van SME gezamenlijk contacten buiten het bedrijf moeten leggen, om in open innovatieprocessen te leren van andere, soortgelijke bedrijven en elkaar wederzijds te inspireren.

Box 1.8 Casus B4: AEA
AEA is een grote internationale instelling op het gebied van het gebruik van alternatieve energiebronnen. Landen uit de gehele wereld hebben AEA gezamenlijk opgericht. Niet alleen probeert men tot afspraken te komen over het verstandig gebruik van alternatieve energiebronnen, AEA probeert ook de bekendheid met alternatieve energiebronnen te vergroten. Juist in zich ontwikkelende landen, waar de rurale bevolking veel baat kan hebben van een decentrale, niet op fossiele brandstoffen gebaseerde energievoorziening, blijkt een grote kennisachterstand te bestaan. AEA probeert daarom een collectieve kennisbasis te ontwikkelen en die te delen met individuen en kennisinstellingen in alle participerende landen, bijvoorbeeld in de vorm van boeken, online seminars en cursussen. Hoewel AEA vanuit zijn missie de grootste bijdrage daaraan zal leveren, realiseert het zich dat ook zijn doelgroep over waardevolle, vaak heel praktische kennis en vaardigheden beschikt die nuttig tussen de leden van de doelgroep en met de AEA-experts gedeeld kunnen worden.

1.4 Eisen aan leeromgevingen

Het overzicht laat zien dat de leerbehoeften van postinitieel lerenden, dat wil zeggen de professionaliseringsbehoeften van kenniswerkers gezien vanuit het individu of vanuit het bedrijf, er anders uitzien dan de leerbehoeften van jongvolwassenen. Niettemin lijken we de neiging te hebben te proberen in de leerbehoeften van beide groepen te voorzien door dezelfde, aan het initieel onderwijs ontleende onderwijsmodellen te hanteren. Dat is ook niet zo vreemd. Aangezien scholen, regionale opleidingscentra en universiteiten veel ervaring hebben opgedaan in het initieel opleiden van mensen, ligt het voor de hand ook bij hen aan te kloppen voor het postinitieel opleiden. En aangezien die instellingen succesvol met bepaalde modellen hebben gewerkt, hebben ze de neiging op die weg verder te gaan. Enigszins simplificerend hebben ze de traditionele leermodellen uit het initiële onderwijs gekopieerd en overgezet naar het soort situaties waarin professionals zich verder verdiepen in hun vak, nieuwe ontwikkelingen bijhouden, of zich zelfs een geheel nieuw vak eigen maken. Maar er zijn ten minste drie redenen waarom die traditionele modellen ongeschikt zijn om te voorzien in de leer- en kennisbehoeften van de moderne kenniswerker (zie ook Billett, 2010).

1 *Andere doelen*

Om te beginnen zijn bij traditionele modellen ook doelstellingen in het geding als socialisatie (leren samenwerken, normen en waarden eigen maken etc.) en het bereiken van een algemeen aanvaard peil van beheersing van een aantal basiscompetenties (beheersing Nederlandse taal, rekenvaardigheid, historische kennis, etc.) (Dekkers & Meijnen, 2003). Ze zijn immers gericht op het onderwijzen van jonge mensen, voor wie dit soort competenties van groot belang is. Maar voor kenniswerkers zijn die niet relevant meer, zij hebben immers al initieel onderwijs genoten en als het goed is, hebben zij deze doelen bereikt.

2 *De noodzaak tot flexibiliteit*

De traditionele modellen zijn voorts vooral ook ontwikkeld om onderwijs aan grote groepen mogelijk te maken. Ze houden het onderwijs betaalbaar door de schaalvergroting. In klaslokalen en collegezalen kunnen docenten hun beperkte tijd efficiënt gebruiken. De inzet van boeken en syllabi leidt tot een nog verdere reductie van de van de docent gevraagde tijdsinvestering. Zij of hij kan zich nu beperken tot het geven van uitleg bij die boeken of zelfs tot vragenuurtjes over de stof. Deze aanpak werkt alleen als de groepen van lerenden homogeen zijn in een aantal opzichten. Het belangrijkste daarvan is homogeniteit in *onderwijsbehoeften*. In het initiële onderwijs is dat tot op grote hoogte het geval doordat op leeftijd, op vooropleiding en op prestatieniveau wordt geselecteerd, en omdat wordt opgeleid voor diploma's met vastomlijnde onderwerpen en 'eindtermen'. Verder is homogeniteit in *logistieke* zin nodig. Lerenden moeten zich begeven naar de plek waar een docent op dat moment het onderwijs geeft. Het tempo waarin colleges en lessen gegeven worden, dicteert verder het tempo waarin gestudeerd wordt. En ten slotte is er ook behoefte aan homogeniteit van *werkvorm*. Lesgeven aan grote groepen betekent dat ieder lid van die groep op dezelfde manier les krijgt. Voor de goede orde zij opgemerkt dat het traditionele onderwijs zijn best doet zijn aanbod zo goed mogelijk af te stemmen op de wensen van zijn leerlingen. Wat we hier proberen te laten zien is dat het alle goede bedoelingen ten spijt al snel tegen de grens van zijn mogelijkheden zal aanlopen. Dat is niet noodzakelijk onwil, dat is inherent aan het gebruikte ontwerp.

Postinitieel lerende kenniswerkers zijn alles behalve homogeen. Hun behoefte aan kennis hangt nauw samen met hun beroep en belangstelling, en is daarom specifiek en van elkaar verschillend. Dat maakt het samenstellen van grote, homogene groepen lastig. Zo mogelijk nog lastiger is het ze bijeen te krijgen op eenzelfde tijdstip en eenzelfde plek. Deze mensen hebben drukke agenda's waarin ze zakelijke en persoonlijke verplichtingen met elkaar proberen te verenigen. Iedere additionele randvoorwaarde maakt dat alleen maar moeilijker. Om diezelfde reden zullen ze zich niet graag voor de lange duur tot een bepaald studietempo willen verplichten. Ook zullen specifieke kennisbehoeften zich vaak voordoen op momenten dat er geen docent voorhanden is en geen cursus gegeven wordt. Tenslotte gaat het hierbij om lerende volwassenen, die hun eigen voorkeuren ontwikkeld hebben voor de manier waarop ze leren en kennis verwerven. Alles bij elkaar leidt dit onontkoombaar tot de conclusie dat traditionele onderwijsmodellen niet geschikt zijn voor postinitieel lerende kenniswerkers, voor professionals. Alternatieven zijn nodig die rekening houden met de voor de doelgroep karakteristieke heterogeniteit in inhoudelijke, logistieke en didactische zin.

3 Verkeerd gebruik van ICT

De derde reden waarom traditionele modellen ongeschikt zijn voor deze doelgroep heeft ermee te maken dat dit soort modellen uit hun aard geneigd zijn technologische innovaties te negeren. Technologie speelt een cruciale rol in het dagelijks leven van de moderne mens en zeker in dat van de moderne kenniswerker, zelfs al beperkt die rol zich slechts tot e-mail voor asynchrone communicatie en een digitale agenda. Iedere vorm van onderwijs die dit soort technologieën negeert, loopt het risico de aansluiting te missen met wat in het maatschappelijk verkeer al bijna usance is. Nu wordt technologie in het traditionele onderwijs steeds meer en succesvol ingezet (Tamim, Bernard, Borokhovski, Abrami, & Schmid, 2011), maar dan gaat het om manieren die passen binnen het daarbij gehanteerde model, dat op schaalvergroting berust. Om een voorbeeld te noemen, iedere universiteit, hbo-instelling en school voor voortgezet onderwijs in Nederland en steeds meer scholen voor primair onderwijs maken gebruik van leermanagementsystemen (LMS'en) en elektronische (liever: virtuele) leeromgevingen (ELO's). Leermanagementsystemen zijn systemen die de logistieke processen van een school ondersteunen. LMS'en houden mutaties in het leerlingenbestand, hun toewijzing aan klassen en hun studievoortgang bij. Zij maken dus het managen van bestaande processen gemakkelijker en bestendigen dus eerder bestaande praktijken dan dat zij tot verandering ervan aanzetten (Verstelle, De la Parra, & Sloep, 2002; Verstelle, Sloep, & De la Parra, 2002). Dat geldt nog sterker voor ELO's. Docenten gebruiken die vooral om presentaties die ze tijdens hun colleges gebruiken en andere documenten, zoals voorbeelden van tentamenvragen, aan hun leerlingen en studenten beschikbaar te stellen (Coopman, 2009). Dat is vooral handig voor docent en student, maar doorbreekt het schaalvergrotingsmodel natuurlijk geenszins. En dat is, zo zagen we al, noodzakelijk om postinitieel onderwijs tot een succes te maken.

Er is een andere manier om aan te geven waarom het onverstandig is de onderwijsmodellen uit de initiële leertrajecten over te poten naar het postinitiële onderwijs, een manier die het voorgaande compact samenvat. Trajecten in het initieel onderwijs kunnen worden gekarakteriseerd als *formele* leertrajecten. Formele trajecten kenmerken zich doordat ze heel sterk aan instellingen gebonden zijn, zich bedienen van formele (op een of andere manier officieel goedgekeurde) curricula, zich afspelen in klaslokalen en collegezalen, en een (impliciet en langlopend) 'sociaal contract' kennen: als lerende schrijf je je in bij zo'n instelling en betaal je school- of collegegeld, in ruil waarvoor je op termijn een diploma ontvangt (even aannemende dat je je houdt aan de verplichtingen van het contract). Het is het formele karakter van het initiële onderwijs dat in belangrijke mate het onderwijsmodel dat men er hanteert, bepaalt. Datzelfde formele karakter, met zijn inbedding in wettelijke kaders, maatschappelijke instituties en ingeslepen gewoonten en gebruiken, maakt het ook zo resistent tegen verandering. Die resistentie is zeker een probleem voor pogingen tot vernieuwing van het initiële onderwijs, maar er is geen reden dat probleem te importeren in het postinitiële onderwijs. Om die reden wordt vaak gezegd dat postinitiële leertrajecten een *non-formeel* karakter moeten hebben (Colley, Hodkinson, & Malcolm, 2003).

Net als formeel leren is non-formeel leren intentioneel. Ook de non-formeel lerende sluit als het ware een contract af om te leren, met zichzelf of met zijn bedrijf (dat dan bewaakt wordt in functioneringsgesprekken en dergelijke); ook hierbij is dus sprake van een weloverwogen voornemen om te leren. (Hierin verschilt het van informeel leren, waarbij het leren min of meer toevallig plaatsvindt.) Maar non-formeel leren is anders dan formeel leren omdat de typische parafernalia van het formele leren, zoals curricula, schoolgebouwen, docenten (in de zin van personen wier voornaamste rol het is te doceren) daar ontbreken. Wat komt daarvoor dan in de plaats? Dat is tot op grote hoogte nog een open vraag: non-formeel leren als vorm van leren is nog jong. Maar antwoorden moeten gaan over gewenste didactische modellen (gericht op kennisuitwisseling en kenniscreatie in plaats van op kennisoverdracht), over geschikte leeromgevingen, en over geëigende organisatievormen en bekostigingsmodellen. Aanzetten tot antwoorden bestaan, doorwrochte uitwerkingen ontbreken zoals vermeld nog (zie onder meer Van Merriënboer, Kirschner, Paas, Sloep, & Caniëls, 2009; Sloep, 2008a; Sloep, 2008b; Sloep, et al., 2011). Dit boek biedt een aanzet tot het beantwoorden van een aantal vragen die betrekking hebben op de vraag wat een geschikte leeromgeving is voor non-formeel leren. Zo'n leeromgeving hebben we een *leernetwerk* genoemd.

1.5 Leernetwerken als leeromgeving

Een leernetwerk omschrijven we als *een online, sociaal netwerk dat specifiek ontworpen is om non-formeel leren te ondersteunen* (Sloep, 2008a; Sloep, 2008b, 2009b). Een leernetwerk is dus een bijzonder soort netwerk dat een online en sociaal karakter heeft, waarbij specifiek ontworpen maatregelen en interventies worden benut om het leren te ondersteunen. Maar het is bovenal een netwerk. Dat betekent dat het bestaat uit een relatief groot aantal knooppunten, in ons geval mensen, die onderling verbonden zijn. Het aantal is relatief groot, zo groot dat niet iedereen ieder ander goed kent, zoals in een gemeenschap het geval zou zijn. Sommige mensen zijn dus niet met elkaar verbonden of slechts losjes, anderen zijn nauw met elkaar verbonden. Die losse verbindingen zijn geen bezwaar, maar bieden juist kansen. Het netwerk wordt daardoor een groot reservoir van potentieel interessante contacten, iets dat een gemeenschap nooit kan zijn: daarvan weet je wie wel en niet interessant is en in welke opzichten. In een netwerk is dat slechts bekend voor sommigen, degenen met wie je nauwe contacten onderhoudt. Alle anderen zijn potentieel interessant, en dat is tevens de kracht van het netwerk. De vraag is natuurlijk hoe je die potentie van het netwerk kunt ontsluiten, hoe je daadwerkelijk toegang krijgt tot de voor jou interessante knopen zonder alle anderen lastig te hoeven vallen. Dat is één van de vragen waarin we in dit boek antwoord op geven. Voor nu is belangrijk vast te stellen dat netwerken en gemeenschappen van elkaar verschillen: gemeenschappen bestaan uit nauw met elkaar verbonden personen en zijn om die redenen dan ook relatief klein (Hill & Dunbar, 2002); netwerken bestaan uit personen die niet, nauwelijks en nauw met elkaar verbonden zijn en zijn relatief groot. Een netwerk biedt dus ruimte voor de vorming van gemeenschappen en zal op termijn ook verscheidene, meer of minder permanente gemeenschappen herbergen. Hierna gaan we dieper in op de drie belangrijkste kenmerken van een leernetwerk.

Voor de goede orde zij opgemerkt dat ook anderen termen als 'leernetwerk' en 'genetwerkt leren' gebruiken, bijvoorbeeld Jones (2008) of Haythornthwaite (2002), Siemens (2005) en wat langer geleden al Harasim en collega's (1995). Maar hun opvattingen verschillen van de onze, bijvoorbeeld omdat zij ruimer zijn. Voor Jones, Haythornthwaite en vooral Harasim zijn alle vormen van leren – formeel, non-formeel en informeel – waarbij van netwerken – offline en online – gebruik wordt gemaakt voorbeelden van genetwerkt leren. Siemens komt dichterbij, maar lokaliseert kennis wat ongebruikelijk in de verbindingen tussen de actoren in plaats van in de actoren zelf. In dit boek beperken we ons tot non-formeel leren in online netwerken. Waarmee uiteraard niet gezegd is dat onze bevindingen niet op een of andere manier nuttig kunnen zijn voor formele vormen van leren.

1.5.1 LEERNETWERK ALS ONLINE NETWERK

Er zijn verschillende redenen om ons tot alleen online netwerken te beperken. Al eerder gaven we aan hoe belangrijk het is de mogelijkheden die moderne informatie- en communicatietechnologie biedt te benutten. Dat is niet alleen om geloofwaardig te zijn voor moderne kenniswerkers, die zich daar zelf vaak al uitgebreid van bedienen. Het is ook om greep te kunnen krijgen op de transacties die zich tussen de 'netwerkers' voordoen. In een offline netwerk – bijvoorbeeld een buurtvereniging of sportclub – praten mensen veelvuldig met elkaar, organiseren ze evenementen, voeren ze projecten uit en leren ze van elkaar. Daarin verschilt zo'n netwerk niet direct van een online netwerk. Het verschil is dat er van die transacties geen afschriften (*records*) zijn, die gemakkelijk door computerprogramma's geanalyseerd kunnen worden. Iets soortgelijks geldt ook voor de karakteristieken van de deelnemers. Die zijn voor ons mensen waarneembaar, maar in elk geval niet voor computerprogramma's. En dat betekent weer dat de inzet van software om verbindingen tussen mensen te leggen, tussen mensen en artefacten, en zelfs tussen artefacten onderling (*matching*), erg moeilijk, zo niet onmogelijk wordt. Hoe gemakkelijk zouden ouders van autistische kinderen zoals Joop hun ervaringen kunnen delen als dat alleen in levende lijve kan? Hoe gemakkelijk zouden Moto Guzzi V7-liefhebbers kennis en ervaringen kunnen uitwisselen als dat offline moet gebeuren? Hoe weinig slechts zouden de werknemers van HAL of de medewerkers en vrijwilligers van de VNE van en aan elkaar kunnen leren als dat alleen gedurende fysieke bijeenkomsten kan? Zoals deze voorbeelden duidelijk maken, is het leggen van verbindingen van cruciaal belang om een leernetwerk de rol te geven die de school als ontmoetingsplaats heeft in het initieel en formeel onderwijs.

1.5.2 LEERNETWERK ALS SOCIAAL NETWERK

Een leernetwerk is zoals vermeld vooral een sociaal netwerk, een netwerk van mensen die belangstelling voor een gemeenschappelijk thema delen. Denk bijvoorbeeld aan het opknappen van Moto Guzzi's of het opvoeden van autistische kinderen en, binnen een bedrijfscontext, aan het delen van kennis over alternatieve energiebronnen, zoals bij AEA, of aan het zoeken van nieuwe manieren om met het nationaal erfgoed om te gaan, zoals bij VNE. Dat gemeenschappelijke thema zal relatief breed van aard zijn en de deelnemers aan een leernetwerk kunnen allerlei redenen hebben om mee te doen. Voor de een kan dat directe competentieontwikkeling zijn (zoals Jan en Janine), voor de ander kan het accent meer liggen op het in contact komen met gelijk geaarde mensen (zoals geldt voor Janke of voor de ouders van Joop) om daardoor tot competentieontwikkeling te komen; voor de een kan er grote tijdnood zijn (Jan en de ouders van Joop), voor de ander mag het best wat langer duren (Janine en Janke), etc.

Belangrijk is dat het sociale netwerk niet zo klein mag zijn dat het beter beschreven kan worden als een gemeenschap. Er is niets mis met gemeenschappen (*communities*) en we zullen daarover ook nog het een en ander vermelden. Maar voor ons is een netwerk zo groot dat het verscheidene, mogelijk overlappende gemeenschappen kan omvatten, die ontstaan en groeien, krimpen en weer verdwijnen. Dat klinkt een beetje vaag, maar de bedoeling is duidelijk te maken dat we het niet zullen hebben over netwerken van de omvang van gemeenschappen. Daarvoor hoef je namelijk niet de machinerie (richtlijnen en software) van stal te halen die we in dit boek de revue laten passeren. Verder is een leernetwerk altijd een netwerk van mensen – en niet bijvoorbeeld van mensen en hun computers – omdat het ultieme leren een sociaal gebeuren is. We leren *van* elkaar, zelfs als dat wordt gemedieerd via computers (of boeken). En verder leren we heel vaak *met* elkaar, niet alleen doordat we elkaar uitdagen tot een beter begrip, maar ook omdat, althans volgens velen, betekenisgeving een sociaal proces is. Wat we begrijpen en hoe we dat begrip verwoorden, is verankerd in de gemeenschap van gelijkgezinden waarvan we deel uitmaken.

Doordat leernetwerken bevolkt worden door mensen met een breed gedefinieerde, gemeenschappelijke belangstelling verschillen ze qua reikwijdte, toegankelijkheid, sterkte van de samenwerkingsrelaties, enzovoort. Sommige zijn exclusief voor de leden van één (arbeids)organisatie (bijvoorbeeld de casussen over HAL en VNE), andere omvatten leden van meerdere organisaties, soms over geografische grenzen heen (bijvoorbeeld AEA of het netwerk waarin SME wil deelnemen), weer andere bestaan uit leden van één professie of werknemers in één sector of bedrijfstak (bijvoorbeeld de SME-casus, maar ook die van Jan de chemisch ingenieur en Janine de juriste). Maar ook bestaat er een groeiende groep netwerken buiten de context van arbeid, zoals (lokale) belangenorganisaties of groepen die een hobby of vrijetijdsbesteding delen (de ouders van Joop en Janke, de motorliefhebbers).

1.5.3 LEERNETWERKEN WORDEN ONTWORPEN

En als laatste maar misschien wel het belangrijkste punt: leernetwerken worden altijd ontworpen. Ze zijn geen natuurlijk gegeven, zoals een dorpsgemeenschap of ecosysteem dat is. Ze zijn een artefact en worden dus door mensen gemaakt, al kan natuurlijk een reeds bestaande groep wel als uitgangspunt worden genomen. Een deel van dat maakwerk geschiedt door de ontwerpers, maar die creëren slechts de basis waarop het leernetwerk zich verder kan ontwikkelen. De verdere ontwikkeling ervan doen de gebruikers zelf; zij geven de nadere invulling aan hun netwerk. Niettemin spelen de ontwerpers een belangrijke rol. Zij moeten ervoor zorgen dat die verdere ontwikkeling en invulling daadwerkelijk kunnen plaatsvinden, en dat kan alleen als in het ontwerp rekening wordt gehouden met de wensen, intenties en mogelijkheden van de toekomstige gebruikers ervan, de 'klanten'. Zij ontwerpen het ontwerp, zou je kunnen stellen. Dit boek is een handleiding voor ontwerpers, maar daarmee ook een handleiding voor toekomstige gebruikers. Ontwerpers van leernetwerken kunnen inspiratie opdoen hoe ze voor hun specifieke geval een leernetwerk willen inrichten. Gebruikers kunnen er vragen uit putten die ze de ontwerpers willen stellen, maar ook ideeën voor hoe ze zelf de evolutie van hun netwerk willen sturen. We besluiten daarom dit hoofdstuk met een bespreking van acht aspecten en hun deelaspecten waarmee bij het ontwerpen van een leernetwerk rekening gehouden moet worden.

1.6   Ontwerpdimensies voor leernetwerken

Bij het ontwerpen van een leernetwerk hebben acht aspecten invloed op het ontwerp. Het gaat hier niet om dichotome ja-neecategorieën, maar veeleer om dimensies met een continuüm van mogelijke waarden. De eerste drie dimensies – kennisvraag, leerproces en regie – behelzen de belangrijkste ontwerpaspecten. Ter verheldering illustreren we de dimensies kort aan de hand van de eerder besproken gevalsbeschrijvingen. Het gaat hier nadrukkelijk slechts om illustraties; concrete gevallen zullen hier op allerlei manieren van blijken af te wijken, hetgeen natuurlijk precies de reden is om in termen van dit soort dimensies te denken.

1 Kennisvraag
Hoe breed is de kennisvraag bezien in de tijd waarin deze relevant blijft, en in termen van complexiteit en actualiteit? Omdat een leernetwerk per definitie om leren gaat, om processen van kennisuitwisseling en kenniscreatie, is dit de belangrijkste vraag, waarbij het gaat om:
- Tijd: periode van kennisverwerving is beperkt of onbeperkt en doorlopend in de tijd.
- Complexiteit: van eenvoudige tot complexe kennis.
- Actualiteit: van historische tot actuele kennis.

De kennisvraag van Janine, de juriste die wat van farmacie wil weten, is in de tijd beperkt, relatief simpel en betreft kennis die alom bekend is. De vraag naar kennis van de ouders van de autistische jongen Joop daarentegen is een langlopende en betreft complexe kennis die zowel een historisch als een actueel karakter heeft. Het kleine bedrijf SME zal in zijn domein kennisvragen hebben met een (zeer) korte verwervingstijd, een hoge complexiteit en gericht op actuele kennis. HAL, de multinationale onderneming, heeft ongetwijfeld een veelheid van kennisvragen die elk hun eigen positie op elk van de drie dimensies hebben.

2 Leerproces
Hoe is het leerproces georganiseerd? Hoewel we uitgaan van non-formele leerprocessen, kan een gegeven leerproces een meer of minder formeel karakter hebben. De positie op deze dimensie bepaalt welk soort processen ondersteund moeten worden:
- Formeel leren is georganiseerd door een instelling en leidt via accreditatie en certificering tot diploma's.
- Non-formeel leren is, net als formeel leren, intentioneel leren. Bij non-formeel leren gaat het initiatief uit van de lerenden. Er is vaak

geen formele accreditatie. Accreditatie en certificeren van non-formeel leren kan wel plaatsvinden op aanvraag van de lerenden via het erkennen van eerder verworven competenties.

Waar een formeel traject voor Janine uitgesloten lijkt, is denkbaar dat de chemisch ingenieur Jan via een formeel traject zich in zijn vak verder wil bekwamen. Waar HAL voor een deel van zijn kennisvragen met formele trajecten uit de voeten zal kunnen, ligt dat voor SME niet voor de hand.

3 Regie

Wie regisseert het leernetwerk? Bij wie ligt het initiatief tot de oprichting ervan, wie bepaalt welke functionaliteit nodig is, wie neemt sturende maatregelen, wie bepaalt wie wat hoe mag, enzovoorts? Is dit de instelling of het individu? Indien het individu regisseert, worden nogal wat vaardigheden van hem of haar verwacht. Daarnaast speelt de mate van invloed mee die de eindgebruiker heeft op de manier waarop het leernetwerk gebruikt wordt. Binnen regie onderscheiden we vier deelaspecten:

1. Sturing of organisatie: top-down, van tevoren bepaald en vastgelegd door de instelling of opdrachtgever, of bottom-up ontstaand vanuit de gebruikers.
2. Vorm van moderatie, begeleiding en support: institutioneel door personen die dit in het kader van hun functie doen of door medegebruikers die elkaar ondersteunen.
3. Instructieontwerp: ligt er een instructieontwerp ten grondslag aan de activiteiten en bronnen in het leernetwerk? In het ene uiterste is er een onderwijsperspectief waar zowel leermateriaal als processen didactisch ontworpen zijn. Het andere uiterste laat gebruikers toe leermateriaal zonder instructieontwerp aan te leveren.
4. Mate van beïnvloeding. Welke mogelijkheden en vrijheden heeft de gebruiker? Kan de gebruiker zelf gemeenschappen aanmaken, zelf bepalen wat op een pagina staat, zelf bepalen welke applicaties gebruikt worden, enzovoorts?

In elk van de individuele casussen zal de regie vooral bij het individu liggen, met een grote rol voor medegebruikers die in hun rol groeien in een omgeving die hen daartoe veel ruimte biedt. In het geval van de bedrijfscasus hangt de regie erg van de insteek van het bedrijf af, maar de neiging zal bestaan om voor veel controle te kiezen. De mate van beïnvloeding zal groter zijn bij de individuele casussen, omdat die meestal voor een flexibeler platform voor het leernetwerk zullen kiezen. Maar ook voor de bedrijfcasussen zoals die van AEA zal het noodzakelijk zijn om de gebruiker een zekere mate van vrijheid te bieden omdat de kennisvraag te complex is om geheel op voorhand te overzien.

4 Startpositie netwerk

Kennen de gebruikers elkaar en hebben ze al iets gemeenschappelijks of worden nieuwe contacten gelegd? Dit beïnvloedt allerlei onderliggende sociale processen en daarmee de evolutie van het netwerk:
- Bestaand sociaal netwerk: de doelgroep bestaat uit personen die in één of meer opzichten al een binding met elkaar hebben.
- Startend sociaal netwerk: de doelgroep bestaat uit personen die nog geen enkele binding met elkaar hebben.

In het geval van de bedrijfsnetwerken zullen de gebruikers elkaar tot op zekere hoogte kennen, al was het maar omdat men elkaar in het bedrijfsorganogram kan positioneren. Janke, de Moto Guzzi-liefhebster, zal misschien een paar mensen kennen, maar het merendeel niet. Hen leren kennen is namelijk precies wat zij wil, om via hen toegang tot hun kennis te krijgen. Dat geldt ook voor de ouders van Joop. Voor Jan de chemisch ingenieur en Janine de juriste speelt dit punt niet zo.

5 Lidmaatschap

Staat het netwerk voor iedereen open of is het besloten in de zin dat je er op een of andere manier lid van moet worden? Dit aspect bepaalt niet alleen de manier van inschrijving, maar heeft ook invloed op de onderliggende sociale processen en dus de richting waarin een netwerk zich kan ontwikkelen:
- Bij een open lidmaatschap staat van tevoren niet vast wie (en in welke aantallen) zal deelnemen aan het leernetwerk.
- Bij een volledig besloten lidmaatschap is van tevoren bekend wie (en in welke aantallen) deelneemt aan het leernetwerk. De deelnemers zijn bekend.

Bedrijven zullen neigen naar beslotenheid, individuen eerder naar openheid, al kan de VNE, de erfgoedvereniging, juist weer profiteren van openheid en is het netwerk van ouders van autisten waarschijnlijk gebaat bij relatief veel beslotenheid.

6 Toegankelijkheid

Voor wie is de informatie die binnen het leernetwerk wordt gegenereerd toegankelijk? Toegankelijkheid hangt sterk samen met het

type lidmaatschap en de mate van sturing. De keuze die men op deze dimensie maakt, heeft verder verregaande consequenties voor technische voorzieningen die getroffen moeten worden:
- Die informatie kan volledig publiek toegankelijk zijn en bijvoorbeeld beschikbaar worden gesteld via een *Creative Commons*-licentie die hergebruik met bronvermelding of zelfs aanpassing toestaat.
- Ze kan ook besloten zijn en alleen beschikbaar zijn voor de leden van het netwerk. Daar hoort dan ook een aangepaste vorm van intellectueel eigendom bij, bijvoorbeeld een vorm die alle rechten voorbehoudt aan het bedrijf waar men werkzaam is.

Het ligt voor de hand te vermoeden dat individuele netwerken eerder open zullen zijn en bedrijfsnetwerken eerder gesloten. Maar ook bedrijven kunnen profiteren van openheid, bijvoorbeeld bij zogeheten open innovatieprocessen (Sie, Bitter-Rijpkema, & Sloep, 2009; Sie, Bitter-Rijpkema, Sloep, & Retalis, 2009).
Gebruikers zullen overigens een deel van de informatie in elk geval tijdelijk voor zichzelf willen houden. Denk aan informatie in een persoonlijk profiel. Hoewel deze informatie als zodanig niet met anderen wordt gedeeld, is het wel nuttig die in het netwerk op te slaan opdat softwarediensten er gebruik van kunnen maken om bijvoorbeeld een geschikte collega te vinden om samen aan een probleem te werken.

7 Platformkeuze
Welk platform wordt gebruikt als online substraat voor het leernetwerk? De keuze die men hier maakt, heeft niet alleen technische consequenties, maar bepaalt ook mede de in het leernetwerk beschikbare functionaliteiten:
- De ontwerper stelt een platform samen uit reeds bestaande applicaties die commercieel beschikbaar zijn of in het publieke domein. De ontwerptaak is er vooral een van het kiezen van applicaties die de gewenste functionaliteiten bieden en met elkaar kunnen communiceren.
- Er wordt gebruikgemaakt van een platform dat speciaal ontworpen is. Hier ligt het accent op het in kaart brengen van het ontwikkelingsproces dat nodig is om het ontwerp te realiseren.

Bedrijven zullen eerder neigen naar een speciaal ontwerp of aanpassingen van een bestaand ontwerp. Individuen zullen zich eerder aansluiten bij bestaande, open sociale netwerken.

8 Populatie

Wat zijn de kenmerken van de groep die het leernetwerk gaat bevolken? Hierbij gaat het erom zicht te krijgen op de groep voor wie een netwerk wordt ontworpen en ingericht. Dit levert randvoorwaarden op voor het ontwerp. Relevante deeldimensies zijn:
- Omvang: over hoeveel gebruikers hebben we het bij benadering? Betoogd is al dat het voor kleine groepen geen zin heeft een netwerk in te richten.
- Samenstelling in demografische, sociale, cognitieve, geografische zin etc.
- Digitale geletterdheid: krachtige, maar ingewikkelde platforms zijn niet besteed aan gebruikers zonder veel computerervaring.
- Houding ten opzichte van technologie: een online leernetwerk is niet besteed aan personen die een technofobe houding hebben.

De gevalsbeschrijvingen illustreren elk hoe zeer populaties van elkaar kunnen verschillen. Het netwerk waarin Jan de chemisch ingenieur deelneemt, zal niet heel groot zijn, een internationaal karakter hebben, uit hoger opgeleiden bestaan die redelijk met de computer om kunnen gaan en geen technologieangst hebben. De groep ouders van autistisch kinderen zal misschien wat groter zijn dan die van Jan, maar verder in elk van de genoemde opzichten heel heterogeen zijn.

1.7 Tot slot

Dit hoofdstuk begon met een inventarisatie van redenen waarom postinitieel leren nodig is en waarom het anders moet zijn dan alles wat we al kennen. Dat leidde tot een introductie van de notie van een leernetwerk als type van leeromgeving om die postinitieel lerende te bedienen, en tot een inventarisatie van de dimensies die in acht moeten worden genomen bij het ontwerp van leernetwerken. In de navolgende hoofdstukken gaan we nu de notie van een leernetwerk op allerlei manieren nader uitwerken.

Referenties

Billett, S. (2010). The perils of confusing lifelong learning with lifelong education. *International Journal of Lifelong Education*, 29(4), 401-413.

Boshuizen, H. P. A. (2003). *Expertise development; how to bridge the gap between school and work*. Oratie. Open Universiteit, Heerlen, Nederland.

Calmeyn, H. (2005). Netwerkleren: enkele basisprincipes. In *Handboek Effectief Opleiden* 12.1-1.01 - 12.1-1.10. 's-Gravenhage: Reed Business Information.

Castells, M. (1996). *The information age: economy, society and culture, part 1: the rise of the network society*. Oxford, UK: Blackwell.

Colley, H., Hodkinson, P., & Malcolm, J. (2003). *Informality and Formality in Learning: a report for the Learning and Skills Research Centre.* Retrieved from http://www.lsda.org.uk/files/pdf/1492.pdf.

Coopman, S.J. (2009). A critical examination of Blackboard's e-learning environment. *First Monday*, 14(6), 1-12.

Dekkers, H., & Meijnen, W. (2003). Onderwijs in de maatschappelijke context. In N. Verloop & J. Lowyck (Eds.), *Onderwijskunde: een kennisbasis voor professionals* (pp. 14-61). Groningen: Wolters-Noordhoff.

European Council. (2010). *Key Competences for a Changing World 2010 Joint progress report of the Council and the Commission on the implementation of the 'Education & Training 2010 work programme'*.

Harasim, L., Hiltz, R., Teles, L., & Turoff, M. (1995). *Learning Networks: A field guide to teaching and learning online.* Cambridge, USA: MIT Press.

Haythornthwaite, C. (2002). Building social networks via computer networks: Creating and sustaining distributed learning communities. In K.A. Renninger & W. Shumar (Eds.), *Building virtual communities: Learning and change in cyberspace.* New York, US: Cambridge University Press.

Hill, R., & Dunbar, R. (2002). Social Network Size in Humans. *Human Nature*, 14(1), 53-72.

Jones, C. (2008). Networked learning: weak links and boundaries. *Journal of Computer Assisted Learning*, 24(2), 87-89.

OECD. (2010). *The High Cost of Low Educational Performance: The Long-run Economic Impact of Improving PISA Outcomes.* Retrieved from http://www.sourceoecd.org/education/9789264077485.

Sie, R. L. L., Bitter-Rijpkema, M., & Sloep, P. B. (2009). The influence of coalition formation on idea selection in dispersed teams: a game theoretic approach. In U. Cress, D. Dimitrova & M. Specht (Eds.), *Learning in the synergy of multiple disciplines. 4th European Conference on Technology Enhanced Learning, EC-TEL 2009* (pp. 732-737). Nice, France, September/October 2009, Berlin, Heidelberg: Springer-Verlag.

Sie, R. L. L., Bitter-Rijpkema, M., Sloep, P. B., & Retalis, S. (2009). Knowledge sharing strategies for collaborative creativity. In S. Retalis & P. Sloep (Eds.), *Proceedings of the workshop on methods & tools for computer supported collaborative creativity process: Linking creativity & informal learning.* Nice, September 30, 2009.

Sloep, P. (2008a). Netwerken voor lerende professionals. *Develop*, 4(4), 84-91.

Sloep, P., & Jochems, W. (2007). De e-lerende burger. In J. Steyaert & J. D. Haan (Eds.), *Jaarboek ICT en samenleving 2007; Gewoon digitaal* (pp. 171-187). Amsterdam, Nederland: Boom.

Sloep, P. B. (2008b). *Netwerken voor lerende professionals; hoe leren in netwerken kan bijdragen aan een leven lang leren.* Oratie. Heerlen, Nederland: Open Universiteit.

Sloep, P. B. (2009b). Fostering sociability in learning networks through ad-hoc transient communities. In M. Purvis & B. T. R. Savarimuthu (Eds.), *Computer-Mediated Social Networking. Proceedings of the First International Conference, ICCMSN 2008* (pp. 62-75). Dunedin, New Zealand, Heidelberg, Germany: Springer-Verlag.

Sloep, P. B., Boon, J., Cornu, B., Klebl, M., Lefrère, P., Naeve, A., Scott, P., Tinoca, L. (2011). A European research agenda for lifelong learning. *International Journal of Technology Enhanced Learning*.

Tamim, R. M., Bernard, R. M., Borokhovski, E., Abrami, P. C., & Schmid, R. F. (2011). What forty years of research says about the impact of technology on learning: a second-order meta-analysis and validation study. *Review of Educational Research*. doi: 10.3102/0034654310393361.

Toffler, A. (1980). *The Third Wave*. New Jersey, USA: Morrow.

Van Merriënboer, J. J. G., Kirschner, P. A., Paas, F., Sloep, P. B., & Caniëls, M. C. J. (2009). Towards an integrated approach for research on lifelong learning. *Educational Technology Magazine, 49*(3), 3-15.

Veerman, C. (2010). *Differentiëren in drievoud*. Advies van de Commissie Toekomstbestendig Hoger Onderwijs Stelsel.

Verstelle, M., De la Parra, B., & Sloep, P. B. (2002). De keuze van een elektronische leeromgeving. In H. Frencken, J. Nedermeijer, A. Pilot & L.T. Dam (Eds.), *ICT in het hoger onderwijs; stand van zaken* (pp. 99 -112). Leiden, Nederland: IVLOS en ICLON.

Verstelle, M., Sloep, P. B., & De la Parra, B. (2002). ELO´s, DLO´s en LMS´en: achtergronden en soorten. In H. Frencken, J. Nedermeijer, A. Pilot & L. T. Dam (Eds.), *ICT in het hoger onderwijs; stand van zaken*. Leiden, Nederland: IVLOS en ICLON.

Wetenschappelijke Raad voor het Regeringsbeleid. (2002). *Van oude en nieuwe kennis; de gevolgen van ICT voor het kennisbeleid*. Den Haag, Nederland: Sdu.

Leren in online sociale netwerken 2

Marcel van der Klink, José Janssen, Jo Boon en Marjo Rutjens

2.1 Inleiding

Leren in groepsverband doet zich in veel verschillende vormen voor. Te denken valt aan projectteams, kwaliteitsgroepen, maar ook aan leerprojecten zoals Poell (2004) die heeft beschreven. Niet iedere groep waarin leren optreedt, noemen we echter een leernetwerk. Kenmerkend voor een leernetwerk is (zie ook hoofdstuk 1) de focus op leren, dat eenieder kan deelnemen en dat de levensduur bepaald wordt door de leden zelf, terwijl een team doorgaans wordt ingesteld met een expliciete opdracht en een vooraf vastgestelde levensduur, waarbij selectie plaatsvindt om te bepalen wie wel en wie niet tot het team wordt toegelaten (zie ook Calmeyn, 2005). Het verschil tussen een netwerk en een leernetwerk is altijd gradueel, maar voor leernetwerken is kenmerkend dat er in de werkwijze en activiteiten expliciet aandacht wordt besteed aan de verdere competentieontwikkeling van de deelnemers (Sloep, 2008a; Sloep, 2008b). Bij leernetwerken is er doorgaans sprake van meervoudige doelstellingen (zie ook hoofdstuk 1). Het gaat niet alleen om het maken van een product of het oplossen van een probleem enzovoorts, maar het leren van de deelnemers is eveneens een expliciete doelstelling. Er moet dus ook sprake zijn van een toegevoegde waarde voor de individuele deelnemer in termen van meer of betere kennis, vaardigheden en attitude.

In dit boek staat het leren in online leernetwerken centraal. Dat impliceert niet dat ieder online leernetwerk alleen online interactie kent. Het is zeer goed denkbaar dat de leden ook bij elkaar komen om kennis uit te wisselen. Maar het online leren is wel substantieel en relevant voor het realiseren van de gemeenschappelijke (leer)doelstellingen. Dit hoofdstuk is als volgt opgebouwd. In paragraaf 2 gaan we in op een aantal ontwikkelingen die ertoe bijdragen dat leernetwerken voor een groeiende groep een aantrekkelijk dan wel noodzakelijk gegeven worden. In de daaropvolgende paragraaf wordt ingegaan op hoe leren in leernetwerken plaatsvindt en welke condities relevant zijn om het leren te bevorderen. Het hoofdstuk wordt afgesloten met een paragraaf waarin een aantal algemenere voorwaarden wordt gepresenteerd die van belang zijn voor het ontstaan en voortbestaan van leernetwerken.

2.2 De groeiende belangstelling voor leernetwerken

In het vorige hoofdstuk is reeds ingegaan op een aantal omstandigheden die ertoe bijdragen dat een leernetwerk voor steeds meer individuen een realiteit wordt. In deze paragraaf staan we wat uitgebreider stil bij enkele van de saillantste ontwikkelingen.

2.2.1 DE ARBEIDSMARKT VAN DE 21STE EEUW: VAN BAANZEKERHEID NAAR EMPLOYABILITY

Kenmerkend voor de hedendaagse kenniseconomie is dat lifetime employment niet meer kan worden gegarandeerd. Meer dan vroeger moeten werknemers zelf de regie voeren over hun eigen loopbaan en competentieontwikkeling. Dat houdt in dat zij veel meer actief geïnvolveerd moeten zijn in de actuele ontwikkelingen en moeten investeren in de ontwikkeling van hun eigen human capital: breed betrokken blijven, ook buiten de grenzen van de eigen arbeidsorganisatie en soms zelfs buiten de grenzen van het eigen vakgebied, is noodzakelijk om te blijven werken aan de (toekomstige) inzetbaarheid en aantrekkelijkheid op de arbeidsmarkt (Van der Heijden, 2005). Het gaat hier om de combinatie van expertiseontwikkeling en het netwerk van relaties waarover iemand beschikt en de wisselwerking tussen beide. Dat geldt voor werknemers in loondienst, maar in versterkte mate ook voor de groeiende groep ZZP'ers (zelfstandigen zonder personeel) die voor hun toekomstige opdrachten en professionele ontwikkeling erg afhankelijk zijn van de kwaliteit van de netwerken waartoe zij behoren en van hun vermogen tot sturing van hun eigen competentieontwikkeling. In een aantal beroepen is het niet alleen het individu en/of de werkgever die stuurt op de competentieontwikkeling, maar is er ook een rol weggelegd voor de beroepsvereniging, die eisen stelt aan de deskundigheid van de aangesloten leden, zoals bij accountants, de medische professie en ook bij docenten in toenemende mate het geval is (Tijmensen, 2001). Daartoe bieden zulke verenigingen ook platforms (leernetwerken) voor het uitwisselen van kennis en het samen ontwikkelen van nieuwe inzichten.

2.2.2 DE NOODZAAK TOT INNOVATIE

Kenmerkend voor de hedendaagse kenniseconomie is de nadruk op innovatie en continue verbetering van producten, diensten en werkwijzen. Daarbij is innovatie niet alleen meer een taak van de Research & Development-afdeling (R&D), maar feitelijk een aspect van het alledaagse werk van grote groepen werknemers geworden. Het traditionele cursusmodel, al dan niet in een digitale variant, is niet echt geschikt om daadwerkelijk innovatie, de ontwikkeling van nieuwe kennis en het leren op de werkvloer te bevorderen. Nieuwe leerconcepten doemen op, zoals het concept 'kennisproductiviteit' van Kessels (2001): arbeidsorganisaties dienen op een zodanige wijze te worden ingericht dat de ontwikkeling en toepassing van nieuwe kennis optimaal wordt ondersteund. Innovatie vraagt erom dat werknemers van verschillende geledingen met uiteenlopende expertise intensief met elkaar samenwerken in teamverband, bruggen bouwen, muren slechten en elkaar inspireren tot het vinden van strategieën en oplossingen. Dat kan alleen gedijen als het management rekening houdt met de condities die relevant zijn voor de ontwikkeling van nieuwe kennis. Processen waarbij gemêleerde groepen werknemers met elkaar samenwerken aan innovatie vereisen een manier van managen waarin geaccepteerd wordt dat kennisontwikkeling zelf niet is te managen, maar hooguit kan worden gestimuleerd door de creatie van een adequate werkomgeving: werknemers worden niet slimmer op commando van hun manager, maar omdat ze de urgentie erkennen van een vraagstuk en uitgedaagd worden tot innovatie.

2.2.3 DE BESCHIKBAARHEID VAN BRUIKBARE TECHNOLOGIE

Nieuwe technologieën veranderen ons leven drastisch en dat is ook van toepassing op ons leren. Tot voor kort werd leren met nieuwe technologie vooral geassocieerd met e-learning. Hoewel recente en betrouwbare cijfers ontbreken, schatten deskundigen dat in ongeveer 80% van de bedrijven enige vorm van e-learning wordt toegepast en dat een steeds groter deel van het budget voor Human Resource Development (HRD) van organisaties hiervoor wordt vrijgemaakt (Rubens, 2008). E-learning werd tot voor kort vooral geassocieerd met digitale systemen voor het ondersteunen, beheren en produceren van leermiddelen (leermanagementsystemen) en de uitlevering van leeractiviteiten via een elektronisch platform (elektronische leeromgeving). Dit wordt e-learning 1.0 genoemd: vaak gaat het dan om cursussen die digitaal worden aangeboden.

Vooral de technologische innovaties van de afgelopen tien jaar hebben ertoe bijgedragen dat online leren steeds meer gemeengoed is geworden. De rekensnelheid van computers is toegenomen, evenals de bandbreedte van internetverbindingen. De opkomst van mobiele en draadloze technologie maakt het leren van en met elkaar stukken eenvoudiger (denk bijvoorbeeld aan de opkomst van lichte, zeer draagbare laptops en smartphones) (zie Rubens, 2008; Specht, 2009).

Momenteel verkeren we in het tijdperk van e-learning 2.0, waarin door de opkomst van social software het karakter van leren met nieuwe technologieën ingrijpend verandert. Social software is de verzamelnaam voor, veelal laagdrempelige, technologieën die gebruikers in staat stellen met elkaar te communiceren, samen te werken en zelf content zoals tekst, foto's en video te maken en met anderen te delen. Leren wordt op deze manier het actief delen van informatie, het zelf construeren van nieuwe content, waarbij dat leren tijd- en plaatsonafhankelijk kan gebeuren. Het is evident dat dergelijke software erg geschikt is om het informele en non-formele leren in netwerken te ondersteunen (De Leeuwe, 2008).

Hoewel social software een belangrijke bijdrage levert aan de opkomst van leernetwerken, is het echter nog de vraag of de meerwaarde van deze nieuwe technologieën volledig zal worden herkend en erkend als het gaat om leernetwerken binnen arbeidsorganisaties. Zo is de ontwikkeling en implementatie van e-learning 1.0 binnen arbeidsorganisaties tot dusverre suboptimaal. Het ontbreekt vaak aan de knowhow en gerichte strategieën om het volledige potentieel aan technologische mogelijkheden te benutten (zie Assen & Van de Pol, 2008). Ook zijn veel implementaties van e-learning digitale substituten van bestaande cursussen zonder dat er wezenlijk iets nieuws aan wordt toegevoegd (Van der Klink & Jochems, 2004).

2.3 Leren in online leernetwerken

Bij het uitwerken van het concept leernetwerken stuiten we regelmatig op de vraag: 'Waar is het leren gebleven?' Deze vraag is zeer relevant omdat het leren in leernetwerken zich op een geheel andere wijze manifesteert als bijvoorbeeld in een cursorische setting waarin sprake is van leerdoelen, leermaterialen en een docent die de leeractiviteiten begeleidt. Kenmerkend voor leernetwerken is dat 'onderwijzen' niet meer plaatsvindt. Leren in leernetwerken komt tot stand door de interactie tussen deelnemers, door de uitwisseling van informatie, door de beschikbaarheid van informatiebronnen en de mogelijkheden die er zijn om zelf actief informatie toe te voegen aan het netwerk. Leren in leernetwerken vereist een actieve instelling van deelnemers, waarbij zij uiteindelijk zelf bepalen wat en hoe ze leren.

Weliswaar verschillen een cursus en een leernetwerk van elkaar, maar ze hebben gemeenschappelijk dat het in essentie gaat om processen waarin het verwerven van informatie en het geven van betekenis aan deze informatie (waardoor het kennis wordt) centraal staat. In beide situaties is er dus sprake van leren, maar bij cursorisch leren is door anderen bedacht wat een deelnemer moet leren en op welke wijze dat bij voorkeur dient te geschieden, terwijl bij leernetwerken deelnemers zelf meer de regisseur van hun leerproces zijn. Een tweede verschil is dat het in cursussen altijd gaat om de overdacht van bestaande kennis, terwijl leernetwerken veel meer mogelijkheden bieden om samen met elkaar nieuwe kennis en inzichten te ontwikkelen en verder uit te werken.

Het is dus evident dat conventionele theorieën over leren en opleiden maar in beperkte mate bruikbare handvatten bieden voor de vraag hoe het leren in leernetwerken te faciliteren. Nieuwe inzichten, zoals gepubliceerd door Verdonschot (2009) in haar proefschrift over kennisproductiviteit en De Jong (2010) in zijn proefschrift over leren en sociaal kapitaal, zijn broodnodig om meer zicht te krijgen op hoe het leren in netwerken plaats kan vinden. Sociaal kapitaal is een theoretisch concept dat helpt het leren in netwerken te beschrijven. Het concept focust op netwerken en de hulpbronnen die hierin aanwezig zijn om leren en ontwikkeling te stimuleren. Daartoe worden drie dimesies onderscheiden (zie Nahapiet & Ghoshal, 1998). In het concept wordt de nadruk gelegd op:

1 de missie en structuur van netwerken;
2 de kwaliteit en de aard van de relaties in het netwerk;
3 de aanwezigheid van een gemeenschappelijke taal, gemeenschappelijke opvattingen en ervaringen.

Kenmerkend voor een krachtig leernetwerk is dat er (leer)activiteiten worden ontplooid om alle drie de dimensies maximaal te ontwikkelen. Een verdere uitwerking van het concept sociaal kapitaal in relatie tot het leren in leernetwerken is te vinden in hoofdstuk 3 van dit boek, waarin wordt ingegaan op de vraag hoe de kwaliteit van een leernetwerk te verbeteren, uitgaande van de drie hiervoor genoemde dimensies. Op deze plaats volstaan we met de conclusie dat er behoefte is aan nieuwe concepten om leren in leernetwerken te faciliteren en dat het concept sociaal kapitaal hiervoor veelbelovend lijkt te zijn.

In de volgende paragraaf verkennen we allereerst welke leeractiviteiten er zoal zijn in leernetwerken, om vervolgens in te gaan op faciliteiten die van belang zijn om leeractiviteiten van deelnemers op gang te brengen.

2.4 Een schets van leerrijke activiteiten in online leernetwerken

De kernfilosofie van een leernetwerk is dat door deelnemers samen te brengen er uitwisseling van kennis plaats gaat vinden. Het gaat bij netwerkleren om het hebben van relaties met anderen in het leernetwerk en om de inhoud van die relaties. Dat wordt bijvoorbeeld heel mooi verwoord door Cornelissen & De Jong (2010), die het 'leren' typeren als 'van tussen de oren naar tussen de neuzen'. Door interactie met anderen in het leernetwerk worden mogelijkheden gecreëerd voor het leren van en met elkaar.

Van weten 'wat' en weten 'hoe' naar weten 'waar', dat is hoe George Siemens (2005) het leren in leernetwerken typeert. Daarmee bedoelt hij dat het de kunst is van het leren in netwerken om als deelnemer goed zicht te krijgen én te houden op de zich evoluerende kennis die in het leernetwerk aanwezig is. Er is een aantal activiteiten te benoemen die het leren in de vorm van kennisdeling en kennisontwikkeling in een leernetwerk bevorderen. Hierna worden deze leerrijke activiteiten gepresenteerd.

Introduceren in het leernetwerk

Veel leernetwerken bieden de mogelijkheid aan deelnemers om een profiel aan te maken. Deze profielen helpen om zichtbaar te maken wie van de deelnemers welke expertise in huis heeft, hetgeen het gericht zoeken en bevragen van deelnemers op hun expertise bevordert. Van belang is dat de informatie in het profiel actueel en functioneel is voor het doel van het leernetwerk. Hoewel allerlei persoonlijkere informatie ook kan bijdragen tot meer binding en vertrouwen van de netwerkleden onderling (Rusman, Van Bruggen, Sloep, Valcke, & Koper, 2011), is van belang dat deelnemers niet het gevoel hebben dat ze (persoonlijkere) informatie moeten delen als zij daar zelf niet het belang van inzien (Berlanga, Bitter-Rijpkema, Brouns, Sloep, & Fetter, 2011).

Leren door vragen stellen en beantwoorden

Vragen stellen is een krachtige manier om het eigen leren en dat van anderen te bevorderen. Hierbij is overigens van belang dat de vragen aan personen worden gesteld die én de expertise én de bereidheid hebben om die vragen te beantwoorden (zie Van Rosmalen, 2008). Het beantwoorden van vragen van andere deelnemers is een krachtige manier om de eigen expertise goed te kunnen verwoorden op het niveau van de vragensteller. Ook speelt hierbij, naast expertise, de bereidheid mee om in te gaan op vragen van anderen. Als het gaat om veelvoorkomende vragen is van belang dat er in het leernetwerk maatregelen worden getroffen om het beantwoorden van die vragen evenredig te verdelen, zodat niet telkens dezelfde deelnemer verantwoordelijk is voor het geven van antwoorden. Het gezamenlijk inrichten en onderhouden van een pagina met veelgestelde vragen kan helpen voorkomen dat andere deelnemers onnodig worden lastiggevallen met veelvoorkomende vragen.

Leren door vinden en bestuderen van informatie
Een leernetwerk biedt doorgaans bijzonder veel informatie. Zeker als het om een dynamisch leernetwerk gaat, waarbij regelmatig nieuwe leden toetreden, blijft het leernetwerk interessant om te bezoeken om zicht te houden op de zich evoluerende kennis in het leernetwerk. Of een deelnemer optimaal gebruik kan maken van die groeiende kennis hangt er sterk van af of de deelnemer voor zichzelf heeft vastgesteld welke informatie voor hem of haar relevant is. De informatievaardigheden waarover een deelnemer beschikt, bepalen in hoge mate of het zoekgedrag efficiënt en effectief is (zie Gruwel-Brand & Wopereis, 2010). Er zijn inmiddels gebruiksvriendelijke technologieën beschikbaar die in leernetwerken kunnen worden benut om deelnemers te ondersteunen in het vinden en beheren van relevante informatie. Meer informatie hierover is te vinden in de paragrafen 5.5 en 7.2).

Leren door toevoegen van nieuwe informatie
Toevoegen van nieuwe informatie door de deelnemers kan op verschillende manieren plaatsvinden. Dat kan door middel van het toevoegen van opmerkingen aan bestaande informatiebronnen die al in het leernetwerk aanwezig zijn, bijvoorbeeld over de bruikbaarheid of geloofwaardigheid van bepaalde informatie. Ook kunnen deelnemers zelf nieuwe informatiebronnen aan het leernetwerk toevoegen en deze voorzien van zoektermen (tags), zodat andere deelnemers nauwkeuriger de relevantie van een informatiebron kunnen vaststellen.

Leren door deelname aan groepsdiscussies
Een krachtige manier van leren is het actief deelnemen aan de discussies binnen het leernetwerk. Door ideeën uit te wisselen en hierop te reageren, kan in korte tijd veel informatie worden verzameld. Doorgaans vinden er in een leernetwerk meerdere discussies tegelijkertijd plaats, veelal rondom specifieke thema's. Sommige discussies zullen

een permanenter karakter hebben, terwijl andere meer gebonden zijn aan actualiteit.

In de beginfase van een leernetwerk hebben discussies ook tot doel om gemeenschappelijkheid te creëren: wat willen we in dit leernetwerk bereiken? Hoe gaan we het leernetwerk verder vormgeven (bijvoorbeeld: welke regels spreken we met elkaar af)? Het is evident dat deze discussies zich niet tot de beginfase van het leernetwerk beperken, maar dat dergelijke vragen, die betrekking hebben op doel en identiteit van het leernetwerk, regelmatig opborrelen. Onderzoek naar de ontwikkeling van open source-software, waarbij veel ontwikkelaars in een genetwerkt verband samenwerken, bevestigt dit beeld. Maar wel is van belang dat van meet af aan wordt gewerkt aan gezamenlijkheid in begripsvorming en doelen, zodat niet iedere discussie in het leernetwerk resulteert in fundamentele discussies over de onderliggende doelen en inrichting van het leernetwerk (Weber, 2004).

2.5 Voorwaarden scheppen voor leren in online leernetwerken

In deze paragraaf bespreken we een aantal voorwaarden die essentieel zijn voor het bevorderen van het leren in online leernetwerken. In onze bespreking hebben we ervoor gekozen om niet alle mogelijke voorwaarden te presenteren, maar om ons te richten op de essentiële.

2.5.1 CREËREN VAN VERBINDINGEN TUSSEN PERSONEN

Een voorwaarde voor een succesvol leernetwerk is een zekere mate van heterogeniteit in de deelnemersgroep met betrekking tot de expertise die zij meebrengt, hetgeen ertoe bij kan dragen dat vraagstukken vanuit verschillende invalshoeken worden belicht. Nieuwe, ongewone combinaties van kennis ontstaan door mensen met uiteenlopende achtergronden bij elkaar te brengen. Tot deze bevinding kwam J.S. Brown in zijn functie van hoofd van de Xerox Laboratories. Hij ontdekte dat de echte creatieve ingevingen in het bedrijf tot stand kwamen tijdens gesprekken van onderzoekers en onderhoudsmedewerkers met elkaar, bijvoorbeeld in het bedrijfsrestaurant of de parkeerplaats (Bouwen, 2010). Het is echter niet productief om individuen te verplichten lid te worden van een netwerk zonder dat zij daar zelf de relevantie van inzien. Net als sommige cursisten zich bij bepaalde cursussen 'gestuurd voelen door hun leidinggevende' doet zich dan het probleem voor dat de deelnemers gedrag vertonen dat geen wezenlijke bijdrage levert aan de deling en verdere ontwikkeling van kennis in het leernetwerk.

Hoewel er in de beginfase van een netwerk doorgaans geïnvesteerd moet worden in het bij elkaar brengen van leden die eenzelfde ambitie delen, is het proces van het betrekken van nieuwe leden veelal permanent. Naarmate een leernetwerk verder evolueert, wordt het bijvoorbeeld voor anderen juist ook interessant om te participeren, maar bestaat tegelijkertijd de kans dat 'oudgedienden' juist afhaken. De mogelijkheden tot toetreding van nieuwe leden en afhaken zullen voor een deel ook samenhangen met de doelstelling en de context waarin het leernetwerk zich bevindt en, daarmee verbonden, de mate van verplichting om te blijven participeren. Als het gaat om een leernetwerk van werknemers van eenzelfde, grote organisatie, die tot taak hebben nieuwe oplossingen voor een complex probleem te bedenken (zie bijvoorbeeld casus B1 in hoofdstuk 1), dan zijn de mogelijkheden voor individuele deelnemers om te besluiten niet meer deel te nemen vermoedelijk geringer dan wanneer het gaat om ouders die zich met elkaar willen verdiepen in de vraag welke opvoeding geëigend is voor kinderen met autisme (zie casus I3 in hoofdstuk 1).

De vraag is: hoe maak je het aantrekkelijk voor individuen om lid te worden van een leernetwerk? Een eenduidig antwoord op deze vraag is niet te geven. Wel blijkt uit onderzoek aangaande leernetwerken dat door de aanwezigheid van een urgent probleem dat de deelnemers ook daadwerkelijk als zodanig ervaren, de animo om te participeren zeer sterk in positieve zin wordt beïnvloed (Verdonschot, 2009; Weber, 2004). Maar dat geldt alleen als, op wat voor manier dan ook, de deelnemers het gevoel hebben dat het netwerk hen ook ruimte biedt voor het realiseren van persoonlijkere (professionele) doelen en ambities.

2.5.2 BEVORDEREN VAN VERTROUWEN

Lid worden van een netwerk is één ding, maar op termijn ook een actieve participant blijven is een geheel andere kwestie. Hoogwaardige samenwerkingsrelaties zijn bevorderlijk voor het delen en samen ontwikkelen van nieuwe kennis, maar deze relaties ontstaan niet vanzelf. Zeker in situaties waarin gestreefd wordt naar heterogene groepen deelnemers vanuit verschillende afdelingen, bedrijven, disciplines, kortom naar het samenbrengen van personen die elkaar niet of nauwelijks kennen, moet er voldoende geïnvesteerd worden in de kennismaking. Indien dit aspect onvoldoende aandacht krijgt, is er een grote kans dat de samenwerking in het netwerk niet echt van de grond komt (Rusman, et al., 2011). Vertrouwen in elkaar is voorwaardelijk voor het leren van en met elkaar. Het zorgt niet alleen voor een snellere en betere uitwisseling van kennis, en juist ook de uitwisseling van contrasterende opinies over vraagstukken, maar leidt ook tot meer plezier in deelname aan het leernetwerk, waardoor de binding hiermee alleen maar sterker wordt. Van belang is je te realiseren dat vertrouwen niet statisch is, maar in de tijd groeit of juist afneemt en dat derhalve de vraag hoe het vertrouwen tussen de leden van het leernetwerk te bevorderen een kwestie is die permanente aandacht vraagt. Het spreekwoord 'Vertrouwen komt te voet en gaat te paard' is ook op leernetwerken van toepassing.

2.5.3 AFSPRAKEN OM HET SAMEN LEREN EN WERKEN TE BEVORDEREN

Net als in ieder ander sociaal verband zijn ook afspraken in een leernetwerk voorwaardelijk om het samen werken en leren te bevorderen. De aard van deze afspraken zal verschillen al naar gelang de doelstelling en de context waarin een leernetwerk zich bevindt. In bijna alle leernetwerken speelt het vraagstuk van de etiquette. Beledigingen, seksistisch taalgebruik et cetera wordt doorgaans niet getolereerd, maar dat staat nog los van de sancties die men hierover wil afspreken. Moet het mogelijk zijn om onwelvoeglijke uitingen te verwijderen, kan en moet het lidmaatschap van deelnemers worden ontnomen? Bij leernetwerken zonder strakke organisatie, zoals het netwerk van ouders van autistische kinderen (casus I3) of motorliefhebbers (I4), gaat dat lastiger dan binnen arbeidsorganisaties (casus B1, B2, B4). Bij die laatste worden doorgaans ook afspraken gemaakt over de werkwijze, verdeling van taken en verantwoordelijkheden, frequentie van participatie in het netwerk, enzovoorts. Dan is ook van belang dat er afspraken worden gemaakt over bijvoorbeeld wie allemaal toegang hebben tot de kennis en informatie in het leernetwerk. Het is niet ongebruikelijk dat leidinggevenden toegang willen hebben tot het leernetwerk, niet om hierin daadwerkelijk te participeren, maar om waar te kunnen nemen of en wat er aan kennis gedeeld en ontwikkeld wordt. Als dat het geval is, dan is van belang om dit goed te communiceren met alle deelnemers. Kennisdeling en -ontwikkeling zijn doorgaans fragiele processen en indien deelnemers het gevoel hebben dat anderen 'meekijken', waarbij onduidelijk is wat daarvan de consequenties zijn, dan zal dat het proces in het leernetwerk niet ten goede komen. Anderzijds dienen werknemers zich te realiseren dat indien zij in (semi-)openbare sociale netwerken actief zijn, hiermee soms het belang van hun werkgever kan worden geschaad, bijvoorbeeld vanwege publicatie van vertrouwelijke of onwelvoeglijke informatie. Zo werd een werknemer ontslagen omdat die het volgende bericht op Facebook had gepubliceerd: 'I work at Argos and can't wait to leave because it's shit.' Welnu, die wens werd door zijn werkgever onmiddellijk gehonoreerd!

De noodzaak voor dit soort werkafspraken geldt ook voor leernetwerken die niet in organisaties verankerd zijn. Daar is het maken van afspraken lastiger omdat er geen top-downcommunicatie mogelijk is en, als dat al kan, er niet zo gemakkelijk sancties aan kunnen worden verbonden. Dat dit soort afspraken desondanks tot stand kan komen, inclusief een werkverdeling, laat Stephen Webers analyse van het wel en wee van het netwerk van Linux-ontwikkelaars zien (Linux is een open source-besturingssysteem voor computers) (Weber, 2004).

2.5.4 TIJD VOOR DEELNAME AAN HET LEERNETWERK

Het feit dat digitale netwerken het mogelijk maken om tijd- en plaatsonafhankelijk met elkaar kennis te delen en te ontwikkelen, betekent nog niet dat het van de deelnemers geen tijd en energie vergt om hierin te participeren. Hoewel deze constatering op het eerste gezicht wellicht een hoog opendeurgehalte lijkt te hebben, laat onderzoek naar werkplekleren zien dat werkgevers doorgaans veronderstellen dat voor dit soort leren geen tijd hoeft te worden ingeruimd (Van der Klink & Streumer, 2004). Als het gaat om leernetwerken binnen arbeidsorganisaties die een bedrijfsbelang dienen, en waaraan de deelnemers in hun functie als werknemer deelnemen, is van belang dat de werkgever zich realiseert dat participatie niet automatisch plaatsvindt, louter door het beschikbaar stellen van het leernetwerk. Zeker naarmate een actievere inbreng in het leernetwerk wordt gevraagd, zal hierdoor de tijdsinvestering van deelnemers toenemen en vergt dit afspraken over hoe dit past in de (werk)agenda's van de betrokkenen.

2.5.5 DIGISOCIALE BEKWAAMHEID

Het vermogen om informatie te lokaliseren, te organiseren, te begrijpen en te evalueren, en zelf informatie te creëren, wordt doorgaans aangeduid met de term 'digitale geletterdheid' (Wikipedia, 2010) of digitale competentie (European Commission, 2011, p. 39 e.v.). Het behoeft geen betoog dat dit vermogen ertoe bijdraagt dat deelnemers effectiever, efficiënter en met meer plezier weten te navigeren door leernetwerken. Personen verschillen in de mate waarin ze over dit vermogen beschikken. Hoewel leeftijd hierbij een rol speelt, is dit geen hard onderscheidend criterium. Ook ouderen maken in toenemende mate gebruik van allerhande digitale netwerken (denk aan LinkedIn) en niet iedere jongere is per definitie vaardig (Margaryan, Littlejohn, & Vojt, 2011). Het verdient aanbeveling om stil te staan bij de vraag welke digitale vaardigheden wenselijk zijn in het leernetwerk en hoe te voorkomen dat een gemis aan voldoende digitale geletterdheid een barrière gaat vormen voor een actieve(re) participatie. Is het beschikbaar stellen van aanvullende leermogelijkheden noodzakelijk en hoe krijgt dat vorm (bijvoorbeeld training, koppeling aan ervaren gebruiker in leernetwerk, of simpelweg al doende leren)? Of wordt er geprobeerd met minder complexe tools in het netwerk de drempel naar de minder digitaal geletterde gebruiker te slechten? Hoewel digitale geletterdheid vaak als term wordt gehanteerd, geven we hier de voorkeur aan de term digisociale geletterdheid. Het gaat immers niet alleen om de technisch-instrumentele aspecten van het gebruik van allerlei digitale voorzieningen, maar bijvoorbeeld ook om aspecten als zich bewust zijn van de langdurige traceerbaarheid van eenmaal geposte berichten en aspecten die met fraude en misbruik te maken hebben, zoals phishing (het verzenden van misleidende e-mails om persoonlijke gegevens te bemachtigen) en diefstal van persoonlijke identiteit.

2.6   Tot slot

Hoewel online leernetwerken een krachtig middel lijken om niet-schools leren te bevorderen, roepen zij ook een aantal vragen op. Waar we in de vorige paragraaf een aantal randvoorwaarden beschreven die het leren in leernetwerken bevorderen, laten we in deze paragraaf een aantal van de meest voorkomende vragen en opmerkingen de revue passeren die meer algemeen betrekking hebben op het ontstaan en voortbestaan van leernetwerken.

Bereidheidt ot constructief samenwerken

De kracht van een leernetwerk schuilt in de bereidheid van de deelnemers om kennis met elkaar uit te wisselen, bijvoorbeeld door het beantwoorden van vragen. Zijn deelnemers daartoe bereid en onder welke omstandigheden zullen ze dat doen? Sloep (2008a, p. 86) stelt op grond van eerder verricht onderzoek in het domein van de speltheorie vast dat uitwisseling doorgaans wel op gang komt, mits de deelnemers de tit-for-tat-strategie hanteren. Deze strategie houdt in dat in een ontmoeting met een onbekende opponent een individu de eerste keer altijd samenwerkt en bij elke volgende ontmoeting het gedrag van de opponent kopieert. Werkte die samen, dan doet het individu dat ook; heeft de opponent 'vals gespeeld' door niet samen te werken, dan werkt het individu ook niet meer samen. Als in een netwerk mensen willen samenwerken en dat doen middels de tit-for-tat-strategie, dan ontstaat er altijd samenwerking, ongeacht of die deelnemers iets met elkaar hebben afgesproken, elkaar kennen of elkaar vertrouwen. Nog belangrijker, in een omgeving waarin strategieën met elkaar concurreren en de meesten niet samenwerken, is een klein groepje van spelers

– 6% van het totale aantal – die consequent tit-for-tat willen spelen al voldoende om de andere strategieën te laten uitsterven. Dat betekent dat samenwerking zich ook onder sceptici kan verspreiden. De sceptici komen er namelijk snel genoeg achter dat zij zichzelf benadelen. Deze strategieën kunnen aangevuld worden met andere, bijvoorbeeld omtrent de keuze van partners om samen een krachtige coalitie voor kennisontwikkeling te vormen (Sie, Bitter-Rijpkema, & Sloep, 2010).

Actieve participatie
Zullen alle deelnemers wel actief participeren in de uitwisseling van informatie, deelname aan discussies enzovoorts? Dat is niet te verwachten. Er zijn altijd deelnemers die meer op de achtergrond opereren en niet zo snel vragen zullen stellen, informatie toevoegen enzovoorts. Hiervoor is inmiddels de term 'lurker' bedacht. Dat wil overigens niet impliceren dat lurkers het participeren in het leernetwerk niet als leerzaam beschouwen. Er kunnen uiteenlopende motieven ten grondslag liggen aan het lurkgedrag. Deelnemers kunnen bijvoorbeeld het gevoel hebben (nog) te weinig verstand te hebben van de materie of ze zijn afwachtender ingesteld. Van belang is zich te realiseren dat deelnemers verschillen in hun behoefte aan actieve participatie, dat daar uiteenlopende redenen voor zijn, maar dat het doorgaans weinig zin heeft om dit als een probleem te beschouwen dat opgelost dient te worden (Calmeyn, 2005; Preece, Nonneke, & Andrews, 2004; Sloep & Kester, 2009).

Zelfsturing
De mate van zelfsturing is een factor van betekenis voor de mate waarin deelnemers op efficiënte en effectieve wijze in het leernetwerk leren. Het is evident dat het leren in leernetwerken de nodige zelfsturing van het eigen leren vereist, maar niet iedere volwassene beschikt over de benodigde vaardigheden en motivatie om zelfsturend te leren in het leernetwerk, ook niet als het gaat om hoger opgeleiden. Dat betekent niet dat deelnemers niet de regie kunnen voeren over hun eigen leren in het leernetwerk, maar wel dat zelfsturing geen automatisme is en het bij de opzet en inrichting van leernetwerken een aandachtspunt kan zijn hoe deelnemers te ondersteunen in de ontwikkeling van hun zelfsturing (Van der Klink, 2004).

Behoefte aan evaluatie van opbrengsten
Wat levert een leernetwerk nu uiteindelijk op? Dat is een vraag die vaak wordt gesteld, zowel in de fase waarin een besluit moet worden genomen over het wel/niet starten van een leernetwerk als in latere fasen

wanneer deze vraag regelmatig wordt opgeworpen door (potentiële) deelnemers alsmede door andere betrokkenen. Bij leernetwerken die in een bedrijf worden gestart om kennisdeling en kennisontwikkeling over een specifiek thema te bevorderen, is het bijvoorbeeld altijd de vraag of een leernetwerk een effectieve manier van leren is. Een bruikbare manier om de discussie over de opbrengsten van een leernetwerk te voeren, is aan de hand van het model van Kirkpatrick (1994), dat in de opleidingspraktijk van Human Resource Development frequent wordt gehanteerd. Het model onderscheidt een viertal niveaus van opbrengsten, die in tabel 2.1 zijn samengevat.

Tabel 2.1	Evaluatie effecten van leernetwerken.
Effectniveau	Omschrijving
1 Reactieniveau	De mate waarin de deelnemers tevreden zijn over deelname aan het leernetwerk
2 Leerresultaten	De mate waarin deelname aan het leernetwerk resulteert in een toename van de beoogde kennis, vaardigheden en verandering van attitude bij de deelnemers
3 Gedrag	De mate waarin de deelnemers de leerresultaten ook daadwerkelijk duurzaam toepassen
4 Organisatie	De mate waarin het leernetwerk bijdraagt aan het realiseren van de uiteindelijke doelen waarvoor het leernetwerk is gestart

Het model van Kirkpatrick gaat uit van de veronderstelling dat de niveaus voorwaardelijk zijn, bijvoorbeeld dat effecten op niveau 3 pas optreden indien er sprake is van effecten op niveau 2. Hoewel het model niet onomstreden is en het vaststellen van effecten op niveau 3 en 4 soms erg lastig is (zie bijvoorbeeld Witziers, 2007), is het een zeer bruikbaar middel om in discussies de gedachten te ordenen over de typen effecten die men wil realiseren met een leernetwerk en te zoeken naar manieren om die effecten ook daadwerkelijk te kunnen gaan meten. Het verdient aanbeveling tijdig hierover de discussie te beginnen, zodat reeds bij de initiële inrichting van het leernetwerk rekening gehouden kan worden met de wijze van dataverzameling over de opbrengsten van het leernetwerk.

De rol van facilitator
Een volledig zelfregulerend leernetwerk is een utopie. Facilitering is essentieel om leernetwerken efficiënt en effectief te maken én te houden. Daarbij kan die facilitering betrekking hebben op verschillende aspecten. Grofweg kan er een onderscheid worden gemaakt in inhoudelijke en technologische facilitering.

Bij de inhoudelijke facilitering kan worden gedacht aan het ondernemen van activiteiten om het leren van en met elkaar te bevorderen, zoals daar zijn (zie Calmeyn, 2005):
- centrale thema's identificeren en introduceren in leernetwerk;
- leernetwerk promoten;
- events en activiteiten plannen, voorbereiden en uitvoeren;
- afspraken handhaven.

Daarbij behoeven niet al deze activiteiten door één persoon uitgevoerd te worden. Het is zelfs beter om ervoor te zorgen dat meerdere facilitatoren zich engageren om het leernetwerk te ondersteunen om zodoende de 'Schwung' en de levensvatbaarheid van het leernetwerk te verbeteren.

Naast de inhoudelijke facilitering is er behoefte aan technologische ondersteuning die door Wenger, White en Smith (2009) wordt gedefinieerd als de behoefte aan 'technology stewardship', waarmee bedoeld wordt dat er continue aandacht moet zijn voor de vraag of de technologische tools en de (leer)behoeften van het leernetwerk wel goed met elkaar corresponderen. Een voorbeeld is dat bij groei van het aantal deelnemers in het leernetwerk er meer behoefte begint te ontstaan aan tools om zicht te houden op wie er actief participeren. Het kan dan helpen om de mogelijkheid van profielen te introduceren, waarmee leden zich aan elkaar kunnen presenteren. Een ander voorbeeld is dat niet alle deelnemers uit zichzelf in staat zijn efficiënt en effectief gebruik te maken van de aanwezige tools. Het is dan de taak van de 'tech steward' om te zorgen voor activiteiten en tools ten behoeve van het verbeteren van de digitale geletterdheid van de deelnemers.

Referenties

Assen, D., & Van de Pol, R. (2008). Duurzaam implementeren van e-learning. *Develop*, 4(4), 44-55.

Berlanga, A. J., Bitter-Rijpkema, M., Brouns, F., Sloep, P. B., & Fetter, S. (2011). Personal profiles: enhancing social interaction in learning networks. *International Journal of Web Based Communities*, 7, 66-82.

Bouwen, R. (2010). Relationele praktijken 'dragen' kennisontwikkeling. *Develop*, 6(1), 45-47.

Calmeyn, H. (2005). Netwerkleren: enkele basisprincipes. *Handboek Effectief Opleiden* 12.1-1.01 - 12.1-1.10. 's-Gravenhage: Reed Business Information.

Cornelissen, F., & De Jong, T. (2010). Epiloog. De waarde van sociaal kapitaal. *Develop*, 6(1), 60-64.

De Jong, T. (2010). *Linking social capital to knowledge productivity*. Proefschrift Handelseditie. Houten: Springer Uitgeverij.

De Leeuwe, M. (2008). De invloed van technologie in het juiste perspectief. *Develop*, 4(4), 58-66.

European Commission. (2011). *Education & training, lifelong learning programme general call for proposals 2011-2013 strategic priorities*. Retrieved from http://ec.europa.eu/education/llp/doc848_en.htm.

Gruwel-Brand, S., & Wopereis, I. (2010). *Word informatievaardig! Digitale informatie selecteren, beoordelen en verwerken*. Groningen: Noordhoff Uitgevers.

Kessels, J. W. M. (2001). *Verleiden tot kennisproductiviteit*. Oratie. Enschede, Nederland: Universiteit Twente.

Kirkpatrick, D. L. (1994). *Evaluating training programs. The four levels*. San Franciso, USA: Berret-Koehler Publishers.

Margaryan, A., Littlejohn, A., & Vojt, G. (2011). Are digital natives a myth or reality? University students' use of digital technologies. *Computers & Education, 56*(2), 429-440.

Nahapiet, J., & Ghoshal, S. (1998). Social capital, intellectual capital and the organizational advantage. *Academy of Management Review, 23*, 242-266.

Poell, R. (2004). Leren door het organiseren van leerprojecten. In J. Streumer & M. Van der Klink (Eds.), *Leren op de werkplek* (pp. 157-184). Den Haag, Nederland: Reed Business Information.

Preece, J., Nonneke, B., & Andrews, D. (2004). The top five reasons for lurking: Improving community experiences for everyone. *Computers in Human Behavior, 20*, 201-223.

Rubens, W. (2008). E-learning: trends en ontwikkelingen. *Develop*, 4(4), 7-16.

Rusman, E., Van Bruggen, J., Sloep, P., Valcke, M., & Koper, R. (2011). Can I trust you? Personal profiling for a first impression of trustworthiness in virtual project teams. *International Journal of Information Technology Project Management, 2*(4).

Sie, R., Bitter-Rijpkema, M., & Sloep, P. (2010). Coalition formation in networked innovation: directions for future research. In L. Dirckinck-Holmfeld, V. Hodgson, C. Jones, D. McConnell & T. Ryberg (Eds.), *Proceedings of the 7th International Conference on Networked Learning*. May, 3-4, 2010, Aalborg, Denmark.

Sloep, P. (2008a). Netwerken voor lerende professionals. *Develop*, 4(4), 84-91.

Sloep, P., & Kester, L. (2009). From lurker to active participant. In R. Koper (Ed.), *Learning network services for professional development* (pp. 17-27). Berlin, Heidelberg, Germany: Springer-Verlag.

Sloep, P. B. (2008b). *Netwerken voor lerende professionals; hoe leren in netwerken kan bijdragen aan een leven lang leren*. Oratie. Heerlen, Nederland: Open Universiteit.

Specht, M. (2009). *Learning in a technology enhanced World*. Oratie. Heerlen, Nederland: Open Universiteit.

Tijmensen, L. (2001). De invloed van de professie op de ontwikkeling van professionals. In J. W. M. Kessels & R. Poell (Eds.), *Human resource development, organiseren van het leren* (pp. 243-254). Samson Uitgeverij.

Van der Heijden, B. I. J. M. (2005). *No one has ever promised you a rose graden. On shared responsibility and employability enhancing strategies throughout the career*. Oratie. Assen, Nederland: Van Gorcum.

Van der Klink, M., & Streumer, J. N. (2004). De werkplek als leersituatie. In J. N. Streumer & M. R. v. d. Klink (Eds.), *Leren op de werkplek* (pp. 11-31). 's-Gravenhage: Reed Business Information.

Van der Klink, M. R. (2004). Benaderingen voor het ontwerpen van opleiden en leren op de werkplek. In *Handboek Effectief Opleiden*. 's-Gravenhage: Reed Business Information.

Van der Klink, M. R., & Jochems, W. M. G. (2004). Management en organisatie van e-learning. In W. M. G. Jochems, J. J. G. Van Merriënboer, E. J. R. Koper & T. J.

Bastiaens (Eds.), *Een geïntegreerde benadering van e-learning* (pp. 187-201). Groningen/Houten, Nederland: Wolters-Noordhoff.

Van Rosmalen, P. (2008). *Supporting the tutor in the design and support of adaptive e-learning*. Dissertatie. Open Universiteit, Heerlen, Nederland.

Verdonschot, S. (2009). *Learning to innovate*. Dissertatie. Universiteit Twente, Enschede, Nederland.

Weber, S. (2004). *The success of open source*. Cambridge, MA, USA: Harvard University Press.

Wenger, E., White, N., & Smith, J. D. (2009). *Digital habitats: stewarding technology for communities*. Portland: CPsquare.

Wikipedia. (2010). Digital literacy Retrieved 16 april 2010, from http://en.wikipedia.org/wiki/Digital_literacy.

Witziers, B. (2007). Effectiviteit van HRD: verleden, heden en toekomst. *Develop, 3*(4), 62-73.

3 Verder bouwen aan de kwaliteit van het leernetwerk

Peter van Rosmalen, Jan van Bruggen en Howard Spoelstra

3.1 Inleiding

In het eerste hoofdstuk van dit boek is gesteld dat leernetwerken diverse doelen kunnen dienen. Een leernetwerk kan ondersteuning bieden aan vaste groepen professionals die van elkaar willen leren over specifieke onderwerpen, maar ook aan wisselende groepen professionals die alleen behoefte hebben om actuele kennis en ervaring uit te wisselen. Leernetwerken kunnen verschillend georganiseerd zijn: ze kunnen top-down ontworpen en geregisseerd worden, maar ze kunnen ook spontaan ontstaan en groeien. Binnen leernetwerken kunnen verschillende regels gelden en kunnen verschillende gebruikersrollen voorkomen.
In dit hoofdstuk gaan we in op technologieën die helpen om de kwaliteit van leernetwerken te verhogen. We beperken ons daarbij niet tot het heden, maar we nemen met name ook een kijkje in de nabije toekomst. Als ordeningskader maken we in dit hoofdstuk gebruik van de theorie over sociaal kapitaal, die een drietal ordenende principes of dimensies (structurele, relationele en cognitieve) hanteert. Aan de hand van deze drie dimensies hebben we de instrumenten ingedeeld.
Eerst wordt ingegaan op de theorie over sociaal kapitaal en hoe die ons helpt zicht te krijgen op essentiële processen in leernetwerken. Vervolgens worden de instrumenten besproken en wordt dit hoofdstuk met een conclusie afgerond.

3.2 Kwaliteit van het leernetwerk

In formeel onderwijs worden aanbod en kwaliteit voorgeschreven en bewaakt door daartoe gemachtigde (opleidings)organisaties. Competenties, curricula, beoordeling en begeleiding worden volgens deels strikt vastgelegde normen ontworpen, uitgevoerd en aangeboden. De student 'kiest', volgt, wordt bijgestuurd, beoordeeld en ondersteund, en geniet onderwijs tot één of meerdere van tevoren bepaalde einddoelen of competenties behaald zijn en ontvangt dan een certificaat of diploma.

In leernetwerken is van dit alles geen sprake. Een leernetwerk organiseert zich rondom personen. Het verbindt personen (professionals) met eenzelfde interessegebied. Er is in het algemeen geen of slechts beperkte begeleiding beschikbaar en het aanbod is diffuus en niet gestructureerd. Deelnemers kennen elkaar niet of slechts in beperkte mate en ze hebben uiteenlopende leerwensen. Zelfs wanneer leerwensen identiek zijn, worden deze individueel ingevuld op basis van specifieke voorkennis of ervaring. De bruikbaarheid van een netwerk voor de ontwikkeling van de deelnemers is afhankelijk van ieders bereidwilligheid om kennis te delen en elkaar te ondersteunen in het verdiepen van kennis rond gezamenlijke interesses. Bij leren in een netwerk kiest de deelnemer niet uit een vast aanbod en de leerresultaten worden ook niet op traditionele wijze gecertificeerd, al is dat via EVC-achtige procedures (eerder verworven competenties) natuurlijk altijd achteraf mogelijk.

Leren in een netwerk verandert het leren in een proces van continue interactie, in met elkaar actief doelen bepalen, activiteiten en materialen maken en delen. Dit leren bestaat onder meer uit (zie ook hoofdstuk 2 van dit boek):

- elkaar leren kennen (vertrouwen);
- elkaar leren begrijpen (referentiekader, gedeelde waarden en normen, vocabulaire);
- leren van elkaar (vragen beantwoorden, elkaar 'beoordelen' of begeleiden);
- leerwensen samen vinden of maken, op basis van doelen en competenties, maar ook op basis van het zich ad hoc verdiepen in trends, ideeën of uitdagingen;
- kennis en materialen maken of delen (leermaterialen).

Om de kwaliteit van een leernetwerk uit te drukken kunnen we niet terugvallen op het accreditatiekader dat doorgaans voor opleidingen wordt gehanteerd, zoals dat van de Nederlands-Vlaamse Accreditatieorganisatie (NVAO). De karakteristieken van leernetwerken maken het lastig om de kwaliteit van een netwerk hieraan te spiegelen. We hebben, kortom, behoefte aan een andersoortig kader om kwaliteit in een leernetwerk uit te drukken. Om die reden operationaliseren we hier de kwaliteit en het succes van een leernetwerk als (waargenomen) sociaal kapitaal. Sociaal kapitaal kijkt naar sociale relaties en de voordelen die deze relaties bieden voor de betrokkenen.

3.3 Sociaal kapitaal

Afhankelijk van de context bestaan er verschillende definities van de term 'sociaal kapitaal'. Het gemeenschappelijk element is dat elk van die definities zich richt op sociale relaties en de voordelen die deze bieden voor de betrokkenen.

> **Box 3.1 Sociaal kapitaal**
> De oorsprong van het concept sociaal kapitaal is geworteld in de economie, sociologie, antropologie en politieke wetenschappen. Het begrip werd vermoedelijk voor het eerst gebruikt door L.J. Hanifan in 1916. Hanifan, een sociaal hervormer, gebruikte het om te verwijzen naar de 'goodwill, collegialiteit, wederzijdse sympathie en sociale omgang in een gemeenschap van individuen en gezinnen'. Belangrijk voor de verdere ontwikkeling van het concept zijn met name P. Bourdieu, J. Coleman en R. Putnam. Stapsgewijs verschuift het aandachtsgebied hierbij van de familie of gesloten gemeenschap naar open, vrijwillig gekozen gemeenschappen of netwerken en naar de voordelen die het een individu of de gemeenschap biedt. Het concept sociaal kapitaal is overigens nog steeds volop in ontwikkeling. De precieze definitie van het begrip en de manier waarop het (indien gewenst) gemeten wordt, is sterk afhankelijk van de aard en de achtergrond van het onderzoek (http://www.socialcapitalresearch.com).

Hier baseren we ons op de definitie van Nahapiet en Ghoshal (1998):

> *'Sociaal kapitaal is de som van de werkelijke en potentiële hulpbronnen binnen, beschikbaar via, en afgeleid van het netwerk van relaties van een individuele of sociale eenheid. Sociaal kapitaal omvat dus zowel het netwerk als de hulpbronnen die kunnen worden geactiveerd via dat netwerk.'*

In de verdere uitwerking van de notie sociaal kapitaal gebruiken we de eerdergenoemde drie dimensies: de structurele, relationele en cognitieve. Aan de hand van deze dimensies kijken we welk soort ondersteuning en welk ondersteuningsgereedschap een positieve rol kan spelen bij het verhogen van de netwerkkwaliteit. Daarbij gaat de aandacht uit naar veelbelovende ontwikkelingen in onderzoek en softwaregereedschap. We kijken in het bijzonder naar gereedschap dat gebruikmaakt van en analyseert wat er in een netwerk gebeurt of beschikbaar is aan gegevens, bijvoorbeeld de kenmerken van materialen, personen en hun interacties. Zo kunnen we verduidelijken hoe we het functioneren van een leernetwerk kunnen beïnvloeden, dat wil zeggen op welke wijze we deze dimensies positief kunnen beïnvloeden met het oog op het delen, leren en creëren van kennis.

3.3.1 STRUCTURELE DIMENSIE

De structurele dimensie omvat: de missie en de structuur van een netwerk; de positie van de deelnemers in het netwerk; het aantal, de dichtheid en de aard van de verbindingen. De aard van de verbindingen geeft de afstand tussen de deelnemers aan. Dit varieert van elkaar kennen binnen een team of afdeling, binnen een organisatie of bedrijf, tot elkaar kennen als externe relatie. De structuur van een netwerk moet het mogelijk maken dat de hulpbronnen (materieel en personeel) toegankelijk zijn. Een netwerk dat wordt ingericht om efficiënt hulpbronnen te ontsluiten vergt een andere inrichting dan een netwerk dat is ingericht om communicatie en het delen van kennis te bevorderen. Bijvoorbeeld, het bibliotheeknetwerk dat loopt van schoolmediatheek naar lokale, regionale en landelijke bronnen (gepubliceerd werk) is efficiënt in het vinden van gepubliceerd werk en waar het valt in te zien of te lenen omdat het zich beperkt tot een bepaald type hulpbronnen en omdat het weinig redundantie vertoont. Het is alleen niet geschikt om andere personen te vinden (bijvoorbeeld via de vraag: 'Wie leest Vestdijk?'). Zoeken in het netwerk van het world wide web biedt bijna het tegendeel: het netwerk bevat allerlei bronnen waarnaar op allerlei plaatsen wordt verwezen, dat wil zeggen er is veel redundantie en het vergt specifieke vaardigheden om daarin de hulpbronnen te vinden die men zoekt. Sociale netwerken zoals Facebook, Hyves en LinkedIn creëren netwerken van personen die gecentreerd kunnen zijn rond een gedeelde interesse (zoals het lezen van Vestdijk). Het belang zit hier niet in het terugdringen van redundantie (de leden hebben bijna allemaal hetzelfde gelezen), maar in het feit dat de deelnemers kunnen communiceren, daarmee kennis kunnen delen, en samen en van elkaar kunnen leren. Leden kunnen als groep aangesproken (bereikt) worden en ze kunnen elkaar aanspreken.

Voor leernetwerken gelden soortgelijke overwegingen: toegang tot leermateriaal vergt efficiënte ontsluiting; het faciliteren van gezamenlijke kennisontwikkeling vergt een redundante netwerkstructuur.

Box 3.2 Voorbeeld
Voor het leernetwerk van Jan en Janine (zie casussen I1 en I2 in hoofdstuk 1) betekent dit dat erop gelet moet worden dat er voldoende relaties in hun leernetwerken moeten zijn (of gestimuleerd worden) zodat de deelnemers ook met elkaar kunnen communiceren. Voor het leernetwerk van HAL (zie casus B1 in het eerste hoofdstuk) is er een andere uitdaging. Leden kunnen uit een afdeling (team) en/of een organisatie en/of uit verschillende organisaties komen. De Jong (2011) laat zien dat het belangrijk is dat deelnemers uit verschillende afdelingen of organisaties komen, zowel voor het perspectief (zodat het referentiekader, wat belangrijk is om te leren en wat niet, niet alleen naar binnen gericht is) als voor de breedte van hun bijdragen. HAL zal erop bedacht moeten zijn om zo mogelijk het netwerk met externe leden uit te breiden. Dat geldt bijna per definitie voor het netwerk van kleine, gespecialiseerde bedrijven waarin SME participeert (casus B3).

3.3.2 DE RELATIONELE DIMENSIE

De relationele dimensie beschrijft de kwaliteit en de aard van de relaties in het netwerk (zoals ze gevormd zijn door persoonlijke interacties). Centraal staat hier een gemeenschappelijk verwachtingspatroon met de daarbij behorende gedeelde normen en waarden, gekoppeld aan persoonlijk vertrouwen, vertrouwd worden en de bereidheid tot delen. Onze Vestdijkclub bestaat uit leden die geïnteresseerd zijn in het werk en leven van de schrijver, en die dat waarderen – een Vestdijkhater heeft er weinig te zoeken. De bereidheid om met elkaar samen te werken, kennis en contacten uit te wisselen, is voor een belangrijk deel gebaseerd op onderling vertrouwen. Goede samenwerking bevordert dat vertrouwen verder. Na verloop van tijd zullen de leden van de Vestdijkclub bereid zijn elkaar exemplaren van het werk te lenen of inzage te geven in eigen werk, in het goede vertrouwen dat een ander daarmee niet naar een uitgever loopt. Goede relaties maken het mogelijk om samen te leren, problemen op te lossen of activiteiten te ontplooien, gebruikmakend van kennis en contacten die rechtstreeks of indirect voorhanden zijn.

> **Box 3.3 Voorbeeld**
> SME (zie casus B3 in hoofdstuk 1) illustreert het belang van de relationele dimensie het sterkst. Alleen als SME een zelfde verwachtingspatroon heeft (bijvoorbeeld: samen onderzoeksvragen willen bestuderen en niet enkel vrijblijvend nieuwtjes en contacten uitwisselen; willen leren van anderen, maar ook zelf willen bijdragen) en voldoende vertrouwen (samen leren en niet concurreren; vertrouwelijkheid respecteren) heeft in de andere deelnemers in het leernetwerk, dan zal SME actief kunnen delen en leren.

3.3.3 DE COGNITIEVE DIMENSIE

De cognitieve dimensie omvat het hebben van een gedeelde taal, doelstellingen, opvattingen en ervaringen. Het gebruik van dezelfde taal en dezelfde vocabulaire maakt het mogelijk om snel en effectief kennis en ervaringen uit te wisselen. Een gemeenschappelijke achtergrond, opgebouwd door gedeelde of met elkaar uitgewisselde ervaringen, is belangrijk om de bijdragen van anderen te begrijpen en in hun context te plaatsen. Als een lid van onze Vestdijkclub verwijst naar 'thematiek die we al kennen van de Anton Wachter-romans', dan zal dat voor veel niet-leden een moeilijk te vatten uitspraak zijn. Niet alle kennis hoeft gedeeld te worden. Alpay, Giboin and Dieng (1998) bijvoorbeeld beschrijven hoe de leden van een multidisciplinair team dat verkeersongevallen bestudeert, communiceren op basis van een (kleine) gedeelde kennisbasis. Daarnaast beschikt ieder lid over zijn of haar eigen omvangrijke specialistische kennis.

De ontwikkeling van een gemeenschappelijk vocabulaire is een succesfactor voor leernetwerken en projectteams daarbinnen. Succesvolle teams ontwikkelen en gebruiken stapsgewijs een gemeenschappelijk vocabulaire, zoals blijkt uit Dongs (2005) analyse van het taalgebruik in discussies en projectbijdragen op projectfora.

> **Box 3.4 Voorbeeld**
> Een gemeenschappelijk vocabulaire en achtergrond is sowieso een belangrijke randvoorwaarde om daadwerkelijk de meerwaarde, in de vorm van kennis en ervaringen van anderen, van een netwerk te benutten. AEA (casus B4) is typisch een organisatie die zich hiervan bewust zal moeten zijn. In de complexe internationale context, inclusief alle cultuurverschillen, is het heel moeilijk zonder een gemeenschappelijk vocabulaire en referentiekader

daadwerkelijk bruikbare en toepasbare zaken, anders dan 'leuk om te weten', van elkaar te leren.

3.4 Bouwen aan de kwaliteit van een netwerk

De uitdaging bij het initiëren en uitbouwen van een leernetwerk is het zodanig op te zetten en te laten evolueren dat het leren in het netwerk duurzaam wordt. Dat wil zeggen dat leerintenties (doelen of competenties) helder, materialen beschikbaar en deelnemers toegankelijk moeten zijn. Verder betekent dit dat er een continue, actieve en gerichte uitwisseling van kennis is tussen de leden van het netwerk en dat ook 'alle' leden daarbij betrokken zijn, bij voorkeur in wisselende groepen. In termen van ons kwaliteitsconcept: wat is het sociaal kapitaal van een leernetwerk en hoe beïnvloedt het de mogelijkheid om te leren? En, hiervan afgeleid, hoe kunnen we de ontwikkeling van sociaal kapitaal beïnvloeden? Ofwel, met wat voor soort interventies of gereedschap kunnen we het sociaal kapitaal van een leernetwerk positief beïnvloeden om leren en leerprocessen op gang te brengen die leiden tot verbetering en innovatie en tot verdieping en verbreding van de kennis en vaardigheden van de deelnemers?

Als we kijken naar de casussen die in het eerste hoofdstuk van dit boek zijn geïntroduceerd, dan kan er in een beginnend leernetwerk slechts in beperkte mate aan de drie hiervoor besproken dimensies van sociaal kapitaal voldaan worden. Elders in dit boek (zie hoofdstuk 5, 7, en 8) zien we dat een goed ontwerp, passend bij de doelen van de initiator, een belangrijke startconditie is. Echter, een netwerk ontstaat pas echt na het ontwerp. Een netwerk is een organisch geheel, een boom die begint als kiem, zijn eerste bladeren en takjes vormt, uitgroeit en zich vormt en, na een aantal jaren zorgvuldige verzorging en snoei, tot slot bloeit en vruchten draagt.

De Jong, Noordover en Van Peufflik (2010) onderscheiden daarom ook drie belangrijke groeifasen (de juiste personen in het netwerk uitnodigen, ze met elkaar verbinden en samen dingen creëren) na het initiatief tot het beginnen van een netwerk. De juiste personen uitnodigen is alleen mogelijk als een leernetwerk besloten is. In plaats van uitnodigen zullen we daarom voor een leernetwerk kijken hoe we de deelnemers met elkaar in contact kunnen brengen en hoe we de deelnemers met elkaar kunnen verbinden en samen kunnen laten werken. Dat wil zeggen dat we ervoor willen zorgen dat het sociaal kapitaal van een leernetwerk gecultiveerd wordt (Fetter, Berlanga, & Sloep, 2010) door:

- nieuwe structurele relaties te stimuleren;
- de kwaliteit van bestaande relaties te verbeteren;
- samen te werken aan de gebruikte taal en de opvattingen te delen en te verspreiden.

3.5 Leren en activiteitsmomenten

In een leernetwerk ligt het voor de hand een activiteit gekoppeld aan leren te gebruiken om het netwerk verder te cultiveren. Bij het ondersteunen of bieden van activiteiten is er de afweging om een deelnemer zelfstandig te laten opereren en een 'oplossing' aan te bieden, dan wel de deelnemer de mogelijkheid te bieden om bewust met andere deelnemers kennis te laten maken door ze naar elkaar te verwijzen of actief met elkaar te laten werken. In veel gevallen is dit een keuze tussen nu acuut een 'vraag' oplossen, bijvoorbeeld door in het leernetwerk een lijst met vragen en antwoorden beschikbaar te stellen (veel gestelde vragen, FAQ's) of de juiste deelnemers met elkaar in contact te brengen (zie tabel 3.1, vraag B) en ze samen de vraag te laten oplossen. In het laatste geval wordt niet alleen de vraag opgelost, maar wordt ook tijd geïnvesteerd in het elkaar (beter) leren kennen (dimensie 1: structurele dimensie, en dimensie 2: relationele dimensie) en een gemeenschappelijk begrippenkader (dimensie 3: cognitieve dimensie) te ontwikkelen. Uiteraard bepaalt uiteindelijk de deelnemer zelf of hij of zij van het aanbod gebruik wil maken om samen met andere deelnemers aan het werk te gaan.

Tabel 3.1 geeft aan de hand van mogelijke vragen van deelnemers een overzicht van voorbeelden van wat ons in de nabije toekomst aan innovatief gereedschap te wachten staat en op welke wijze dat gereedschap bijdraagt aan de verdere ontwikkeling van de drie dimensies van sociaal kapitaal. Alle voorbeelden zijn gecentreerd rondom één van de drie dimensies structuur, relatie en cognitie. Hierbij is het van belang zich te realiseren dat de drie dimensies niet onafhankelijk zijn (bijvoorbeeld: een intensieve samenwerking beïnvloedt zowel de cognitieve als de relationele dimensie) en dat daarom de plaatsing van de voorbeelden in de tabel afhankelijk is van het perspectief dat wij gekozen hebben. De voorbeelden geven óf een extra (wellicht onverwachte) toepassing van al bestaande applicaties, óf beschrijven de resultaten van recent onderzoek en nemen een voorschot op hoe dat in de nabije toekomst toegepast zou kunnen worden in de praktijk, óf bespreken onderzoek dat recentelijk is opgestart, maar dat volgens ons belangrijk is.

De tabel geeft vooral voorbeelden waarbij een actieve inbreng van de deelnemer gevraagd wordt. Aan de hand van de voorbeelden bespreken wij vervolgens hoe de kwaliteit van leernetwerken te verbeteren is, geïnspireerd door of daadwerkelijk met behulp van de gekozen voorbeelden.

Tabel 3.1 Voorbeelden van innovatief gereedschap voor de nabije toekomst en hun bijdragen aan de drie dimensies van sociaal kapitaal.

Vraag	Aanpak	Biedt ondersteuning voor:		
		structuur	relatie	cognitie
A. Welke instrumenten helpen je bij het verhelderen van de missie van het netwerk en het leggen van structurele contacten?	1. Samen problemen analyseren Je moet een probleem oplossen (voorbeeld: je missie en/of leerdoelen bepalen). Je brengt samen met andere deelnemers op gestructureerde wijze in kaart wat de achterliggende onderwerpen en mogelijke ideeën en oplossingen zijn, en wat je daarvoor moet bestuderen (idSpace: www.idspace-project.org).	X		
	2. Samen een project uitvoeren Je hebt een (studie)opdracht samenwerking met anderen vereist (Spoelstra, Van Rosmalen, & Sloep) ingediend.	X		
B. Welke instrumenten helpen je met het leggen van initiële contacten of het vernieuwen of verbeteren van contacten?	3. Randvoorwaarden scheppen Hoe presenteer je jezelf aan een team en hoe moet je handelen om vertrouwen (trust) positief te beïnvloeden (Rusman, Van Bruggen, Sloep, Valcke, & Koper, 2010).		X	
	4. Een gemeenschappelijke interesse exploreren Je wilt een conferentie bezoeken, maar zou dit graag samen met iemand willen doen om van gedachten te kunnen wisselen (Pathable: http://pathable.com/).		X	
	5. Een vraag stellen of een vraag oplossen Je bent een onderwerp aan het bestuderen en je hebt een inhoudelijke vraag. Wie kan je helpen? (ASA, SAPS, Van Rosmalen, Sloep, Kester, et al., 2008; De Bakker, Van Bruggen, Sloep, & Jochems, 2011).		X	

Vraag	Aanpak	Biedt ondersteuning voor:		
		structuur	relatie	cognitie
	6. Wie zijn je collega-netwerkers? Je wilt een grafisch overzicht van je collega-netwerkers en de aard van jullie relaties (Social Networks Visualizer; SocNetV: http://socnetv.sourceforge.net/screenshots.html).	X		
	7. Studeren met iemand in je eigen regio Je wilt een studiegenoot, maar bij voorkeur iemand bij je in de buurt (kijk in je sociale netwerk op de beschikbare geo-info. In LinkedIn bijvoorbeeld: selecteer 'Contacts' en daarna 'Network Statistics'. Op deze bladzijde kun je bij 'top locations in your network' een overzicht opvragen van je contacten in een bepaalde regio).	X		
C. Welke instrumenten helpen je om gebruik te maken van de ervaringen van je netwerkgenoten?	8. Wie zijn je collega's, welke competenties vinden zij belangrijk en van welke (video)materialen maken zij gebruik? (TENTube; Angehrn & Maxwell, 2008).			X
	9. Welke materialen raden je netwerkgenoten aan? Je wilt een aanbeveling om je te verdiepen in een bepaald onderwerp (ReMashed; Drachsler, et al., 2010).			X
	10. Hoe verhoudt jouw kennis zich ten opzichte van die van je netwerkgenoten? Je wilt een informele beoordeling van hoe jouw kennis met betrekking tot een bepaald onderwerp zich verhoudt tot de kennis van je peers (LTfLL; Berlanga, et al., 2009).			X

3.5.1 WERKEN AAN DE STRUCTURELE DIMENSIE: MISSIE EN STRUCTURELE CONTACTEN

De structurele dimensie omvat de missie en de structuur van een netwerk; de positie van de deelnemers in het netwerk; het aantal, de dichtheid en de aard van de verbindingen. De twee voorbeelden in tabel 3.1 beogen vooral de missie (leerdoelen) en de aard van de verbindingen (van losse contacten tot teamgenoten) tussen de deelnemers te verbeteren. Bij de opzet van een netwerk is de initiële selectie van de deelnemers en een heldere, gedeelde missie met betrekking tot de beoogde leerdoelen van belang. Als het een netwerk voor één organisatie is, is het raadzaam om te overwegen een aantal buitenstaanders met relevante expertise uit te nodigen. Dit om te voorkomen dat leerdoelen en uitwerkingen te eenzijdig naar binnen gericht worden. Als het netwerk open is, is er waarschijnlijk minder sturing in de selectie van wie er deelneemt. In beide gevallen is het voor de ontwikkeling van het netwerk van belang dat er aandacht is voor de structuur en de missie van het leernetwerk. Bij een bestaande organisatie die een leernetwerk gaat starten, liggen de structuurrelaties in principe vast. De meeste deelnemers zullen uit één van de organisatieonderdelen komen. Bij een open netwerk zijn de relaties tussen de deelnemers in eerste instantie meestal beperkt tot losse individuele contacten en zullen relaties gedeeltelijk van de grond af opgebouwd moeten worden. In zowel open als gesloten netwerken worden relaties gericht opgebouwd door gericht leerprojecten uit te voeren. In een open netwerk bouw je hiermee nieuwe structuurrelaties. In een besloten netwerk vorm je bestaande structuurrelaties om tot relaties die specifiek bij het netwerk zelf horen.

Samen problemen analyseren

Voorbeeld 1 in de tabel legt de nadruk op een verdieping van de missie van het netwerk. De idSpace-omgeving (www.idspace-project.org) neemt als uitgangspunt dat de maatschappij steeds meer gedragen wordt door innovatief ontwerp van producten en diensten. Innovatie begint met de creativiteit van individuen die in teams samenwerken (Bitter-Rijpkema, et al., in druk). IdSpace ondersteunt zijn gebruikers met het in teamverband uitwerken van een probleemstelling, het definiëren van een gedeeld, gemeenschappelijk begrippenkader en het uitwerken van een oplossingsplan en richting. Het biedt zijn gebruikers bij de uitwerking van hun probleem, naar keuze, een combinatie van verschillende creativiteitstechnieken en pedagogische strategieën. Daarnaast adviseert het zijn gebruikers in hun uitwerking op basis van de probleemstelling, de gekozen aanpak en ervaringen van eerdere gebruikers. Bij toepassing van idSpace op een leernetwerk is in de eerste iteratie de probleemstelling het bepalen van een duidelijke, gedeelde missie met betrekking tot een bepaald onderwerp. De uitwerking geeft de aanzet voor de leerdoelen van het leernetwerk, het soort activiteiten, de materialen en de omgangsvormen. In eventuele vervolgsessies kan de brede missie van het leernetwerk in detail worden uitgewerkt en kan gefocust worden op concrete en relevante problemen voor de dagelijks werk- en leerpraktijk.

Samen een project uitvoeren

Dit is een uitgelezen kans om losse relaties (Mark Granovetters bijna spreekwoordelijke weak ties; zie Granovetter, 1973, 1982) te veranderen en te verankeren. Het samenstellen van teams met een grote kans op succes is echter een complexe activiteit (afstemmen van expertise, interesses, beschikbaarheid, persoonlijkheid), die bij voorkeur door een expert uitgevoerd dient te worden. In de context van een leernetwerk is zo'n expert meestal niet aanwezig. Voorbeeld 2 in tabel 3.1 verwijst naar lopend onderzoek (Spoelstra, et al., ingediend) waarin bestudeerd wordt hoe een instrument kan worden gebouwd waarmee automatisch een projectteam in een leernetwerk kan worden geformeerd. Hiermee wordt het makkelijker om gebruik te maken van actieve, groepsgeoriënteerde leervormen en - daaraan gekoppeld - de relaties in een netwerk duurzaam te beïnvloeden. Het beoogde instrument, een matching service, analyseert de kennisbehoefte van het leerproject, het kennisaanbod van de geïnteresseerden en hun projectvoorkeuren (zoals voorkeurstaal of beschikbaarheid), en stemt persoonlijkheidskenmerken, waarvan bekend is dat ze een positieve uitwerking hebben op succesvolle projectwerkzaamheden, op elkaar af. Het resulterende projectteam heeft een duidelijke missie en werkt en leert intensief samen. Het wordt, als het ware, een afdeling in het leernetwerk en versterkt hiermee de structuur van het netwerk.

3.5.2 WERKEN AAN DE RELATIONELE DIMENSIE: CONTACTEN LEGGEN, VERNIEUWEN EN VERSTERKEN

De relationele dimensie beschrijft de kwaliteit en de aard van de relaties in het netwerk (zoals deze gevormd zijn door persoonlijke interacties). Een belangrijke bijdrage aan de relationele dimensie wordt geleverd door het regelmatig uitvoeren van (korte) activiteiten in diverse gelegenheidscombinaties (ad-hoc-transient groups); dat wil zeggen met deelnemers die al bekend zijn, maar ook met deelnemers die vanwege een specifieke motivatie worden uitgekozen of waaraan iemand automatisch gekoppeld wordt. Hiermee wordt de betrokkenheid van de deelnemers met het netwerk versterkt, evenals de betrokkenheid tussen de deelnemers onderling (Fetter, et al., 2010).

Randvoorwaarden scheppen

Voor het bouwen en versterken van relaties is vertrouwen cruciaal. Vooral in virtuele netwerken waar de leden elkaar niet of beperkt kennen, is het soort en de kwaliteit van de persoonlijke informatie die de leden beschikbaar stellen aan elkaar een belangrijk startpunt om vertrouwen op te bouwen. Rusman, et al. (2010) onderzochten welke soort informatie belangrijk is. Al ging hun onderzoek over virtuele teams, te verwachten valt dat veel van hun bevindingen ook voor online netwerken gelden. Het onderzoek liet zien dat er een grote spreiding is in wat belangrijk gevonden wordt. Karaktereigenschappen, werkervaring, persoonlijke motivatie en opleiding waren de vier meest genoemde punten. Verder onderzoek is belangrijk om aanwijzingen te vinden voor welke informatie onder welke omstandigheden belangrijk is. De voorbeelden 4 t/m 7 in tabel 3.1 schetsen hoe de informatie die deelnemers over zichzelf beschikbaar stellen, gebruikt kan worden om je te laten uitnodigen, op eigen initiatief met andere deelnemers aan het werk te gaan, bestaande contacten te verbeteren of te vernieuwen en nieuwe contacten te leggen.

Een gemeenschappelijk interesse exploreren

Pathable (voorbeeld 4 in tabel 3.1) biedt conferentiegangers de mogelijkheid in contact te komen met anderen door discussies over gedeelde interesses te ondersteunen, of kennis te nemen van de deelnemerslijst, waarop profielen met foto's en biografische informatie bijgehouden worden. De deelnemer kan zijn eigen conferentieagenda bijhouden, waarin links naar de profielen van sprekers en de gebruikte inhoud opgenomen zijn. Interessant wordt Pathable echter vooral als gebruik wordt gemaakt van de algoritmen waarmee iemand op slimme wijze gekoppeld wordt aan een andere deelnemer die dezelfde interesse heeft. Dit biedt de mogelijkheid om actief bevindingen uit te wisselen en te bespreken. Uiteraard hoeft het gebruik van Pathable zich niet te beperken tot conferenties.

Een vraag stellen of een vraag oplossen

Bij voorbeeld 5 in tabel 3.1 worden deelnemers automatisch met elkaar in contact gebracht. Instrumenten daarvoor als ASA en SAPS (zie hierna) worden actief als een deelnemer tegen een probleem aanloopt waar hij of zij een vraag over zou willen stellen, maar helaas niemand kent die daarbij kan helpen. ASA (Van Rosmalen, Sloep, Kester, et al., 2008; Van Rosmalen, Sloep, Brouns, et al., 2008) en SAPS (De Bakker, et al., 2011) geven de deelnemer de mogelijkheid om de vraag te stellen en zoeken vervolgens automatisch naar andere deelnemers die kunnen helpen. Het ASA-systeem analyseert met behulp van taaltechnologie automatisch de vraag en bepaalt hiermee het onderwerp van de vraag. Vervolgens kiest het met behulp van profieldata twee deelnemers die ook met dit onderwerp bezig zijn en mogelijk bereid zijn te helpen. SAPS werkt op soortgelijke wijze. Het analyseert alleen de vraag niet, maar bepaalt het onderwerp van de vraag aan de hand van de context waarin de vraag gesteld wordt. ASA en SAPS activeren op deze wijze de kennis die bij de deelnemers beschikbaar is en brengen de deelnemers met elkaar in contact om samen een probleem op te lossen.

Wie zijn je collega-netwerkers? & Studeren met iemand in je eigen regio
De voorbeelden 4 en 5 in tabel 3.1 gaan in op hoe met behulp van een soort datingservice een deelnemer met andere deelnemers in contact gebracht wordt. Maar deelnemers kunnen ook zelf het initiatief nemen tot het leggen van contact. Voorbeelden 6 en 7 in tabel 3.1 laten zien hoe de contacten tussen de deelnemers in een netwerk op verschillende wijze kunnen worden gevisualiseerd. De deelnemer kan zo op gerichte wijze gebruikmaken van zijn 'bekenden' om met iemand anders in contact gebracht te worden, of kan bewust iemand in zijn eigen omgeving lokaliseren.
In elk van de vier voorbeelden gaan de deelnemers actief met elkaar aan de slag in ad-hocgroepen en kunnen op die manier elkaar leren kennen, van elkaars kennis gebruikmaken en wederzijds vertrouwen opbouwen.

3.5.3 WERKEN AAN DE COGNITIEVE DIMENSIE: GEBRUIKMAKEN VAN ERVARINGEN VAN ANDERE DEELNEMERS

De cognitieve dimensie omvat een gedeelde vocabulaire, gedeelde doelstellingen, opvattingen en ervaringen. Om te illustreren hoe we de cognitieve dimensie kunnen versterken, hebben we drie voorbeelden uitgekozen. De cognitieve dimensie grijpt uiteraard ook in op de eerder besproken voorbeelden. Het samenwerken om een duidelijke missie te creëren of het werken in een projectteam of op ad-hocbasis draagt bij aan het creëren van gedeelde opvattingen, taal en ervaringen. De drie voorbeelden die we in deze paragraaf presenteren, leggen accenten gericht op het gebruik van elkaars materialen en op inzicht in je eigen 'positie' in het netwerk.

Wie zijn je collega's?

TENTube (voorbeeld 8 in tabel 3.1) biedt een rijke, geïntegreerde gebruikersprofilering die het bovendien mogelijk maakt het netwerk als geheel te visualiseren en er doorheen te navigeren. Hiermee kunnen deelnemers door het plaatsen van competentiegerelateerde videofragmenten, het bediscussiëren of annoteren van bijdragen van anderen een profiel van zichzelf opbouwen. Deze profielen en hun onderlinge relaties (het sociale netwerk) worden zichtbaar gemaakt en kunnen worden gebruikt om contacten te leggen. De video's ondersteunen dat men zich bewust wordt van relevant competenties, illustreren mogelijke opties voor competentieontwikkeling of tonen wie er specifieke competenties heeft. Het geheel creëert een gemeenschappelijk denk- en discussiekader over de competenties die van belang zijn voor het desbetreffende netwerk.

Welkem aterialen raden je netwerkgenoten aan?

ReMashed (voorbeeld 9) maakt het mogelijk de ervaringen die leernetwerkdeelnemers met leerbronnen hebben onderling te delen. Gebruikers kunnen informatie uit Web 2.0-diensten (bijvoorbeeld Flickr, blogs, Delicious of Slideshare) gebruiken en combineren in een samengestelde, persoonlijke leeromgeving. ReMashed maakt daarbij gebruik van de tags, beoordelingen (ratings) en annotaties die gebruikers van bronnen geven. Het vergelijkt de tags en de ratings van de individuele gebruiker met die van de andere gebruikers en herkent hiermee gelijkgestemde gebruikers. Nieuwe informatie die een hoge rating krijgt door gelijkgestemde gebruikers wordt door het systeem herkend en aanbevolen aan de individuele gebruiker.

Hoe verhoudt jouw kennis zich ten opzichte van die van je netwerkgenoten?

Tot slot bespreken we voorbeeld 10 uit tabel 3.1. Zoals eerder genoemd in dit hoofdstuk ontwikkelen succesvolle projectteams stapsgewijs een gemeenschappelijk vocabulaire (Dong, 2005). Berlanga, et al. (2009) spelen hierop in door de tekst van een deelnemer over een bepaald onderwerp te vergelijken met de 'opgetelde' tekst van een groep deelnemers over hetzelfde onderwerp. Het onderliggende uitgangspunt is dat de vocabulaire van een deelnemer stapsgewijs groeit, in het tempo van zijn of haar professionele ontwikkeling. Door de concepten die iemand in zijn of haar tekst gebruikt te vergelijken met het gemiddelde gebruik van die concepten, kan die persoon verteld worden hoe zijn of haar ontwikkeling zich verhoudt tot de ontwikkeling van de groep als geheel. Daaruit volgt dan weer aan welke concepten er eventueel extra aandacht gegeven moet worden. Iedereen kan zo zijn of haar eigen conceptuele ontwikkeling afmeten aan die van de groep en waar nodig extra aandacht besteden aan de centrale begrippen binnen het desbetreffende leernetwerk.

3.6 Tot slot

In dit hoofdstuk is verkend met behulp van welke instrumenten in de nabije toekomst verder gebouwd kan worden aan het verbeteren van leernetwerken als leeromgeving. Om een kader te hebben waarlangs de kwaliteit van een leernetwerk is te bepalen en te beïnvloeden, is het begrip sociaal kapitaal geïntroduceerd. Sociaal kapitaal kijkt naar sociale relaties en de voordelen die deze relaties bieden voor de betrokkenen. Bij elk van de drie hoofddimensies van sociaal kapitaal hebben we aan de hand van een vraag gekeken welke soort instrumenten een positieve rol kan spelen:

1. Structurele dimensie: welke instrumenten helpen de missie van het netwerk te verhelderen en structurele contacten te leggen?
2. Relationele dimensie: welke instrumenten helpen contacten te leggen, te vernieuwen of te verbeteren?
3. Cognitieve dimensie: welke instrumenten helpen gebruik te maken van de ervaringen van andere deelnemers aan het netwerk?

Aan de hand van deze drie vragen is een tiental voorbeelden besproken van wat ons momenteel of in de nabije toekomst aan innovatief gereedschap ter beschikking staat. Het aantal mogelijke voorbeelden is natuurlijk veel groter. De gepresenteerde selectie is een momentopname van voorbeelden die wij als auteurs belangrijk, illustratief en interessant vonden. Elk van de voorbeelden vraagt een actieve inbreng van de deelnemer. Het concept van een leernetwerk gaat pas echt leven als u uw eigen voorbeelden zoekt, uitwerkt en toepast!

Referenties

Aanbevolen websites

Social Capital Gateway: http://www.socialcapitalgateway.org/

Literatuur

Alpay, L., Giboin, A., & Dieng, R. (1998). Accidentology: An example of problem solving by multiple agents with multiple representations. In M. W. V. Someren, P. Reimann, H. P. A. Boshuizen & T. D. Jong (Eds.), *Learning with multiple representations* (pp. 152-174). Oxford, UK: Elsevier.

Angehrn, A. A., & Maxwell, K. (2008). TENTube: A video-based connection tool supporting competence development. *Proceedings Workshop Empowering Learners for Lifelong Competence Development*. Madrid, Spain, 10-11 April 2008.

Berlanga, A. J., Brouns, F., Van Rosmalen, P., Rajagopal, K., Kalz, M., & Stoyanov, S. (2009). Making use of language technologies to provide formative feedback. In S. D. Craig & D. Dicheva (Eds.), *Proceedings of the 14th International Conference in Artificial Intelligence in Education. AIED 2009 Workshop Natural Language Processing in Support of Learning: Metrics, Feedback and Connectivity*,10, 1-8. 6-7 July, 2009 Brighton, United Kingdom.

Bitter-Rijpkema, M., Retalis, S., Sloep, P. B., Sie, R., Katsamani, M., & Van Rosmalen, P. (in druk). A new approach to collaborative creativity support of new product designers. *International Journal of Web Based Communities*.

De Bakker, G., Van Bruggen, J., Sloep, P., & Jochems, W. (2011). Introducing the SAPS system and a corresponding allocation mechanism for synchronous online reciprocal peer support activities. *Journal of Artificial Societies and Social Simulation*, 14(1).

De Jong, T. (2011). *Contextualised mobile media for learning*. Proefschrift. Open Universiteit, Heerlen, Nederland.

De Jong, T., Noordover, J., & Van Peufflik, M. (2010). Werken aan ontwikkeling in een zorginstelling. Welke bril zet je op? *Develop Themanummer Sociaal kapitaal*, 6(1), 28-34.

Dong, A. (2005). The latent semantic approach to studying design team communication. *Design Studies*, 26, 445-461.

Drachsler, H., Rutledge, L., Van Rosmalen, P., Hummel, H. G. K., Pecceu, D., Arts, T., Koper, R. (2010). ReMashed - An usability study of a recommender system for mash-ups for learning. *International Journal of Emerging Technologies in Learning. Special issue ICL2009 - Mash Ups for Learning*, 5, 7-11.

Fetter, S., Berlanga, A. J., & Sloep, P. B. (2010). Fostering social capital in a learning network: laying the groundwork for a peer-support service. *International Journal of Learning Technology*, 5(3).

Granovetter, M. S. (1973). The strength of weak ties. *American Journal of Sociology*, 78, 1360-1380.

Granovetter, M. S. (1982). The strength of weak ties: A network theory revisited. In P. V. Marsden & N. Lin (Eds.), *Social structure and network analysis* (pp. 105-130). Beverly Hill, CA: Sage.

Nahapiet, J., & Ghoshal, S. (1998). Social capital, intellectual capital and the organizational advantage. *Academy of Management Review*, 23, 242-266.

Rusman, E., Van Bruggen, J., Sloep, P. B., Valcke, M., & Koper, R. (2010). The mind's eye on personal profiles. How to inform initial trustworthiness assessments in virtual project teams. In G. Kolfschoten, T. Herrmann & S. Lukosch (Eds.), *Lecture Notes in Computer Science Vol 6257. Collaboration and Technology. Proceedings of the 16th International Conference CRIWG 2010* (pp. 297-304). Maastricht, Nederland: Springer.

Spoelstra, H. A. F., Van Rosmalen, P., & Sloep, P. (ingediend). *Project team formation support for self-directed learners in learning networks*.

Van Rosmalen, P., Sloep, P., Kester, L., Brouns, F., De Croock, M., Pannekeet, K., & Koper, R. (2008). A learner support model based on peer tutor selection. *Journal of Computer Assisted Learning*, 24, 74-86. doi: 10.1111/j.1365-2729.2007.00245.x.

Van Rosmalen, P., Sloep, P. B., Brouns, F., Kester, L., Berlanga, A., Bitter, M., & Koper, R. (2008). A model for online learner support based on selecting appropriate peer tutors. *Journal of Computer Assisted Learning, 24*, 483-493. doi: 10.1111/j.1365-2729.2008.00283.x.

4 Ontwerpbenaderingen voor leernetwerken

Slavi Stoyanov, Wendy Kicken, Jo Boon en Marlies Bitter

4.1 Inleiding

In hoofdstuk 1 en 2 zijn de belangrijkste kenmerken van een leernetwerk, zoals het hebben van gemeenschappelijke leerdoelen, en de voordelen van heterogeniteit van deelnemers beschreven. In hoofdstuk 2 is beschreven dat een leernetwerk een krachtige en efficiënte manier kan zijn om te leren, maar dat het leren in een leernetwerk niet vanzelf gaat. Vertrouwen, evenwicht tussen geven en halen, voldoende tijd en betrokkenheid zijn belangrijke factoren om een leernetwerk goed te laten functioneren. In dit hoofdstuk gaan we in op de vraag hoe men start met het ontwerp van een leernetwerk, hoe informatie wordt verzameld over doelen, deelnemers en communicatie, en hoe gecontroleerd wordt of een leernetwerk functioneert zoals men het bedoeld heeft. Als inspiratie voor de keuzen van de technieken voor ontwerpbeslissingen die in dit hoofdstuk beschreven worden, gebruiken we samenwerkend of participatief ontwerpen. Participatief ontwerpen is naar ons inzicht de meest geëigende benadering voor het ontwerpen van een leernetwerk, omdat hierin de opvatting dat het netwerk toebehoort aan alle deelnemers en ook door hen vormgegeven wordt het best tot zijn recht komt. Bij participatief ontwerpen worden de toekomstige gebruikers actief betrokken bij de ontwikkeling van het leernetwerk en worden technieken ingezet om informatie over deelnemers en hun leerdoelen te verzamelen. Dit hoofdstuk biedt geen technische informatie over ontwerpen en het gebruik van tools: zie hiervoor hoofdstuk 5.

Het hoofdstuk is als volgt opgebouwd. In de volgende paragraaf presenteren we een aantal benaderingen die behulpzaam zijn bij het ontwerpen van een leernetwerk. Aan de hand daarvan maken we inzichtelijk dat de participatieve benadering het meest geëigend is voor het opzetten van een leernetwerk. In paragraaf 3 gaan we in op methoden die kenmerkend zijn voor de participatieve benadering. Het hoofdstuk wordt afgesloten met een korte samenvatting en conclusie.

4.2 Benaderingen voor het ontwerpen van leernetwerken

'Good software comes from people. So does bad software.'
(Constantine, 2001, p. xvii)

Hetzelfde geldt voor leernetwerken. Dat wil zeggen, vanuit technologisch standpunt wordt het steeds eenvoudiger om een leernetwerk op te zetten dankzij het gebruik van nieuwe Web 2.0-technologieën, met elk hun unieke technische mogelijkheden. Zo biedt Ning (www.ning.com) bijvoorbeeld een online communicatieplatform dat mensen helpt bij het opstarten van hun eigen sociaal leernetwerk. Maar hoewel dergelijke platforms communicatie en het delen van inhoud faciliteren, ontberen zij de specifieke ondersteuning die noodzakelijk is voor kennisontwikkeling. Als organisator en gebruiker van een dergelijk sociaal leernetwerk wordt al snel duidelijk dat er veel meer voor nodig is dan goede technische condities om in die omgeving te leren (zie ook hoofdstuk 7 en 8 voor respectievelijk het gebruikers- en organisatieperspectief). Vraagstukken als: hoe kunnen leerzame ontmoetingen in het leernetwerk georganiseerd worden, hoe kan gerichte ondersteuning bij leervragen gegeven worden, hoe kan het onderlinge leren gestimuleerd worden en hoe wordt de continuïteit van het leernetwerk gerealiseerd, kunnen niet door technologie alleen opgelost worden. Met andere woorden: technologie is voor het ontwerpen van leernetwerken het probleem noch de oplossing. Om het leernetwerk optimaal te laten functioneren is een systematische ontwerpbenadering van belang, opdat de technologie ook effectief en efficiënt door zijn gebruikers ingezet kan worden.

De ontwerpbenaderingen die gebruikt worden voor het ontwikkelen van software blijken ook nuttig voor het ontwerpen van leernetwerken. Men onderscheidt gewoonlijk drie typen benaderingen: ontwerpergestuurde, gebruikergerichte en participatieve. In de volgende paragrafen werken we deze verder uit.

4.2.1 ONTWERPERGESTUURDE EN GEBRUIKERGERICHTE ONTWERPBENADERINGEN

Bij ontwerpergestuurde benaderingen gebruikt de ontwerper zijn expertise om optimale voorwaarden te definiëren en instrumenten te bouwen voor het leernetwerk. Voorbeelden van ontwerpergestuurde ontwerpmethoden zijn de watervalmethode en 'corporate edict models' (Kuniavsky, 2003). De watervalmethode is een methode waarbij stap voor stap ontworpen wordt. De verschillende stadia van initieel ontwerp, analyse, design, constructie, testen en onderhoud volgen elkaar als in een waterval op. Bij de corporate edict-methode bepaalt de opdrachtgever het ontwerp, de technologie, de problemen en de deelnemers. Het probleem met deze benaderingen is dat het ontwerp geheel wordt gestuurd door de ontwerper of opdrachtgever en dat de doelgroep hier niet bij betrokken wordt. Daardoor zullen de resultaten ervan niet helemaal voldoen aan de eisen die wij aan een effectief leernetwerk stellen, zoals dat het geschikt is voor de doelgroep en voldoet aan hun leerbehoeften.

Als reactie op het gebrek aan betrokkenheid van de doelgroep in deze ontwerpmethoden zijn methoden ontwikkeld die zich primair richten op de eindgebruiker van het systeem: de gebruikergerichte ontwerpbenadering en het participatief ontwerp (Saunders, 2002). Bij de gebruikergerichte benadering proberen de ontwerpers vanuit de gebruiker te denken om zo tot een bruikbaar systeem te komen. Bij participatief ontwerp gaat men nog een stap verder en betrekt men de potentiële eindgebruiker actief bij het ontwerp. Participatief ontwerp is de benadering die we in dit hoofdstuk zullen introduceren en verder toelichten.

4.2.2 PARTICIPATIEF ONTWERP

Participatief ontwerp is een ontwerpbenadering waarbij actuele of potentiële gebruikers van een systeem of een leernetwerk actief betrokken worden, zelf deelnemen in het ontwerpproces en betrokken worden bij belangrijke beslissingen (Bødker, Kensing, & Simonsen, 2004; Holtzblatt, Wendell, & Wood, 2005; Muller, 2007; Kuniavsky, 2003). Die actieve betrokkenheid van de toekomstige gebruikers zit hierin dat hun ideeën, voorkeuren en feedback als uitgangspunt worden genomen voor het ontwerp van het leernetwerk. De gebruikers staan centraal; hun eigen context, praktijk en problemen bepalen hoe het netwerk wordt ingericht en wat de condities, kenmerken, interacties en 'workflow' in het leernetwerk zijn.

De basisidee van de methode is dat door ondervraging, graduele verfijning van het ontwerp en door middel van cyclische, prototypische ontwikkeling de gebruikerswensen concreet worden en de gebruikersdeelname en -betrokkenheid bij het ontwerp toenemen. Dat gebeurt door zowel input van ontwerpers als van de gebruikers te vragen. Op deze manier wordt de professionele kennis van de (technische) softwareontwerpers gecombineerd met de situatiespecifieke vaardigheden en domeinkennis van de gebruikers. Dit vraagt van de technisch ontwerpers dat zij zich meer verdiepen in het kennisdomein van de gebruikers. Van de gebruikers vraagt het dat zij zich voldoende verdiepen in de ontwerpvoorstellen om hierop vanuit hun eigen perspectief te kunnen reageren. Het participatief ontwerp van leernetwerken is dus een gezamenlijk constructief overlegproces waarbij technisch ontwerpers en gebruikers zich samen buigen over de relevantie, de effectiviteit, de efficiëntie en het gebruik van een professioneel leernetwerk. De inzichten van gebruikers en ontwerpers worden vervolgens met elkaar in overeenstemming gebracht om zo ontwerpkeuzen te maken.

Zoals vermeld is participatief ontwerpen naar ons idee uitermate geschikt voor het ontwerpen van leernetwerken. Kenmerkend voor leernetwerken is namelijk dat zij gericht zijn op integratie in het dagelijks leven en leren van de gebruikers. Ze moeten dus nauw aansluiten bij de wensen en situatie van de actieve deelnemers. Essentieel voor een leernetwerk (zoals uitgewerkt in hoofdstuk 1 en 2) is dat het naadloos aansluit op de doelen, intenties, interacties en context van de organisatie of club mensen van wie het leernetwerk is. Daar komt nog bij dat het in deze leernetwerken om het optimaal ondersteunen van informeel en non-formeel leren gaat. Karakteristiek voor leernetwerken is het leren waarbij niet vooraf voor te schrijven is wat de groep deelnemers in dit leernetwerk wil en zal moeten doen om hun doelen te bereiken. Om een passend leernetwerk te ontwikkelen is dus expliciete en diepgaande kennis vereist over de deelnemers van het leernetwerk, inclusief kennis over hun preferente werk- en leerwijze in samenhang met de specifieke context of de organisatie waarin zij zich bevinden.

4.3 Methoden voor het participatief ontwerp van een leernetwerk

Voordat men kan beginnen met het ontwerpen van een leernetwerk, zal men eerst zowel de huidige situatie als de gewenste situatie in kaart moeten brengen. Op basis hiervan kan een route uitgedacht worden en is een aantal basisvragen en -stappen te onderscheiden:

- Voor wie is het leernetwerk bedoeld? Hoe ziet de doelgroep er precies uit, waar zijn ze mee bezig, wat doen ze, hoe doen ze dat, hoe communiceren ze met elkaar, hoe werken ze samen?
- Wat is het doel van het leernetwerk? Wat willen de gebruikers bereiken?
- Hoe moet het leernetwerk gaan functioneren? Wat is nodig om het leernetwerk voor de boogde doelgroep gebruiksvriendelijk te laten zijn, een plezierige omgeving om in te vertoeven?

Indien eenmaal vanuit de uitgangspunten een gezamenlijk ontwerp is gemaakt en op basis hiervan een prototypisch leernetwerk gemaakt is, dienen de volgende stappen gezet te worden:
- Het testen van het prototype met de gebruikers van het leernetwerk.
- Het aanpassen van het prototype op basis van de evaluatie.

In de volgende subparagrafen beschrijven we aan de hand van een aantal voorbeelden enkele bruikbare methoden die tijdens deze route gebruikt kunnen worden. Deze methoden zijn niet nieuw, maar vernieuwend is de wijze waarop we ze combineren voor het ontwikkelen van leernetwerken. Ze hebben hun nut bewezen in de leernetwerken die we eerder hebben opgezet. We bespreken achtereenvolgens:
- Gebruikersbehoefte in kaart brengen via focusgroepen en de contextgebonden interviews.
- Integratie van gebruikersbehoeften via het beschrijven van een personage, het maken van verwantschapsdiagrammen (affinity diagrams) en groepsclustering (group cluster mapping) voor uitgangspunten van het ontwerp.
- De cognitive walkthrough en hardopdenkmethode voor het testen van het prototype van het leernetwerk.

In tabel 4.1 staan de verschillende methoden weergegeven. Elk ervan zal in de volgende paragrafen beschreven worden.

Tabel 4.1 Schematische weergaven van de verschillende methoden in de verschillende fasen.	
Fase	Methode
Het bepalen van de problemen Inzicht krijgen in de behoeften van de gebruikers	Focus group Contextgebonden interview
Analyseren van de verzamelde data over de problemen en behoeften	Affinity diagram Groepsclustering
Specificeren van de gebruiker voor wie het ontwerp bedoeld is	Personages
Het testen van het eerste prototype	Cognitive walkthrough Think aloud

4.3.1 FOCUSGROEP

Een focusgroep kan in verschillende ontwerpfasen gebruikt worden, maar past vooral in de fase waarin het eerste concept uitgedacht moet worden. Deze methode wordt gebruikt om ideeën te verhelderen, om wat impliciet is expliciet te maken en om de problemen en de behoeften van gebruikers te bepalen. Het is een kwalitatieve methodiek om informatie te verzamelen bij een kleine groep (8-12) personen (de toekomstige gebruikers) tijdens een gestructureerd groepsinterview. Het ontwerpteam verzamelt informatie over de mening over een ontwerp van bijvoorbeeld een product tijdens een gestructureerd groepsinterview. Kenmerkend voor deze methode ten opzichte van andere vraagtechnieken is dat tijdens het groepsinterview de groepsleden kunnen reageren op elkaars ideeën.

Functie in het participatief ontwerp van leernetwerken

De focusgroep kan als eerste aangeven wat de ervaring en kennis is en de inzichten zijn over de mogelijkheden voor het opzetten van leernetwerken (Kuniavsky, 2003). De focusgroep moet zeer zeker discussiëren over het doel en de kenmerken van het leren in het leernetwerk dat ontwikkeld zal worden. Uit de verzamelde informatie van de focusgroep kan gemeenschappelijkheid in ideeën ('common ground') naar voren komen, maar er kunnen ook indicaties zijn dat er geen of nog onvoldoende gemeenschappelijkheid bestaat. Vaak zullen er daarom meerdere focusgroepsessies nodig zijn en zullen meerdere gebruikersgroepen geraadpleegd moeten worden om tot een uitgekristalliseerde basis te komen voor het (eerste) ontwerp.

Het organiseren van een sessie voor een focusgroep

Wanneer men een focusgroep organiseert, moet men goed voor ogen hebben welke mensen er in de focusgroep moeten deelnemen. Dat geldt vooral omdat iedere focusgroep door haar kleine omvang van ongeveer tien personen altijd slechts een klein deel van de netwerkdeelnemers representeert. Wat is het doel van de focusgroep, welke informatie wil men achterhalen, hoe representatief is de groep, van welke mensen is de mening belangrijk; dit zijn belangrijke vragen om te stellen. Daarnaast kunnen de organisatoren van een focusgroep zelf ook lid zijn van de focusgroep. Tijdens de sessies is het belangrijk dat de deelnemers op hun gemak gesteld worden, zodat zij vrijuit praten over hun persoonlijke houding, visie en ervaringen. Ze moeten er zeker van zijn dat niemand, niet de moderator van de focusgroep noch de andere deelnemers, hun mening zal beoordelen of kritiseren. Indien meerdere focusgroepen georganiseerd worden, krijgen alle groepen dezelfde vragen voorgelegd in dezelfde volgorde en binnen dezelfde context, zodat de onderlinge vergelijkbaarheid van de verzamelde informatie gemaximaliseerd wordt. Het is daarom nuttig om een handleiding te schrijven die de moderator helpt om de sessies te faciliteren. Hierbij zijn vooral de vragen die gesteld moeten worden belangrijk. Deze zijn bij voorkeur geordend van algemeen naar zeer specifiek. Box 4.1 geeft meer details over de formulering van de vragen.

> **Box 4.1   Richtlijnen voor vragen in focusgroep**
> - Elke vraag moet gericht zijn op de spontane ervaring van de groepsleden. Daarbij kan ook om advies gevraagd worden.
> - Vermijd suggestieve vragen. De persoon die de vraag beantwoordt, moet niet denken dat je een bepaald antwoord verwacht. 'Denk je niet dat dit beter zou zijn als het beschikbaar zou zijn...' is een voorbeeld van een suggestieve vraag.
> - Vragen moeten gericht zijn op één enkel onderwerp. Probeer nevenschikkende woorden als 'en' en 'of' te vermijden bij de formulering van vragen.
> - Stel ook vragen waarin meerdere opties worden voorgelegd. Groepsleden worden zo gestimuleerd om één van de gegeven opties te kiezen, ook al correspondeert dat mogelijk niet geheel met hun eigen individuele opvatting.
> - Vermijd echter vragen die de antwoorden 'ja/nee', of 'waar/niet waar', of 'dit/dat' afdwingen. Dit soort vragen ontmoedigt discussie.

4.3.2   CONTEXTGEBONDEN INTERVIEW

Contextgebonden interviews zijn een-op-eeninterviews die gehouden worden in de (werk)omgeving van de respondenten, zodat naast vragen ook observatie van de persoon in de eigen omgeving plaats kan vinden (Holtzblatt, et al., 2005, p. 80).

Functie in het participatief ontwerp van leernetwerken

Een contextgebonden interview geeft de mogelijkheid om de leef- en werkomgeving van de beoogde deelnemers aan het leernetwerk te onderzoeken. Het geeft inzicht in wat ze werkelijk doen, hoe ze communiceren, hoe ze hun kennis delen en welke instrumenten ze gebruiken. Deze informatie is noodzakelijk om de interactie in het leernetwerk vorm te geven en te faciliteren. Op dezelfde (werk)plek kan uiteraard meer dan één respondent geïnterviewd worden.

Het ntwikkelen van contextgebonden interviews

Het werk van de ondervraagde bepaalt het verloop en de inhoud van het interview, dus niet de vragen van de moderator. In het algemeen kunnen de volgende fasen worden onderscheiden bij het contextgebonden interview: introductie en kennismaking, observatie(s), vervolginterview, afronding. Box 4.2 geeft een gedetailleerde beschrijving van het soort vragen dat gesteld wordt in elke fase en de activiteiten die dan uitgevoerd worden.

Box 4.2 Fasen in het contextgebonden interview

Introductie en kennismakingsfase
Tijdens deze fase kunnen de moderator en de ondervraagden elkaar leren kennen en hun verwachtingen uitspreken. Dit is het moment waarop men open naar elkaar toe is. De moderator legt uit wat er van de ondervraagde verwacht wordt en wat de focuspunten van de observatie zullen zijn. Gestart wordt met enkele algemene vragen, zoals zijn/haar beroep, de inhoud van het beroep, etc. Gedurende deze fase bepaalt de moderator welke taken de ondervraagde kan uitvoeren.

Observatieperiode
Gedurende het grootste deel van de tijd verrichten de ondervraagden bepaalde taken. De moderator probeert informatie te verzamelen over de instrumenten die de gebruikers hanteren: in welke volgorde worden welke taken verricht; worden bepaalde taken gelijktijdig verricht; welke methoden worden gebruikt voor het structureren van de informatie; welk soort interactie gebruikt men? Tijdens het verzamelen kunnen vragen gesteld worden ter verheldering, indien nodig.

Vervolginterview
De moderator vraagt door naar details om zo een bepaald patroon in de informatie naar boven te halen.

Afronding
De moderator vraagt de ondervraagden naar verschillende onderwerpen, vanuit hun gezichtspunt: heeft men nog iets toe te voegen, zijn er nog vragen, zou men iets anders doen?

Bij de uitvoering van de interviews moeten de volgende zaken in acht worden genomen:
- Dit is niet het type interview waarbij de ondervraagde alleen maar antwoordt wanneer een vraag wordt gesteld. Een goede moderator

wil juist dat de ondervraagde zoals gewoonlijk zijn/haar werk verricht en tegelijkertijd praat.
- Met betrekking tot de verwachtingen van de deelnemer is het belangrijk dat de moderator duidelijk aangeeft dat hij of zij er vooral is om te luisteren en om te kijken hoe de ondervraagden het werk verrichten. De moderator is er niet om de problemen van de deelnemers, tijdens het interview, op te lossen.
- De moderator heeft niet de bedoeling om de prestatie van de deelnemers te kritiseren of te evalueren, maar om ze objectief te observeren.

Het is belangrijk te zorgen voor een goede professionele relatie met de ondervraagde. Cooper, Reimann en Cronin (2007) stellen voor om eerst de doelen van de beoogde deelnemers te bepalen en dan de taken vast te stellen die gerelateerd zijn aan de doelen. Doorgaans volstaan korte interviews van ongeveer een uur. Daarnaast is het nuttig om verschillende deelnemers te interviewen vanuit verschillende rollen of types. Bovendien is het veel effectiever om alle ontwerpers in te zetten voor het houden van interviews, zodat iedere ontwerper rechtstreeks contact heeft met de beoogde deelnemers/gebruikers. Dat maakt de analyse en de synthese van de gegevens effectiever.

4.3.3 HET VERWANTSCHAPSDIAGRAM
Het verwantschapsdiagram helpt om grote hoeveelheden gegevens te structureren, in samenspraak met de deelnemers.

Functie in het participatief ontwerp van leernetwerken
Het verwantschapsdiagram helpt potentiële deelnemers aan een leernetwerk om hun doelen duidelijk in beeld te krijgen. Ook kan het gebruikt worden om eerder gedefinieerde doelen vanuit een ander gezichtspunt te benaderen. Het verwantschapsdiagram zet aan tot creatief denken en motiveert om traditionele meningen te doorbreken.

Hetm akenv an een verwantschapsdiagram
Voor een verwantschapsdiagram zijn meerdere post-it-blaadjes nodig, het uitgeschreven interview of een videoband van het interview. Op basis van de bekeken videoband of de beluisterde audio-opname van het contextgebonden informatie-interview kunnen notities gemaakt worden (ongeveer 50-100 notities van elk interview) van bijvoorbeeld de problemen die gebruikers ervaren bij het gebruik van een leernetwerk of van de eisen waaraan een leernetwerk moet voldoen volgens de gebruikers. Vervolgens worden deze notities aan de groepsleden

gegeven (ontwerpers, beoogde deelnemers) en één groepslid leest de tekst (op het blaadje) voor en plakt het op de muur. De andere groepsleden zoeken naar verwantschap tussen de notities op de blaadjes die zij in hun handen hebben. De verwante notities worden, in overleg met de overige groepsleden, bij elkaar gehangen. Zodra er geen gerelateerde notities meer gevonden kunnen worden, wordt een nieuwe notitie voorgelezen, waarvoor gerelateerde notities worden gezocht. Dit wordt net zolang herhaald totdat er ongeveer tien kolommen zijn gemaakt, bestaande uit twee tot vier notities. Vervolgens wordt voor elke kolom een label bedacht dat de inhoud van de kolom vertegenwoordigt. Figuur 4.1 toont een verwantschapsdiagram met labels.

Figuur 4.1 Voorbeeld van een verwantschapsdiagram met labels.

4.3.4 GROEPSCLUSTERING

Groepsclustering (in het Engels doorgaans aangeduid als 'group cluster mapping') is een methode om nog ongestructureerde resultaten, bijvoorbeeld afkomstig uit een focusgroep of een contextgebonden interview, te structureren. Groepsclustering is een gestructureerde benadering om ervoor te zorgen dat groepen van belanghebbenden (zowel ontwerpers als gebruikers) consensus bereiken over een bepaald onderwerp. Dit wordt bereikt door het beschrijven en structureren van een onderwerp in thematische clusters (Stoyanov & Kirschner, 2004; Trochim, 1989).

Functie in het participatief ontwerp van leernetwerken

Groepsclustering kan gebruikt worden om de basiskenmerken van het leernetwerk te bepalen. Men kan bijvoorbeeld de participanten vragen om de vereisten voor een effectief leernetwerk te omschrijven en deze vervolgens clusteren (Koper, Nadeem & Stoyanov, 2010).

Het uitvoeren van groepsclustering

De procedure voor groepsclustering bestaat uit vier fasen:
1 het verzamelen van verklaringen naar aanleiding van een vraag of stelling ('focus prompt');
2 het sorteren van de verklaringen/uitspraken;
3 het waarderen van de verklaringen/uitspraken;
4 de gegevensanalyse.

In fase 1 worden één of meerdere specifieke vragen gesteld en de deelnemers moeten vervolgens met zo veel mogelijk antwoorden komen. Dit kan gebeuren in een fysieke bijeenkomst of door gebruik te maken van webgebaseerde instrumenten. In fase 2 geeft men de lijst met antwoorden die in fase 1 zijn verzameld weer aan de deelnemers terug en krijgen ze de instructie om de verklaringen/uitspraken te clusteren op basis van overeenkomsten. Tijdens fase 3 beoordelen de deelnemers op een vijfpuntsschaal de groepen die in fase 2 zijn gemaakt op basis van hun belangrijkheid. Bij de gegevensanalyse in fase 4 is het de bedoeling om multidimensionale schaling en een hiërarchische clusteranalyse te gebruiken. Voor het maken van een gegevensanalyse kunnen verschillende statistische pakketten gebruikt worden, bijvoorbeeld 'concept system' (Concept System 4). Indien deze software niet beschikbaar is, dan kan ook een ander statistisch pakket gebruikt worden, maar dan zal de voorbereiding van de gegevens wat meer tijd en inspanning kosten. De uiteindelijke resultaten bieden een beschrijving van verschillende groepen van specifieke kenmerken, de betekenis van elke afzonderlijke groep kenmerken en de onderlinge verhoudingen tussen deze groepen kenmerken.

4.3.5 PERSONAGES

Het gebruik van personages ('personas') is een techniek die ontwerpers helpt te begrijpen voor wie ze hun ontwerpen maken. Het creëren van personages helpt expliciter bij het tot stand komen van de beeldvorming over de beoogde doelgroepen, die als deelnemers hopelijk gaan participeren in een leernetwerk. De introductie van personages zorgt ervoor dat het soms vage ontwerpdoel van gebruikers (die van alles kunnen willen) duidelijker gemaakt wordt via uitwerking van een gedetailleerde realistische beschrijving van de karakteristieke kenmerken van één, meestal fictief persoon. Die persoon staat voor de typische gebruiker van het product of de dienst. Personages zijn archetypische beschrijvingen van een karakteristieke gebruiker van een product, een dienst of een leeromgeving, gebaseerd op bijvoorbeeld door middel van interviews verzamelde gegevens. De beschrijvingen van verschillende personages helpen om de discussie over de ontwikkeling van een leernetwerk te concretiseren. Het gaat dan in de discussie niet meer om: hoe ontwikkelen we een leernetwerk voor doelgroep X of Y?, maar om de vraag wat Maria, Pieter en José willen in een leernetwerk. De identificatie met de beoogde deelnemers wordt hierdoor vergemakkelijkt.

Het creëren van personages
Als input wordt gebruikgemaakt van informatie van beoogde deelnemers, bijvoorbeeld informatie uit focusgroepen of interviews. Op basis van deze informatie wordt een persoon met een naam, een beroep, vrienden, hobby's en bezittingen beschreven. Elk personage representeert een bepaalde doelgroep en heeft dus ook een bepaalde leeftijd, een bepaald geslacht, heeft een bepaalde opleiding genoten en bezit een bepaalde sociaaleconomische status. Zonder een enigszins gedetailleerde eigen persoonlijkheid kunnen de personages namelijk gemakkelijk verworden tot generieke gebruikers, met wie het lastiger is zich te identificeren. Tegelijkertijd kan een teveel aan persoonlijke details het zicht op de consequenties voor het ontwerp van het leernetwerk belemmeren. Box 4.3 geeft enkele tips over hoe personages beschreven kunnen worden en in box 4.4 wordt een voorbeeld van een personage gegeven zoals dat is ontwikkeld voor een project waarin de toekomst van het onderwijs in kaart werd gebracht. De groepsclustering, zoals die in subparagraaf 4.3.4 is beschreven, is in dat project gebruikt om de gegevens voor het schrijven van het personage te verzamelen (Stoyanov, Hoogveld, & Kirschner, 2010).

> **Box 4.3 Tips voor het schrijven van personages**
> - Personages geven een reeks van gedragingen weer. Zij proberen voorbeeldgedrag of daadwerkelijk gedrag weer te geven.
> - Er moet een motivatie zijn waarom een personage op een bepaalde manier omschreven wordt. Deze motivatie wordt weergegeven in een aantal doelen die aangeven waarom de personage zulk gedrag vertoont.

- Personages lijken op een scenariobenadering omdat ze heel realistische beschrijvingen geven. In tegenstelling tot personages zijn de scenario's echter niet in personen uitgewerkt.

Box 4.4 Voorbeeld van een personage in een project over de toekomst van het onderwijs

Emma is een 17-jarig meisje dat in München in Duitsland woont. Haar ouders zijn gescheiden en ze woont bij haar vader, die van beroep bio-ethicus is. Ze zit in het laatste jaar van het gymnasium. Haar docenten vinden haar een zeer getalenteerde leerling, maar ze zijn wat bezorgd over haar sociale vaardigheden. Ze haalt zeer hoge cijfers op school, maar in de omgang met haar klasgenoten scoort ze laag. De laatste tijd heeft ze zelfs geen zin meer om naar school te gaan, ook omdat ze de stof die behandeld wordt niet diep genoeg vindt gaan. Ze voelt zich behandeld als een klein kind en vindt dat wat de school haar biedt, haar niet langer interesseert.

Emma weet dat ze graag iets met sociale wetenschappen wil doen, maar ze is er nog niet helemaal uit wat precies. Om een beter idee te krijgen van wat de inhoud van een studie sociale wetenschappen is, heeft ze samen met het docententeam op school besloten om een schriftelijke cursus te doen. Het wordt de cursus sociale onderzoeksmethodologie van de Stanford Universiteit. Deze universiteit biedt open leermaterialen aan binnen hun cursuspakketten. Na enkele lessen merkt Emma dat haar academisch Engels niet op het juiste niveau is om de cursus succesvol te kunnen doorlopen. Eén van haar medestudenten binnen de online studiegroep wijst haar op de online cursus academisch Engels van de BBC. Emma besluit tot het volgen van deze cursus, buiten de schooluren om, zodat ze haar Engels kan verbeteren.

4.3.6 COGNITIVE WALKTHROUGH

Een 'cognitive walkthrough' wordt gebruikt om specifieke kenmerken van 'instrumenten' die ingezet zijn in een (leer)omgeving te evalueren; ook wordt het gebruikt als algemene evaluatie van het gebruik van de omgeving. Bij een cognitive walkthrough voeren de gebruikers enkele taken uit met behulp van een instrument of in een leeromgeving en wordt hen gevraagd om te beschrijven wat ze aan het doen zijn. Deze methode lijkt dus op het contextgebonden interview. Het contextgebonden interview vindt echter plaats vóór de ontwikkeling van de (leer)omgeving en als input voor de ontwikkeling, terwijl de cognitive walkthrough wordt ingezet om de (leer)omgeving te testen.

Functie in het participatief ontwerp van leernetwerken

Onafhankelijk van welk platform gebruikt wordt om een leernetwerk op te zetten, een bestaand sociaal netwerk, samenwerkingsplatform of een zelf ontworpen omgeving, is het aan te raden om vanaf het begin van de ontwikkeling te starten met evaluatiesessies, omdat zo de mening van de gebruikers van begin af aan meegenomen kan worden in het ontwerp. Deze evaluatie kan gebeuren met behulp van een cognitive walkthrough, in combinatie met een open interview.

Een cognitive walkthrough uitvoeren

De cognitive walkthrough bestaat uit vier onderdelen: 1. instrueren; 2. testsessie; 3. ondervragen; en 4. afsluiten. Het instrueren kent twee belangrijke onderdelen: de introductie en het zich eigen maken van de interface van de digitale omgeving waarin de taken worden uitgevoerd. Tijdens de introductie worden het doel van de studie, de rechten van de deelnemers en de wijze waarop de informatie verzameld zal worden, uitgelegd. Daarnaast worden de verklaringen voor toestemming voor het gebruik van video en audio (indien nodig) verzameld. De testsessie bestaat uit het uitvoeren van de taken terwijl men hardop denkt. In box 4.5 wordt de instructie voor deze fase weergegeven: het uitvoeren van de taken. Na de test volgt een interview (onderdeel 3). De afsluiting bestaat uit concluderende opmerkingen en het bedanken van de deelnemers.

> **Box 4.5 Instructiehandleiding die gebruikt kan worden tijdens de testfase**
>
> Je wordt gevraagd om (*hier het aantal, stel x*) karakteristieke taken uit te voeren binnen dit leernetwerk. Na elke (x) taken is er een pauze. De beschrijving van de uit te voeren taken staat op deze pagina's beschreven. Lees eerst aandachtig de instructie alvorens te beginnen met het uitvoeren van de taken. Als je (*hier de specifieke functionaliteit van het leernetwerk*) gebruikt, willen we je vragen om 'hardop te denken'. Dit betekent dat we willen dat je ons vertelt wat je denkt terwijl je het gebruikt. Wij willen bijvoorbeeld dat je zegt wat je probeert te doen, waar je naar zoekt, en welke beslis-

singen je neemt. Als je niet meer verder kunt, of je bent helemaal de weg kwijt, dan willen we dat ook graag weten.

Probeer zo eerlijk mogelijk te zijn. Schaam je niet, want je brengt niemand in verlegenheid. Aangezien dit leernetwerk wordt ontworpen voor mensen zoals jij, willen we precies weten wat je denkt terwijl je in dit leernetwerk actief bent en wat voor jou wel en niet werkt.

Het is onze rol om wat jij zegt en doet te communiceren naar het ontwerp- en ontwikkelteam. We kunnen je niet helpen en we kunnen ook geen vragen beantwoorden, omdat we een zo realistisch mogelijke situatie willen creëren. Hoewel we geen vragen kunnen beantwoorden, willen we je toch vragen om ze te stellen. Het is heel belangrijk dat we al je vragen en opmerkingen horen. Als je de verschillende functionaliteiten van het leernetwerk gebruikt, is het belangrijkste om te onthouden dat jij het leernetwerk test en niet dat het leernetwerk jou test. Je kunt dus niets fout doen.

4.4   Tot slot

In dit hoofdstuk is betoogd dat het van belang is potentiële deelnemers actief te laten participeren bij het ontwerpen van een leernetwerk. Daarbij is gekozen voor een participatieve ontwerpbenadering omdat naar onze mening deze benadering de beoogde gebruiker daadwerkelijk betrekt bij het ontwerpproces en zo het leernetwerk beter laat aansluiten bij de behoeften van de doelgroep.
Verschillende methoden zijn besproken die gebaseerd zijn op de participatieve ontwerpbenadering. De beschreven methoden zijn een kleine greep uit datgene wat beschikbaar is. De belangrijkste boodschap van dit hoofdstuk is dan ook om manieren te zoeken om de beoogde deelnemers actief te betrekken bij het ontwerp van een leernetwerk. De ontwerper dient zich een beeld te vormen over de meningen en behoeften van de deelnemers van het leernetwerk, op basis van gesprekken, interviews voorafgaand aan het ontwerp, maar ook door het uittesten van de eerste prototypes. De participatieve ontwerpbenadering die we voorstellen, combineert de expertise van de ontwerper met de behoeften en ervaringen van de beoogde deelnemers om te komen tot een effectief leernetwerk dat aansluit bij datgene wat deelnemers willen.

Referenties

Aanbevolen websites

http://www.usabilitynet.org/tools/methods.htm
http://www.usabilitybok.org/methods
http://www.hcii.cmu.edu/M-HCI/2006/SocialstreamProject/studies.php
http://www.steptwo.com.au/papers/kmc_personas/index.html

Literatuur

Bødker, K., Kensing, F., & Simonsen, J. (2004). *Participatory IT design: Designing for business and workplace realities*. Cambridge, MA, USA: MIT Press.

Concept System 4©. (Software) Concept System Incorporated. Ithaca, NY, USA.

Constantine, L. (2001). *The peopleware papers: Notes on the human side of software*. New Jersey: Prentice Hall.

Cooper, A., Reimann, R., & Cronin, D. (2007). *About face 3. The essentials of interaction design*. Indianapolis: Wiley.

Holtzblatt, K., Wendell, J., & Wood, S. (2005). *Rapid contextual design: A how-to guide to key techniques for user-centered design*. San Francisco: Morgan Kaufmann.

Koper, R., Nadeem, D., & Stoyanov, S. (2010). Web 2.0 contents for connecting learners in online Learning Network. *Proceedings of the IEEE Educon 2010 Conference*. Madrid, April 2010.

Kuniavsky, M. (2003). *Observing the user experience – a practitioner's guide to user research*. San Francisco, CA: Morgan Kaufmann Publishers, Elsevier Science, USA.

Muller, M. J. (2007). Participatory design: The third space in HCI (revised). In J. Jacko & A. Sears (Eds.), *Handbook of HCI 2nd Edition*. Mahway NJ USA: Erlbaum.

Saunders, E. (2002). From user-centered to participatory design approaches. In J. Frascara (Ed.), *Design and the Social Sciences: Making Connections* (pp. 1-8). New York, NY, USA: Taylor & Francis.

Stoyanov, S., Hoogveld, B., & Kirschner, P. A. (2010). Mapping major changes to education and training in 2025. *JRC Technical Note JRC59079*, June 2010.

Stoyanov, S., & Kirschner, P. A. (2004). Expert concept mapping method for defining the characteristics of adaptive e-learning: ALFANET project case. *Educational Technology Research and Development, 52*(2), 41-56.

Trochim, W. (1989). An introduction to concept mapping for planning and evaluation. *Evaluation and Program Planning, 12*, 1-16.

5 Welke technologie is behulpzaam voor een leernetwerk?

Henry Hermans, Marcel Wigman en Adriana Berlanga

5.1 Inleiding

Zoals in hoofdstuk 1 al is betoogd, wordt een leernetwerk ontworpen. Dat betekent dat een leernetwerk het resultaat is van een ontwerpproces waarin stapsgewijs doelen, eisen en wensen worden uitgewerkt en geïmplementeerd in een online sociaal netwerk. Hoofdstuk 4 is uitgebreid op het ontwerpproces ingegaan, in het bijzonder op de vraag hoe men ontwerpeisen boven water kan krijgen. Hier gaan we in op het proces dat daar logisch op volgt, het vertalen (implementeren) van de eisen in functionaliteiten.

Een leernetwerk is een online netwerk. Om online beschikbaar te kunnen worden gemaakt, moet het – in zijn hoedanigheid van softwareapplicatie – op een platform 'draaien'. Een voorbeeld ter toelichting: Facebook, LinkedIn en Yammer zijn zowel sociale netwerken als softwareapplicaties. Het is de (webgebaseerde) software die hun functioneren als sociaal netwerk mogelijk maakt (Berlanga, Rusman, Bitter-Rijpkema, & Sloep, 2009). Een platform wordt hier dus opgevat als een technologische omgeving die een aantal instrumenten of gereedschappen (tools), functionaliteiten en configuratieopties bevat. Zo'n omgeving kan zelf geïnstalleerd worden in het eigen bedrijfsnetwerk en zo volledig naar eigen eisen en wensen worden ingericht. Maar het kan ook van elders betrokken worden (gratis of tegen vergoeding), bijvoorbeeld een eigen ruimte op een bestaand sociaal netwerk (denk aan de groepen in LinkedIn). Afhankelijk van zaken als doel, type leernetwerk, initiatiefnemer en budget zijn hierin uiteenlopende keuzen te maken (zie hoofdstuk 8 voor een nadere uitwerking hiervan).

Ontwerpers van een leernetwerk staan voor de uitdaging het platform zodanig in te richten dat het netwerk optimaal kan functioneren. Dit hoofdstuk richt zich in het bijzonder tot de ontwerpers en behandelt

vijf vragen die naar onze ervaring belangrijk zijn om in de ontwerpfase te stellen:
1. Wat zijn kenmerken en voorkeuren van de doelgroep?
2. Wat zijn kenmerken van de kennisvraag in het leernetwerk?
3. Hoe wordt tegen 'kennis' aangekeken in dit leernetwerk en hoe kan deze kennis online beschikbaar worden gesteld?
4. Hoe kunnen leden van het leernetwerk aanwezige kennis structureren en waarderen?
5. Hoe kunnen deelnemers op een efficiënte manier op de hoogte blijven van de groei aan (voor hen relevante) kennis in het leernetwerk?

De antwoorden op deze vragen bepalen mede de keuze van de technologie, maar niet volledig. De keuze van de technologie wordt door veel meer randvoorwaarden bepaald, zoals door technische, financiële of juridische. Maar ook de expertise die voor het ontwerp, de ontwikkeling en de exploitatie beschikbaar is, speelt mee. De focus in dit hoofdstuk ligt daarom vooral op het bieden van een kader dat helpt bij de selectie van een platform en de concrete implementatie van het leernetwerk. Hoofdstukken 7 en 8 bouwen vanuit twee verschillende perspectieven – het perspectief van een individuele deelnemer en het perspectief van een organisatie – voort op deze keuze van een technologie.

5.2 Kenmerken en voorkeuren van de doelgroep

Belangrijke randvoorwaarde voor effectief gebruik van een leernetwerk is – evenals bij andere informatiesystemen – de bruikbaarheid ervan. Bij bruikbaarheid gaat het erom in hoeverre de gebruikers optimaal en naar tevredenheid gebruik kunnen maken van het netwerk. De bruikbaarheid zal toenemen naarmate het beter aansluit bij de eisen, het gedrag en de voorkeuren van de leden van het leernetwerk.
Kenmerken en voorkeuren van de doelgroep spelen een rol op: 1. het niveau van de leden van het leernetwerk gezamenlijk; en 2. het niveau van de individuele gebruikers.
In het ontwerp van een leernetwerk dient voor beide niveaus aandacht te zijn.

5.2.1 WAT ZIJN KENMERKEN VAN DE GROEP?
In hoofdstukken 1 en 4 is al opgemerkt dat de kenmerken van de groep deelnemers die het leernetwerk gaat gebruiken van belang is bij het maken van het ontwerp, en dus ook relevant is voor de vraag welke technologie ingezet gaat worden (zie ook hoofdstuk 6).
De digitale geletterdheid van een gebruiker betreft:

1 diens vaardigheid in de bediening van instrumenten;
2 diens kennis van hoe die instrumenten effectief en volgens de 'spelregels' kunnen worden toegepast;
3 diens houding ten aanzien van het gebruik van nieuwe technologie (zie hoofdstuk 2, paragraaf 2).

Digitale geletterdheid en houding zijn onderdeel van wat Wenger, White en Smith (2009) bedoelen als zij het hebben over de 'digital habitat' van een groep. Deze digital habitat is op te vatten als de digitale leefwereld van een groep: het geheel aan technologische keuzes, zoals van platform, instrumenten en de configuratie hiervan.
Om een groep optimaal te kunnen laten functioneren, moet de omgeving aansluiten bij de ervaring, de gewoonten en het gedrag van deze groep. Gebruikers die in geringe mate beschikken over digitale geletterdheid creëren een dilemma voor de ontwerper van het leernetwerk. Enerzijds betekent dit dat de ontwerper terughoudend moet zijn met de inzet van nieuwe instrumenten, anderzijds vormt een zeker niveau van beheersing van Web 2.0-technologie een vereiste voor het effectief kunnen functioneren binnen een leernetwerk.
Voor bijvoorbeeld een leernetwerk in een bedrijf betekent dit dat de digital habitat zo veel mogelijk aansluit bij de platforms en instrumenten die al 'in huis' zijn en gebruikt worden door de medewerkers van het bedrijf. Voorwaarde hierbij is wel dat het aanwezige platform de kernentiteiten van leernetwerken en benodigde diensten in voldoende mate ondersteunt. In de volgende paragraaf volgt een uitgebreidere toelichting op deze kernentiteiten.
De omvang van de doelgroep stelt eisen aan het platform en de onderliggende infrastructuur. Een leernetwerk van geringe omvang kan mogelijk uit de voeten met een publiek beschikbaar platform, terwijl een wat groter leernetwerk al gauw eisen stelt aan de schaalbaarheid (geschiktheid voor toenemende aantallen deelnemers) en uitbreidbaarheid (geschiktheid voor toevoeging van nieuwe functionaliteiten) van het platform. Leernetwerken met grote aantallen deelnemers (honderden en meer) vragen verder mogelijk om faciliteiten om het netwerk (voor) te structureren en voorzieningen voor leden om zelf groepen op te richten om met elkaar samen te werken.
De samenstelling van de doelgroep kan technologiekeuzen op diverse manieren beïnvloeden. Met een heterogene populatie kan in het ontwerp rekening gehouden worden door middel van het ontwikkelen van personages (zie hoofdstuk 4). Het creëren van personages is een goede manier om soms globale noties over het ontwerp van het leernetwerk te verduidelijken via uitgewerkte voorbeelden van karakteristieke

gebruikers van een leernetwerk. Op basis van dergelijke personages kan nagedacht worden over de specifieke instellingen en gebruiksmogelijkheden die voor dat type gebruikers (bijvoorbeeld beginner of expert) relevant zijn. Afhankelijk van het gebruikerstype worden dan configuratieopties aan- of uitgezet, en worden bepaalde functionaliteiten uit het leernetwerk wel of niet beschikbaar gesteld, zonder dat dit de primaire werking van het netwerk ondermijnt.

5.2.2 WAT ZIJN KENMERKEN VAN INDIVIDUELE LEDEN VAN DE DEELNEMERS?

Privé, op het werk of voor studie, vrijwel overal hebben ICT-toepassingen hun intrede gedaan. Het aanbod van mogelijkheden van (software)applicaties, hardware en aanbiedingskanalen neemt toe. Iedereen maakt hierin een eigen keuze, gebaseerd op een combinatie van emotie, prijs, vorm en functionaliteit. Voor velen geldt dat zij niet snel van eenmaal gemaakte keuzen en voorkeuren af te brengen zijn. Introductie van nieuwe instrumenten, en vooral wanneer sprake is van overlappende functionaliteit, roept weerstand op. Het werk van Rogers (2003) en Davis (1993) laat dit goed zien. De vraag is hoe met deze individuele voorkeuren rekening te houden in het ontwerpen van het leernetwerk, in het bijzonder bij het maken van een technologiekeuze. Tegemoetkomen aan persoonlijke kenmerken en voorkeuren van gebruikers noemt men personalisatie. Dit betekent dat:

1 de individuele gebruiker onderdelen van het platform naar eigen voorkeur kan inrichten;
2 het platform zich aanpast aan de voorkeuren en het gedrag van de individuele gebruiker.

Platforms en instrumenten dienen dus beoordeeld te worden op de mate waarin gewenste personalisatie ondersteund wordt. Dit kan op verschillende niveaus bekeken worden, wat hier nader wordt toegelicht.

Voorselecteren van data en diensten

Niet alle informatie is relevant voor alle gebruikers. Voorselecteren biedt de mogelijkheid om op basis van bijvoorbeeld profielinformatie (zoals interesse of expertise) en gedrag van een gebruiker (waar zoekt iemand naar?) specifieke informatie en diensten beschikbaar te stellen dan wel aan te bevelen; dit vraagt om een intelligent platform.

Individuelei nrichting
Dit biedt de gebruiker de mogelijkheid delen van het leernetwerk naar eigen voorkeur in te richten. Dit kan op functioneel niveau (selectie van data en diensten), op structuurniveau (bijvoorbeeld paginastructuur en pagina-indeling) en cosmetisch niveau (zelf bepalen van het uiterlijk, de 'look and feel').

Aansluitenb ij preferente instrumenten
Dit biedt gebruikers die bijvoorbeeld al een eigen blog hebben, al gebruikmaken van een specifieke RSS-feedreader of mashup-instrument, al actief zijn in bepaalde sociale netwerken of al communiceren via bepaalde kanalen de mogelijkheid om hun favoriete instrumenten ook in functie van het leernetwerk te gebruiken. Via instrumenten waarmee ze al bekend zijn, kunnen zij kennis bijdragen aan het leernetwerk, op de hoogte blijven van nieuwe kennis en activiteiten binnen het leernetwerk, hun online status doorgeven, of aangeven waar en hoe met hun contact kan worden opgenomen. Consequentie voor het in te zetten platform is dan dat het een adequate ondersteuning moet bieden voor importeren en exporteren van informatie. Niet alleen in de vorm van hyperlinks, maar met name via RSS, waarmee platforms die deze technologie ondersteunen onderling gegevens uit kunnen wisselen. Hiernaast bieden technologiespecificaties, zoals OpenSocial, de mogelijkheid gegevens uit te wisselen en deze eenvoudig in andere websites 'in te pluggen'.

Toegang via verschillende hardware
Naast voorkeuren voor instrumenten hebben personen eveneens voorkeuren voor hardware waarmee zij toegang hebben tot het internet. De huidige trend is die van de inzet van mobiele apparaten zoals smartphones, netbooks of tablets (bijvoorbeeld Apple's iPad). Het flexibel kunnen aanbieden van kennis en diensten van het leernetwerk naar deze moderne dragers zal het gebruik ervan bevorderen. Natuurlijk bepalen niet alleen vigerende trends, maar ook functionelere overwegingen de voorkeur voor een bepaalde hardware. Wanneer bijvoorbeeld de aard van het netwerk vraagt om actuele informatie, snelle interactie en een hoge online aanwezigheid (presence), ligt uitlevering ervan op mobiele apparaten voor de hand.

> **Box 5.1 Illustratie aan de hand van een casus**
> AEA (casus B4, hoofdstuk 1) is een grote, internationale instelling op het gebied van het gebruik van alternatieve energiebronnen.

Als deze organisatie een mondiaal leernetwerk wil opzetten ter bevordering van de kennis over alternatieve energiebronnen zijn er verschillende technologiekeuzen die de AEA dient te maken. Ten eerste is AEA een internationale organisatie, die leden heeft in vrijwel alle landen van de wereld. Het is om deze reden te verwachten dat hun leernetwerk uit een groot aantal deelnemers zal bestaan, met verschillende achtergronden en profielen. Bijgevolg moet het leernetwerk geconfigureerd kunnen worden zodat taal of achtergrond van de diverse deelnemers geen probleem is voor deelname aan het leernetwerk.

Bij de besluitvorming hierover strekt het tot aanbeveling het actuele gebruik van ICT-instrumenten, zowel voor professioneel als privégebruik door de beoogde deelnemers, in kaart te brengen en vervolgens te bepalen welke worden opgenomen in het leernetwerk (zie ook hoofdstuk 4).

5.3 Karakteristieken van de kennisvraag in het leernetwerk

Een leernetwerk is een sociaal netwerk waarin een bepaald topic centraal staat. Bij casus I3 uit hoofdstuk 1 was dat bijvoorbeeld autisme en bij casus B4 alternatieve energiebronnen. Dit topic heeft de belangstelling van de deelnemers van het netwerk omdat er een onderliggende vraag naar kennis over dat topic is. Die kennisvraag in een leernetwerk kan bekeken worden vanuit twee perspectieven: tijd en complexiteit.

Tijd

Kennisvragen moeten soms heel snel opgelost worden. In dat geval is het meestal niet rendabel er een leernetwerk voor op te zetten. Zeker niet als er slechts een klein aantal personen bij betrokken is. Dan is het beter naar een andere, minder arbeidsintensieve en sneller te realiseren oplossing te zoeken. Maar als men besluit te kiezen voor een leernetwerk, dan moeten de interacties daarin een aanvaardbare doorlooptijd hebben, dat wil zeggen, er mag niet te veel tijd verlopen tussen 'vraag' en 'antwoord'. De urgentie van de kennisvraag bepaalt grotendeels wat een acceptabele doorlooptijd is, maar de doorlooptijd wordt natuurlijk ook bepaald door de complexiteit van het aan de orde gestelde probleem. Je kunt wel snel een antwoord willen, maar als de vraag complex is, dan duurt het lang voor er een adequaat antwoord is geformuleerd. Niettemin, als de doorlooptijd van het beantwoorden van een vraag erg lang wordt, moet er rekening mee worden gehouden dat individuele deelnemers teleurgesteld raken en vervolgens afhaken. Dan faalt het netwerk in zijn opzet. Het ontwerp zal met dit soort effecten rekening dienen te houden.

Complexiteit

Het is vooral de complexiteit van de kennisvraag die grote consequenties heeft voor de inrichting van het leernetwerk. Naarmate de complexiteit toeneemt, zal de behoefte groeien deze complexiteit te ontleden in relevante thematieken of deelvragen, die door afzonderlijke communities binnen het netwerk worden geadresseerd. Een dergelijke thematische indeling maakt het voor leden van het netwerk ook gemakkelijker zich hiermee te identificeren. De binnen deze communities geconsolideerde kennis kan vervolgens weer aan het gehele netwerk ter beschikking worden gesteld. Als een complexe kennisvraag kan worden ontleed in deelvragen, dan kan het nuttig zijn over te gaan tot een formeler ontwerp van het leernetwerk, met per deelvraag een community en bijbehorende, geavanceerdere instrumenten. Probleem hierbij is altijd dat voorstructurering de toevallige ontmoetingen, die de creativiteit van deelnemers stimuleren, ontmoedigt (DiLiello & Houghton, 2008; Fischer, 2009). Het is dus de opgave bij het ontwerp van een leernetwerk na te gaan hoe het netwerk te structureren om de complexiteit van een kennisvraag beheersbaar te maken zonder bij voorbaat de creativiteit van de deelnemers teniet te doen.

Consequenties voor de technologie

Complexe kennisvragen vereisen dat een platform toelaat dat verschillende communities ontstaan dan wel worden opgezet en zich kunnen ontwikkelen in overeenstemming met de specifieke doelstelling van het netwerk en de kennisvraag, dan wel zo kunnen worden ingericht. Het vraagt verder om meer en geavanceerdere instrumentatie, die bijvoorbeeld consultatie van experts van buiten het leernetwerk toelaat, en snel en adequaat zoeken ondersteunt. Bij de platformkeuze en de configuratie ervan dient men dus nadrukkelijk rekening te houden met mogelijkheden om leden zelf communities te laten starten, waarbij de initiator van de community de regie in handen heeft in termen van toegang, structurering en instrumenten.

> **Box 5.2 Ontwerpen voor een leernetwerk voor een complexe kennisvraag**
>
> Casus B4 uit hoofdstuk 1 schetst een complexe kennisvraag van de AEA; een grote, internationale instelling op het gebied van

het gebruik van alternatieve energiebronnen, die een collectieve kennisbasis wil ontwikkelen en deze wil delen met individuen en kennisinstellingen in alle participerende landen. Een hiervoor te ontwerpen leernetwerk zou hier bijvoorbeeld het type energiebronnen als structureringsprincipe kunnen gebruiken. Het zou kunnen voorzien in aparte communities voor bijvoorbeeld windenergie en zonne-energie. In deze afzonderlijke communities kan gefocust worden op specifieke problematieken. Deze themacommunities zouden goed gebruikt kunnen worden voor consolidatie van kennis, ontwikkeld in specifieke werkgroepen (in de vorm van ad-hoc-vergankelijke groepen), waarin doelgericht aan bijvoorbeeld concrete innovatieproblemen gewerkt kan worden. Tegelijkertijd moet het mogelijk blijven dat de leden van de windenergie- en zonne-energiecommunity elkaar kunnen blijven 'ontmoeten' en elkaars denken en kennisontwikkeling kunnen blijven beïnvloeden.

5.4 De beschikbaarheid van kennis in een leernetwerk

In een leernetwerk kunnen mensen van en met elkaar leren. Ze kunnen samen nieuwe kennis creëren, beschikbare kennis delen (op eigen initiatief of op verzoek van anderen) of bestaande kennis verder ontwikkelen. Om deze processen te ondersteunen dient de aanwezige kennis geïdentificeerd te kunnen worden. Het is nodig om stil te staan bij hoe kennis in een leernetwerk eruitziet, hoe deze gevonden kan worden door anderen, of hoe deze aangewend kan worden om gericht aanbevelingen te kunnen doen aan leden met een concrete vraag.
Kennis in een leernetwerk is niet zozeer op voorhand vastgelegd, maar groeit dynamisch (zie ook hoofdstuk 2). Kennis is in een online leernetwerk aanwezig in de vorm:
1 personen die deelnemen aan het leernetwerk (impliciete kennis);
2 inhouden in de vorm van artefacten die leden van het leernetwerk ter beschikking stellen (expliciete kennis) (Nonaka & Toyama, 2003; Nonaka, Nayana, & Konno, 2000).

Het proces van kennisdeling en -ontwikkeling kan volledig over worden gelaten aan de deelnemers; zij kunnen dan zelf bepalen welke kennis zij in het netwerk inbrengen, in welke vorm, hoe zij die expliciteren en beschrijven. Maar er kan ook meer of minder centrale sturing op dit proces plaatsvinden. Voor het ontwerp van een leernetwerk is het daarom van belang na te gaan welke persoonlijke profielinformatie (statische en dynamische) relevant is en welk typen artefacten aanwezig zouden moeten zijn om het proces van matchen van leervraag en -aanbod zo goed mogelijk te ondersteunen. De twee aspecten van persoonlijk profiel en artefact worden hierna verder uitgewerkt.

5.4.1 PERSONEN IN HET LEERNETWERK

Om de in een leernetwerk aanwezige impliciete kennis, dat wil zeggen kennis die aan personen gebonden is, te kunnen vinden, dient er voldoende relevante informatie beschikbaar te zijn over deze personen en dient deze informatie flexibel doorzoekbaar te zijn. Deze informatie is beschikbaar via het profiel van de deelnemer. Een belangrijk selectiecriterium voor het platform van een leernetwerk is de beschikbaarheid van een goed instelbare profieldienst. Het profiel van een gebruiker is enerzijds op te vatten als diens online identiteit en anderzijds als de beschrijving van de in de persoon aanwezige impliciete kennis (Berlanga, Rusman, et al., 2009). Deze identiteit moet zo veel mogelijk betekenisvol zijn, afgestemd op het doel van het leernetwerk. Met zijn of haar profiel maakt een gebruiker zich kenbaar aan de rest van het netwerk en biedt hiermee de mogelijkheid onderlinge relaties aan te gaan. Het profiel speelt een belangrijke rol in het ontwikkelen van vertrouwen tussen deelnemers in het netwerk (Rusman, et al., 2011) en dient mede vanuit dit perspectief ontworpen te worden.

Statische en dynamische onderdelen van het profiel

Bij het ontwerp van een profiel kan een onderscheid gemaakt worden in statische en dynamische informatie. Statische informatie, zoals contactgegevens, expertise of eigen websites, is vooral vastgelegd in profielvelden. Deze informatie kan door leden zelf ingevoerd worden of gevoed worden, afkomstig zijn van een administratief systeem van een organisatie of door bestaande sociale netwerken worden aangeleverd (Berlanga, et al., 2011). Dynamische informatie is informatie die ontstaat door participatie in het leernetwerk. Bij actieve participatie gaat het onder meer om relaties die met andere leden worden aangegaan, het aantal en typen bijdragen dat iemand levert, de tags die iemand gebruikt, of de reputatie die iemand ontwikkelt door actieve deelname aan discussies. Passieve participatie betreft het aantal keren dat ingelogd is, het aantal bekeken artefacten en personen, of zoekgedrag. Deze informatie kan bijzonder waardevol zijn bij het zoeken naar relevante en betrouwbare kennis in het leernetwerk of het aangaan van professionele relaties. Overigens hoeft die informatie niet noodzakelijk voor mensen begrijpelijk te zijn. Zolang software er maar mee uit de voeten kan, kunnen diensten worden ontwikkeld die mensen helpen bij het zoeken naar interessante personen en kennisrijke artefacten.

Consequenties voor de technologie

Profielen vormen dus kernentiteiten in leernetwerken. De in te zetten technologie moet voldoende functionaliteit bieden voor het implementeren en op maat snijden van gebruikersprofielen. Extra profielvelden dienen, indien gewenst, aangemaakt te kunnen worden, bij voorkeur met de scripts die zorgen voor de automatische vulling ervan (als tenminste de relevante informatie voorhanden is). Verder dient er een variëteit aan diensten voorhanden te zijn waarmee ook de dynamische informatie vastgelegd en gerepresenteerd kan worden in de vorm van overzichten of visualisaties.

Van groot belang is, zoals al aangegeven, dat zo veel mogelijk gebruik kan worden gemaakt van bestaande profielinformatie in de organisatie of elders op het internet. Dat voorkomt dat mensen op meerdere plaatsen (netwerksites) dezelfde informatie moeten invullen. Veel mensen hebben reeds een gedistribueerde online identiteit in de vorm van profielen op sociale websites als LinkedIn, Hyves, Facebook, etc. Een bezwaar hiervan kan zijn dat profielen niet in voldoende detail zijn ingevuld voor de doelstellingen van het leernetwerk in kwestie, dat daardoor suboptimaal functioneert. Hiermee zal bij integratie van profielinformatie van elders dus altijd rekening gehouden moeten worden. Dat geldt ook voor de noodzaak de geïmporteerde informatie regelmatig te synchroniseren met het bronbestand.

5.4.2 ARTEFACTEN IN HET LEERNETWERK

Naast profielen vormen artefacten een tweede manier waarop kennis in een leernetwerk beschikbaar (en toegankelijk) kan worden gemaakt. Artefacten zijn materialen of inhouden (digitale objecten in het vakjargon), zoals een document, een tweet, een blog- of wikibijdrage, of een bookmark. Leden van het leernetwerk dienen hun kennis in een variatie van artefacten beschikbaar te kunnen stellen.

Typen artefacten

Het doel van een leernetwerk zal in belangrijke mate richting geven aan het type artefacten dat leden uitwisselen. Bij het type artefact kan weer onderscheid worden gemaakt tussen dynamische inhouden zoals een blogbijdrage, die direct ingevoerd kan worden in het leernetwerk, en statischere inhouden, zoals een boek of artikel, dat bijvoorbeeld als bestand in het leernetwerk wordt geplaatst.

Artefacttypen kunnen ook bekeken worden vanuit inhoudelijk en technisch perspectief. Inhoudelijk gaat het om de functionaliteit, bijvoorbeeld een procedurebeschrijving, artikel of een praktijkcasus. Vanuit technisch perspectief gaat het om de onderliggende datatypes, zoals bestand, audio, video, tekst of een combinatie hiervan.

Plaatsvan de artefacten/data
Artefacten kunnen zowel binnen als buiten het leernetwerk worden aangemaakt. Een blogbijdrage kan dus zowel aangemaakt worden via een instrument op het platform waarop het leernetwerk is geïmplementeerd als met externe, persoonlijke blogtools om vervolgens via bijvoorbeeld een RSS-feed in het leernetwerk beschikbaar te worden gesteld. Relevante links en websites kunnen via een intern bookmarkinginstrument worden toegevoegd, maar kunnen ook afkomstig zijn uit veelgebruikte bookmarksites zoals Delicious.
Externe artefacten kunnen in principe op een vijftal manieren beschikbaar worden gemaakt in het leernetwerk, namelijk:
1 door uploaden van een artefact (bijvoorbeeld een document) in het leernetwerk (waarmee in feite een kopie van het origineel wordt gemaakt);
2 door inbedden van een artefact (via een iFrame, een widget of een speciaal stukje code);
3 door opnemen van een hyperlink naar een artefact;
4 door een specifieke koppeling tussen het leernetwerk en een ander informatiesysteem, waardoor bijvoorbeeld vanuit het leernetwerk gemakkelijk een externe databank kan worden doorzocht;
5 door import van ruwe data uit een ander informatiesysteem, waarbij de data in het leernetwerk verwerkt of opnieuw gepubliceerd worden.

Het ligt voor de hand dat organisaties die leernetwerken implementeren bedrijfskritische artefacten zo veel mogelijk in eigen beheer willen houden en in eigen informatiesystemen willen opslaan. Dit heeft negatieve consequenties voor de openheid van het leernetwerk en de beschikbaarheid van kennis, maar daar kunnen goede redenen voor zijn. Omgekeerd strekt het wel tot aanbeveling het leernetwerk altijd zo te ontwerpen dat het open is voor de import van relevante artefacten die te vinden zijn op het internet (zie ook hoofdstuk 8).

'BRATS'en' van artefacten
Artefacten kunnen dus in diverse hoedanigheden voorkomen in een leernetwerk.

Voor het functioneren van een leernetwerk is het van essentieel belang dat de aanwezige kennis in het netwerk snel, eenvoudig en langs verschillende kanalen gevonden kan worden. We gaven al aan hoe kennis die verankerd is in personen geïdentificeerd en gevonden kan worden met behulp van een uitgebreide beschrijving van die kennis in het (dynamisch deel van het) persoonlijk profiel. Ook voor artefacten in een leernetwerk geldt dat hoe rijker de beschrijving van de aanwezige kennis is, des te efficiënter en effectiever deze gerelateerd kan worden aan een kennisvraag. Artefacten kunnen verrijkt worden met extra informatie door:

1 toevoeging van metadata (beschrijvingen) door de auteur of de eigenaar van het artefact;
2 toevoeging van gebruikersinformatie zoals bookmarks, gebruikerstags, en ratings aan het artefact;
3 toevoeging van automatisch gegenereerde data (denk aan overzichten) over het gebruik van het artefact.

Deze verschillende strategieën kunnen naast elkaar gebruikt worden. Veel moderne sociale media en Web 2.0-instrumenten beschikken over een veelheid aan diensten waarmee gebruikers zelf structuur kunnen aanbrengen, betekenis kunnen geven en kunnen beoordelen. Tezamen noemen wij de verzameling van deze diensten BRATS-diensten; een acroniem van bookmarking, rating, annotating, tagging en sharing (figuur 5.1). Het 'BRATS'en' van artefacten (en personen) in een leernetwerk zorgt ervoor dat de aanwezige kennis verrijkt en beter beschreven wordt, niet alleen voor het individu, maar ook voor het collectief. Dat gebeurt vooral door leden van het leernetwerk zelf betekenis te laten geven aan deze kennis, door haar te laten beoordelen, in eigen woorden te laten beschrijven, van commentaar te laten voorzien en vooral de kennis te laten delen met anderen.

Consequenties voor de technologie

Het opnemen en aanbieden van artefacten heeft drie consequenties, die we hier kort willen aanstippen:

1 Het platform waarop het leernetwerk wordt geïmplementeerd, dient instrumenten te bevatten voor het creëren van de verschillende typen nodig geachte artefacten. Hierbij dient men te letten op zowel dynamische als statische inhoud.
2 Als het van belang is dat elders aanwezige artefacten in het leernetwerk geïntegreerd kunnen worden (en vice versa), dient nadrukkelijk naar importeer- en uitwisselmogelijkheden van het platform gekeken te worden. RSS is hierbij één van de sleuteltechnologieën.

3 Het platform dient de gewenste beschrijvings- en classificatiestrategie te ondersteunen. Afhankelijk van het ontwerp betekent dit een evaluatie op ondersteuning van taxonomieën, BRATS'en en beschikbaarheid van instrumenten voor analyse en indexering van artefacten.

5.5 Structureren en waarderen van kennis

De aanwezigheid van kennis in een leernetwerk, via profielen en artefacten, zegt nog niets over de bruikbaarheid en geschiktheid ervan. Deelnemers van het leernetwerk hebben hun eigen leervragen, al dan niet gearticuleerd in het leernetwerk, en zullen vooral zelf op zoek moeten gaan naar voor hen relevante kennis. Deelnemers bepalen dus in hoge mate zelf wat bruikbare kennis is. Het netwerk moet hen hulp bieden bij het in kaart brengen, terugvinden en het op waarde schatten van de kennis. Zoals eerder aangegeven, bieden moderne sociale media en Web 2.0-instrumenten een variatie aan diensten waarmee gebruikers structuur, betekenis en beoordeling aan uiteenlopende entiteiten kunnen geven. Aan de verzameling van dergelijke instrumenten gaven wij in de vorige paragraaf de term BRATS-diensten. Hierna worden deze diensten verder uitgewerkt en wordt beschreven hoe ze deelnemers aan een leernetwerk kunnen helpen bij het structureren en waarderen van aanwezige kennis.

BRATS'en nader bekeken
Een bookmark, of in het Nederlands een bladwijzer, is een link (bijvoorbeeld in de vorm van een URL) die iemand aan een persoonlijke collectie toevoegt, omdat de website of de pagina waarnaar deze verwijst voor deze persoon betekenis heeft. Personen kunnen individueel bepalen wat voor hen de betekenis is. De bookmarkfunctie is van origine bekend van webbrowsers, maar is de laatste jaren ook steeds meer beschikbaar via specifieke websites zoals Delicious (delicious.com) en als onderdeel van (web)applicaties.
Ook in een leernetwerk vormt bookmarking voor individuen een effectieve manier om relevante kennis of informatie te oormerken. Aan bookmarks kan meer betekenis worden gegeven indien deze functie wordt gecombineerd met annotating en tagging. Via deze diensten kan de betekenis verder in tekstueel commentaar en trefwoorden worden uitgewerkt. De functionaliteit neemt toe indien gebruikers hun gebookmarkte artefacten ter beschikking kunnen stellen (sharing) aan andere leden van het leernetwerk.

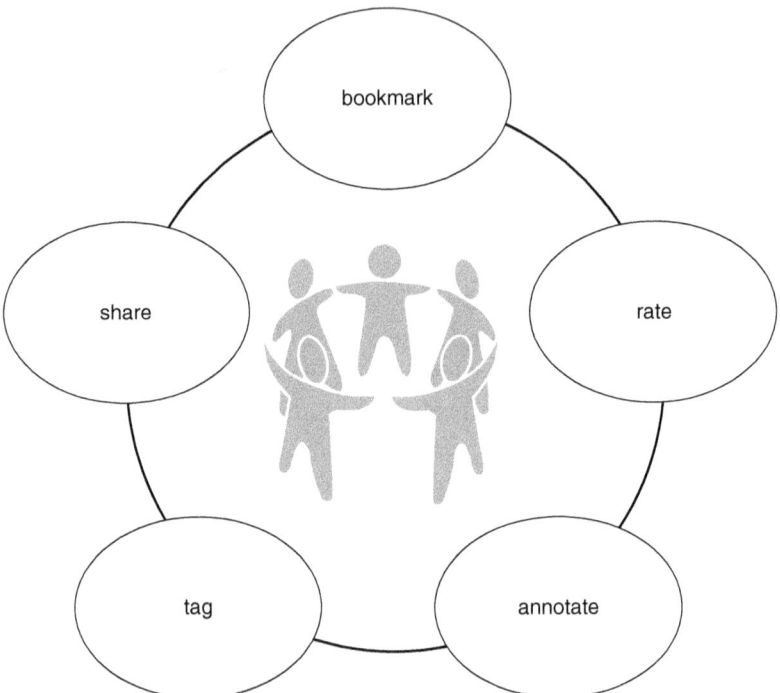

Figuur 5.1 BRATS'en.

Rating is vooral bekend van consumentensites. Consumenten kunnen, veelal op een schaal van één tot vijf en dikwijls in combinatie met een commentaarmogelijkheid (annotatie), aangeven wat ze van een product of dienst vinden. Deze informatie is vervolgens direct zichtbaar voor andere consumenten. Ook in een leernetwerk kan rating toegevoegde waarde bieden bij de beoordeling van artefacten. Deze waarderingen bieden bovendien de mogelijkheid overzichten te genereren van best beoordeelde bijdragen in het netwerk. Hierbij moet worden aangetekend dat het aantal gebruikers dat actief van deze dienst gebruikmaakt in de praktijk tamelijk laag is (vaak maar enkele procenten). Inzet van een dergelijke dienst heeft dus alleen zin bij grote aantallen deelnemers in een leernetwerk.

Binnen het BRATS'en vormt tagging een sleuteldienst voor het individueel structureren van kennis en betekenis geven aan kennis. Voor individuele gebruikers is tagging de methode bij uitstek om kennis te beschrijven en goed te classificeren. Deze methode wordt veel gebruikt bij Web 2.0-toepassingen. Een tag is een sleutelwoord dat informatie geeft over het artefact. In het werken met tags zijn twee verschillende strategieën mogelijk: top-down, met behulp van een set van tevoren gedefinieerde tags, of bottom-up, waarbij de leden van het leernetwerk individueel bepalen hoe deze kennis beschreven wordt. Beide strategieën kunnen complementair gebruikt worden. Het toegankelijk maken van individuele tags aan andere leden van het netwerk heeft overigens twee kanten. Het is een gemakkelijk hulpmiddel om snel bepaalde personen en artefacten in het netwerk te identificeren, maar er is geen garantie dat iedereen hetzelfde verstaat onder een bepaalde tag. Dat kan tot verwarring leiden. Door leden van het leernetwerk ook artefacten van anderen te laten taggen, hebben zij de mogelijkheid zelf betekenis aan deze artefacten te geven. Het overzicht van tags dat een gebruiker zo opbouwt, kan gebruikt worden om snel en flexibel de voor hem of haar relevante kennis te ontsluiten.

Naast het overzicht van individuele tags biedt de aggregatie van tags van alle gebruikers in het leernetwerk – bijvoorbeeld via een 'tag cloud' – een interessante afspiegeling van de semantische structuur van het leernetwerk. De tags geven een overzicht van de relevante onderwerpen in het leernetwerk en de samenhang ertussen. In één oogopslag wordt zo de inhoudelijke kennisstructuur weergegeven. De frequentie van gebruikte tags vormt een indicatie van de mogelijke relevantie ervan. Ten slotte heeft het gebruik van tags in potentie het voordeel dat leden zich kunnen abonneren op artefacten die van een specifieke (combinatie van) tag(s) zijn voorzien. Delicious bijvoorbeeld biedt uitgebreide mogelijkheden tot het zich abonneren op tags via RSS.

De laatste dienst binnen de BRATS-categorie is sharing, ofwel het delen van inhoud of informatie met anderen. De meeste sociale netwerksites kennen verschillende niveaus van delen, zoals publiek delen (toegankelijk voor iedereen), delen binnen het volledige sociale netwerk (toegankelijk voor alle geregistreerde gebruikers) of delen binnen het persoonlijke netwerk (toegankelijk voor 'vrienden' of 'contacten'). Sharing van artefacten is een kerndienst voor leernetwerken; het draait daar immers in belangrijke mate om het delen van kennis.

Consequenties voor de technologie
Bij de selectie van een platform zal nadrukkelijk gekeken moeten worden naar de ondersteuning van de hiervoor onderscheiden BRATS-diensten. Deze diensten bieden de individuele leden van het leernetwerk de mogelijkheid waarde toe te voegen aan kennis. Sleuteldiensten vormen bookmarking, tagging en sharing. Bij tagging moet niet alleen gekeken worden of een dergelijke service voor de auteurs van artefacten beschikbaar is, maar vooral ook of het voor deelnemers zelf mogelijk is artefacten in het leernetwerk te taggen. De BRATS-diensten spelen vooral een grotere rol voor leernetwerken die bottom-up

georganiseerd zijn. Bij gebrek aan een opgelegde ordening, van personen in communities of van artefacten in collecties, is BRATS'en het structurerend principe bij uitstek. Dat neemt niet weg dat het ook van aanvullend nut is in top-down georganiseerde netwerken.

Voor de evaluatie van de functionaliteit sharing zal gelet moeten worden op de gewenste niveaus van toegang en de mate waarin individuen dit niveau van toegang zelf kunnen bepalen.

Voor bookmarking is het onderscheid tussen: 1. het kunnen bookmarken op het platform; en 2. het integreren van externe bookmarks in het leernetwerk van belang. Beide kunnen complementair gebruikt worden. In het eerste geval dient het platform zelf over een uitgewerkte bookmarkingdienst te beschikken, waarmee individuele gebruikers laagdrempelig een overzicht van relevante kennis kunnen creëren.

In het tweede geval zijn er ten minste twee alternatieven mogelijk. Alternatief één is dat het platform RSS-ondersteuning biedt, waarmee externe bookmarks via een feed in het netwerk kunnen worden geïntegreerd. Door een eigen set van tags af te spreken, bijvoorbeeld op delicious.com, kan een specifieke verzameling van bookmarks opgebouwd worden, die met behulp van RSS-feeds automatisch in het leernetwerk ingevoerd kan worden.

Alternatief twee is dat het platform een zogeheten bookmarklet ter beschikking stelt, dat gebruikers kunnen toevoegen aan hun bladwijzerbalk van hun browser (zie bijvoorbeeld http://theflowr.com/). Via dit bookmarklet kunnen externe links snel en eenvoudig aan het leernetwerk worden toegevoegd.

Box 5.3 BRATS'en in een leernetwerk

SME (zie casus B3 in hoofdstuk 1) is een klein bedrijf gespecialiseerd in in-vitrodiagnostiek op basis van biologisch actieve, magnetische korrels. Dit bedrijf zou gebaat zijn bij een leernetwerk dat is opgezet om contact te onderhouden met personen en bedrijven in dezelfde branche (diagnosekits, werken met biologisch actieve, magnetische korrels, procesinnovatie stimuleren) die van en met elkaar kunnen leren.

Personen die aan dit leernetwerk gaan deelnemen, kunnen dit om uiteenlopende redenen doen, hebben verschillende achtergronden en behoren niet tot één en dezelfde organisatie. Voor het ontwerp van het leernetwerk betekent dit dat hier een bottom-up-benadering gehanteerd moet worden, met een flexibele kennisstructuur, waarin elke deelnemer de mogelijkheid heeft eigen bronnen (artefacten) in te brengen, een eigen systematiek kan hanteren om bronnen te structureren en bronnen kan waarderen op de gepercipieerde betekenis in het leernetwerk. Een top-down-aanpak zal deze flexibiliteit in de weg staan.

Aangezien deelnemers uit verschillende bedrijven afkomstig zullen zijn en de kennis die zij inbrengen vooral via profielen ontsloten wordt, is het wenselijk dat het netwerk over een adequate RSS-ondersteuning beschikt. Hiermee is het bijvoorbeeld mogelijk dat deelnemers hun bookmarks die zij elders, op een ander platform, hebben opgeslagen, beschikbaar maken voor het leernetwerk. Op deze manier ontwikkelt het netwerk zich voor de deelnemers als de plaats waar alle kennis verzameld wordt, waar over deze kennis gediscussieerd kan worden, en waar nieuwe ideeën gegenereerd kunnen worden. Deelnemers hebben hierbij de mogelijkheid om bronnen en personen te BRATS'en. Het spreekt voor zich dat het platform waarop dit netwerk wordt geïmplementeerd deze bottom-up-aanpak ondersteunt en in de bijbehorende functionaliteit voorziet.

5.5 Op de hoogte blijven van de groei aan kennis

Naarmate het aantal artefacten, deelnemers en communities toeneemt, neemt ook de dynamiek toe, zeker als deelnemers ook actief participeren. Het gaat concreet om nieuwe of gewijzigde artefacten, nieuwe deelnemers in het leernetwerk, bijstellingen van profielen, nieuwe informatie over wie met wie verbonden is of nieuwe communities die zijn gestart. Hoe meer de kennis in een leernetwerk groeit en hoe meer dynamiek er is, hoe belangrijker het is dat het leernetwerk beschikt over goede instrumenten waarmee deelnemers worden geïnformeerd over ontwikkelingen in het leernetwerk. Hier zijn verschillende mogelijkheden voor.

Ten eerste kan het platform zodanig worden ingericht dat deelnemers snel een overzicht kunnen krijgen van nieuwe ontwikkelingen. Een goed voorbeeld hiervan vormen de op sociale netwerken populaire activiteitenoverzichten (activity streams), die een historisch, dikwijls gepersonaliseerd overzicht bieden van gebeurtenissen in het netwerk. Ook overzichten van bijvoorbeeld de meest recente artefacten helpen om overzicht te houden.

Een tweede manier om gebruikers te informeren is ze te attenderen of te verwittigen via e-mail. Hiervoor zijn de volgende alternatieven voorhanden:

- Deelnemers ontvangen met (eventueel zelf in te stellen) regelmaat een overzicht dat centraal wordt samengesteld (of gegenereerd).
- Deelnemers ontvangen met (eventueel zelf in te stellen) regelmaat een overzicht van zelfgekozen onderdelen.
- Deelnemers ontvangen per omgaande attenderingen van anderen.

Sleutelvraag hierbij is wie bepaalt wat relevante updates zijn. Binnen leernetwerken met een hoge mate van invloed van de beherende organisatie zullen andere keuzen gemaakt worden dan binnen leernetwerken waarin een bottom-up-filosofie wordt gehanteerd.

Een derde manier waarop leden op de hoogte kunnen blijven is via het abonneren op basis van RSS. Deze technologie biedt de mogelijkheid om de aanwas van specifieke kennis binnen het leernetwerk direct en als het ware automatisch naar je toe te halen. Dit veronderstelt wel dat de deelnemers instrumenten gebruiken waarmee zij dergelijke feeds kunnen lezen, bijvoorbeeld feedreaders als Bloglines of Google Reader of mashup-instrumenten zoals Netvibes of iGoogle. Deze technologie wordt nog interessanter naarmate het platform gebruikers toestaat zelf de feeds samen te stellen en wanneer het bijvoorbeeld mogelijk wordt zich te abonneren op de tags 'X' en 'Y' van de community 'Z' of op alle artefacten die iemands contacten toevoegen.

5.6 Tot slot

De hiervoor gevoerde discussie laat zien dat het bij het kiezen van een geschikt platform voor een leernetwerk van het allergrootste belang is de vraag te beantwoorden hoe leden op de hoogte kunnen blijven van ontwikkelingen en kennisgroei in het leernetwerk en wie kan bepalen wat relevant is: de organisatie, het individu of beiden? Het antwoord op deze vragen is bepalend voor de selectie van de benodigde technologie. Daarbij zij nog opgemerkt dat de technologische ontwikkelingen niet stilstaan. Wat vandaag niet kan, is morgen gewoon. Bij het maken van een keuze is het dus ook van belang het ontwikkelingspotentieel van een platform mee te wegen. En waar een platform zich niet verder ontwikkelt of zelfs ophoudt te bestaan, is het van belang het gemak van migratie naar een ander platform mee te wegen.

Referenties

Berlanga, A., Rusman, E., Bitter-Rijpkema, M., & Sloep, P. (2009). Guidelines to foster interaction in online communities. In R. Koper (Ed.), *Learning Network Services for Professional Development* (pp. 27-42). Berlin, Heidelberg, Germany: Springer-Verlag.

Berlanga, A. J., Bitter-Rijpkema, M., Brouns, F., Sloep, P. B., & Fetter, S. (2011). Personal profiles: enhancing social interaction in learning networks. *International Journal of Web Based Communities, 7,* 66-82.

Davis, F. D. (1993). User acceptance of information technology: system characteristics, user perceptions, and behavioral impacts. *International Journal of Man Machine Studies, 38,* 475-487.

DiLiello, T., & Houghton, J. (2008). Creative potential and practised creativity: identifying untapped creativity in organizations. *Creativity and Innovation Management, 17*(1), 37-46.

Fischer, G. (2009). *Cultures of participation and social computing: rethinking and reinventing learning and education.* Paper presented at the Proceedings of the 2009 Nineth IEEE International Conference on Advanced Learning Technologies.

Nonaka, I., Nayana, R., & Konno, N. (2000). SECI, Ba and Leadership: a unified model of dynamic knowledge creation. *Long Range Planning, 30*(30), 5-34.

Nonaka, I., & Toyama, R. (2003). The knowledge-creating theory revisited: Knowledge creation as a synthesizing process. *Knowledge Management Research & Practice, 1*(2), 2-10.

Rogers, E. M. (2003). *Diffusion of Innovations* (5 ed.). New York, USA: The Free Press.

Rusman, E., Van Bruggen, J., Sloep, P., Valcke, M., & Koper, R. (2011). Can I trust you? Personal profiling for a first impression of trustworthiness in virtual project teams. *International Journal of Information Technology Project Management, 2*(4).

Wenger, E., White, N., & Smith, J. D. (2009). *Digital Habitats: stewarding technology for communities.* Portland: CPsquare.

Diensten in het leernetwerk 6

Francis Brouns, Jan van Bruggen en Ellen Rusman

6.1 Inleiding

Dit hoofdstuk geeft een overzicht van diverse diensten die in een leernetwerk kunnen worden aangeboden om het *leren* te ondersteunen. Beveiliging, autorisatie, authenticatie en gebruikersbeheer zijn uitermate belangrijk voor leernetwerken, maar vallen buiten het bereik van dit hoofdstuk, net als de gebruikelijke communicatiefaciliteiten die nodig zijn in een online infrastructuur (e-mail, discussiefora e.d.). De focus van dit hoofdstuk is gericht op diensten die *informeel* leren ondersteunen. Diensten die gebruikelijk zijn in formele leeromgevingen, zoals toetsing, blijven in dit hoofdstuk buiten beschouwing. Het gaat bovendien om diensten waarmee we ervaring hebben opgedaan in ontwikkeling en toepassingen. Per dienst wordt beschreven welk probleem opgelost moet worden en met welke technieken dat zou kunnen, zonder in te gaan op details van de technische implementatie. Dit hoofdstuk is gericht op inhoudsdeskundigen en ontwikkelaars. Inhoudsdeskundigen kunnen aan de hand van de voorbeelden bepalen welke diensten ze willen inzetten. Ontwikkelaars die een leernetwerk ontwerpen en implementeren, vinden aanwijzingen over mogelijke implementaties.

6.2 Diensten die de lerende ondersteunen

Diensten kennen verschillende vormen of varianten, en een dienst kan meerdere functies hebben. Een adviesdienst ('recommender') bijvoorbeeld, kan zowel personen als artefacten aanbevelen. Als er meer gegevens beschikbaar komen, kan een dergelijk systeem accuratere aanbevelingen doen. Welke diensten in welke vorm aangeboden moeten worden, hangt af van de context.

Cruciaal voor de diensten in een leernetwerk zijn de *data* waarmee deze diensten moeten werken. In traditioneel onderwijs liggen veel gegevens op voorhand vast. Denk aan de volgorde van cursussen in een curriculum, de contactmomenten, de begeleiding, formele toetsmomenten, enz. In een leernetwerk ontbreken veel 'metadata' en moeten de gegevens afgeleid worden uit (sociale) informatie, gegevens die deelnemers produceren en activiteiten die ze uitvoeren. Een leernetwerk heeft diensten nodig die deze data en informatie kunnen genereren, opslaan en verwerken, maar vooral ook: kunnen interpreteren.

We onderscheiden in dit hoofdstuk de volgende typen diensten: P-bank, collegiale ondersteuning, adviesdiensten (recommenders), plaatsbepaling en feedback.

Hier eerst een korte opsomming van belangrijke diensten, die later meer in detail besproken worden.
- *P-bank*: een verzameling diensten waarin gebruiker en systeem gegevens van en over deelnemers vastleggen. Voorbeelden van gegevens die door de gebruiker worden vastgelegd, zijn het gebruikersprofiel en het portfolio. Deze diensten zijn onmisbaar omdat ze data leveren aan de overige diensten en de resultaten of producten van die diensten vastleggen.
- *Collegiale ondersteuning*: een dienst die deelnemers assisteert bij het vinden van geschikte of relevante personen die kunnen helpen bij het beantwoorden van vragen of het oplossen van problemen. Dit is een specifieke vorm van een adviesdienst waarbij het advies bepaalde personen betreft. Dit wordt hierna verder uitgelegd.
- *Advies (recommender)*: diensten die aan gebruikers aanbevelingen doen over objecten en personen, veelal afgestemd op het gedrag of het doel van de gebruiker. Adviesdiensten kennen veel toepassingen en worden gebruikt bij collegiale ondersteuning, plaatsbepaling en feedback.
- *Plaatsbepaling en feedback*: een dienst die een lerende helpt om zijn huidige 'positie' ten opzichte van anderen in het netwerk te bepalen of ten opzichte van het te bereiken (leer)doel. Feedback over activiteiten die anderen verrichten, kan gegevens leveren voor plaatsbepaling. De manier waarop specifieke vormen van feedback gevisualiseerd worden, is zeer relevant.

6.2.1 GEGEVENS IN LEERNETWERKEN

In omgevingen voor formeel leren zijn gegevens over personen over het algemeen beschikbaar in een goed gedefinieerde vorm – denk aan data in een relationele database – en is de betekenis van die gegevens ook eenduidig. Denk aan toets- en examenresultaten, EVC (eerder verworven competenties) en daaruit voortvloeiende vrijstellingen, beschrijvingen van bereikte competenties of kwalificaties die in termen van nationale of internationale standaarden zijn gedefinieerd. Dergelijke gegevens kunnen in leernetwerken zijn opgenomen. Dit hoofdstuk focust op gegevens over lerenden die zijn gebaseerd op handelingen in het leernetwerk zelf.

De kunst is precies dat vast te leggen en af te leiden van de lerende wat het functioneren van de lerende en van het leernetwerk ten goede komt. Uiteindelijk is datgene wat men met het leernetwerk wil bereiken richtinggevend voor de gegevens die men verzamelt en opslaat en wat men van deze gegevens afleidt. Dat laatste is vaak de echte uitdaging: hoe kunnen we op basis van iemands handelingen iets afleiden over de kennis, vaardigheden, competenties, maar ook belangstelling of interesse? In dit hoofdstuk geven we diverse voorbeelden van diensten die op basis van afgeleide kennis werken. Soms is die afleiding eenvoudig. Neem het voorbeeld van een systeem voor collegiale hulp, waarbij iemand kan vragen om hulp bij een bepaald stukje materiaal. Het systeem gaat nu op zoek naar iemand die onlangs dat stukje materiaal heeft bekeken, want – dat is de afgeleide kennis – als je net materiaal X hebt bestudeerd, ben je in staat iemand daarmee verder te helpen. Meestal zal het zo eenvoudig niet gaan en zal op basis van meer gegevens en complexere analyses kennis afgeleid moeten worden. Vaak zal het dan gaan om inhoud die gebruikers vastleggen in documenten, blogs, wiki's, bookmarks, enz. Het BRATS'en, zoals besproken in hoofdstuk 5, is een methode om additionele informatie over een bron beschikbaar te krijgen die mogelijk helpt bij de interpretatie. Maar de resultaten van het BRATS'en kunnen ook gebruikt worden om aanbevelingen op te baseren. Als een gebruiker bepaalde tags gebruikt, zal dat een uiting zijn van zijn interesse en is het waarschijnlijk dat andere bronnen met dezelfde tags relevant zullen zijn. Of: als veel gebruikers een bron hoog waarderen, kan dit een relevante bron zijn, zeker als de gebruiker zelf vergelijkbare bronnen (hoog) gewaardeerd heeft.

> Box 6.1 Privacyoverwegingen
> - In alle gevallen moeten de gegevens zodanig beveiligd zijn dat het niet mogelijk is niet-geautoriseerde toegang tot deze gegevens te krijgen.

- Het is de vraag of en hoe data en gegevens die gebruikers *buiten* het leernetwerk genereren, opgehaald kunnen en mogen worden. Het gaat dan weliswaar altijd om gegevens die via het internet beschikbaar zijn, maar niet altijd openbaar zijn. Blogs en andere websites bieden bijvoorbeeld een RSS-functionaliteit, waardoor de gegevens van die andere applicaties en websites ook binnen het leernetwerk *getoond* kunnen worden. Andere applicaties, websites en dergelijke bieden naast of in plaats van RSS een zogenaamde API (application programming interface) die andere applicaties en diensten in staat stelt data en gegevens op te halen. Kopiëren en opslaan van de gegevens is niet in alle gevallen toegestaan.
- Waar de gegevens ook vandaan komen, in alle gevallen moet de dienst de vertrouwelijkheid en toegangsrechten van deze gegevens waarborgen. Indien een gebruiker aangegeven heeft dat bepaalde gegevens vertrouwelijk zijn of alleen beschikbaar zijn voor een bepaalde groep personen, moet de dienst dit respecteren en deze gegevens niet beschikbaar stellen. Er zijn overigens vaak wel mogelijkheden om de informatie geanonimiseerd of geaggregeerd te gebruiken in bepaalde diensten.

6.2.2 DIENSTEN ROND DE P-BANK

Met het begrip P-bank geven we de plaats weer waar alle gegevens van de personen in een leernetwerk worden bewaard (figuur 6.1). Dat kunnen zowel door de gebruiker zelf vastgelegde data zijn als data over het gebruik van het leernetwerk die door het systeem zijn vastgelegd. Een deel van die gegevens wordt door de deelnemer zelf beheerd, namelijk het *portfolio* en het *persoonlijk profiel*. In het portfolio kan de lerende een showcase van eigen kennen en kunnen bijhouden. Naast diploma's en certificaten afkomstig van formele omgevingen kunnen ook documenten van informelere aard bewaard worden. In het *persoonlijk profiel* deelt de deelnemer informatie over zichzelf met anderen.

Omdat P-bank het grootste deel van de gegevens levert en beheert die de overige diensten nodig hebben, speelt deze dienst een cruciale rol in het leernetwerk. Veel diensten moeten gepersonaliseerde adviezen geven. Daarvoor moeten ze kunnen vaststellen om welke gebruiker het gaat en wat de gebruiker in het leernetwerk doet. De data hiervoor komen uit P-bank en worden daarin opgeslagen.

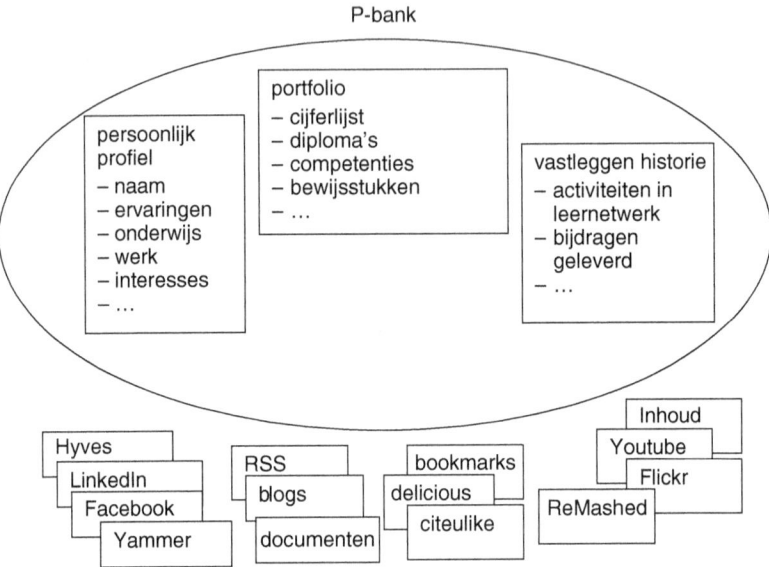

Figuur 6.1 Data voor P-bank.

6.2.2.1 Voorbeeld – persoonlijk profiel

Dit voorbeeld gaat in op een onderdeel van P-bank: het persoonlijk profiel.

In het kader van diverse 'virtueel bedrijf'-omgevingen (online omgevingen waarin deelnemers authentieke activiteiten uitvoeren in een gesimuleerd bedrijf) is een persoonlijk profiel (Rusman, Van Bruggen, Cörvers, Sloep, & Koper, 2009; Brouns, 2007) een duidelijke stimulans gebleken voor de interactie tussen deelnemers. Deelnemers gebruikten het profiel onder andere om aan te geven welk doel ze hadden in het leernetwerk, welke competenties ze wilden ontwikkelen en wat ze verwachtten van andere deelnemers in het leernetwerk.

Profielinformatie (figuur 6.2) kan prille samenwerking in een netwerk bevorderen als ze gegevens bevat waardoor deelnemers zich een beeld kunnen vormen van de betrouwbaarheid van anderen (Rusman, et al., 2010; Rusman, et al., 2011). Na deze beginfase baseren deelnemers dit beeld van de betrouwbaarheid van anderen vooral op hoe zij in het netwerk reageren (uit ervaring met de deelnemer zelf of door ervaringen van derden) (Walther, Van der Heide, Hamel, & Shulman, 2009; Walther, Van der Heide, Kim, Westerman, & Tong, 2008; Ten Kate, 2009).

Persoonlijke Profiel Pagina

Persoonsgegevens

Voornaam:	Jan
Achternaam:	Visser
Geslacht (M/V):	M
Geboortedatum:	01/03/1971
Burgerlijke staat:	Getrouwd
Organisatie:	ZwemFris zwembadreiniging
Rol(len) en functie(s):	Chemisch ingenieur, trainer bij scouting
Plaats en land:	Haarlem, Nederland
Contactinformatie:	jan.visser@gmail.com
Opleiding (hoogst behaald):	Master in chemische technologie
Communiceert in:	Nederlands, Engels
Tijd beschikbaar voor netwerk:	3 uur per week
Vooral aanwezig op:	maandagavond en woensdagavond vanaf 20.00 uur
Aanbevolen door: (in context van)	Kees Aartjes (scouting)

Plaats een foto

lokale tijd op locatie: 14.00 p.m. (GMT)

Over mij *Vertel iets over jezelf en jouw persoonlijke eigenschappen.*
Ik ben een breed geïnteresseerd en gemotiveerd persoon, die altijd naar de positieve kanten van een probleem kijkt. Problemen zijn mogelijkheden om nieuwe dingen te leren! Ik vind het prettig als een oplossing voor andere mensen een meerwaarde heeft. Ik werk graag samen, hoewel ik me soms erger aan vermijdbare slordigheden van anderen. Ik ben zelf vrij precies.

Interesses en hobby's *Vertel iets over je niet-werkgerelateerde interesses en hobby's.*
In mijn vrije tijd ben ik vrijwilliger bij de scouting. Ik vind het leuk om anderen dingen te leren en lekker buiten bezig te zijn. Ik ben daarnaast ook natuurfotograaf, met name van wilde bloemen en planten.

Expertise *Vertel in welk domein(en) jouw expertise ligt en óf en zo ja, hoe peers hierover contact kunnen opnemen.*
Ik ben van oorsprong chemist, tegenwoordig gespecialiseerd in bacteriën en zwembadreiniging (preventie en bestrijding), maar ik heb ook ervaring in de logistiek. Daarnaast heb ik pedagogische kennis en ervaring als trainer. Voor vragen, zie contactinformatie.

Leer- en werkervaring *Beschrijf kort je eerdere leer- en werkervaring.*
Ik werk als chemisch ingenieur hier nu 5 jaar, daarvoor heb ik 10 jaar als chemisch procesontwerper bij DSM gewerkt. Ik heb een MSc in chemische technologie in Twente, met een specialisatie in logistiek.

Verwachtingen van en motivatie voor deelname aan het leernetwerk *Geef inzicht in jouw verwachtingen en motivatie voor deelname aan dit netwerk en de verwachtingen die je van anderen in het netwerk hebt.*
Ik hoop te leren wat het vak van watermanager bij een waterleidingbedrijf op dit moment inhoudt en wat ik moet bijleren om aan het profiel te voldoen. Na een aantal jaar van specialisatie wil ik mijn chemische kennis weer wat meer verbreden. Daarbij hoort ook een update op het gebied van methoden die sinds de afronding van mijn studie ontwikkeld zijn.

Verwachte persoonlijke bijdrage aan het netwerk *Beschrijf hoe je zelf aan dit netwerk denkt bij te dragen (bijv. door middel van welke activiteiten, initiatieven, contacten en overige expertise).*
Deelnemers die meer willen weten over de chemische kant van zwembadreiniging kunnen contact met mij opnemen. Daarnaast kan ik bijdragen door het stellen van vragen op het terrein van watermanagement, en soms, door het geven van antwoorden rond bacteriën en bestrijdingsmiddelen.

Bijdrage tot nu toe *Overzicht van jouw concrete bijdrage aan het netwerk.*
Ik ben net toegetreden en heb (behalve deze beschrijving) nog niets bijgedragen.

Toekomstplannen *Beschrijf wat jouw toekomstplannen zijn en hoe dit netwerk helpt om deze te bereiken.*
Ik hoop verder te groeien naar een managementpositie op het terrein van watermanagement en door middel van dit netwerk zowel competenties op te doen die hierbij passen als contacten te leggen met een mogelijk toekomstige werkgever.

Suggesties en ideeën voor dit netwerk *Beschrijf ideeën en (web)suggesties (inclusief URL's) die voor de andere leden in het netwerk interessant kunnen zijn.*
Voor meer informatie over mijn huidige werkgever, zie www.zwemfris.nl. Misschien is het een idee om dit soort links standaard in het profiel, onder 'Organisatie', op te nemen.

Figuur 6.2 *Voorbeeld van een persoonlijk profiel geschikt voor betrouwbaarheidsinschattingen.*

6.2.2.2 Ontwerpoverwegingen

De gegevens, data en informatie over en van personen die nodig zijn, hangen sterk af van de doelstelling van het leernetwerk en van de diensten die men wil aanbieden. In eerste instantie moet bepaald worden welke gegevens nodig zijn voor de diensten in het beoogde leernetwerk, wat de mogelijke bronnen van deze gegevens kunnen zijn en hoe deze gegevens opgeslagen moeten worden. Vervolgens moet nagegaan worden of al aanwezige diensten voldoende gegevens en informatie leveren of dat er maatregelen getroffen moeten worden om de benodigde gegevens te genereren en vast te leggen. Ook moet overwogen worden hoe gegevens opgeslagen worden; kan een database-datamodel volstaan of moeten geavanceerde technieken zoals information retrieval en datamining ingezet worden om data te verzamelen en te analyseren.

Privacy van data moet altijd gewaarborgd worden, zoals in box 6.1 al aangegeven is.

De inhoud van het persoonlijk profiel kan voor allerlei doeleinden geraadpleegd worden. Bijvoorbeeld om te zoeken naar iemand met dezelfde interesses of naar iemand om mee samen te werken. De informatie in het profiel moet dergelijke doelen ondersteunen. De belangrijkste ontwerpvraag is dan ook hoe vrij men de personen wil laten in het opstellen van een persoonlijk profiel.

De mate van vrijheid die een gebruiker krijgt bij het opstellen van een profiel is afhankelijk van de gewenste functionaliteit in het netwerk. Als de functie van het profiel eenvoudig en eenduidig is, kan worden gewerkt met een van tevoren gedefinieerd, vastgesteld sjabloon. In andere gevallen zal meer persoonlijke invulling gewenst zijn.

Rusman et al. (2009) hebben laten zien dat persoonlijke profielen informatief zijn voor de leden van projectteams, maar vooral in de eerste fase van het project. Daarna neemt hun betekenis snel af, omdat men dan iemand kan beoordelen op feitelijke handelingen, bijdragen en taalgebruik.

Het is waarschijnlijk dat dit op het niveau van persoonlijke relaties in een leernetwerk ook zo werkt. Op netwerkniveau is de instroom van leden, in tegenstelling tot binnen een projectteam, vrijwel continu. De beschikbaarheid van een profiel blijft hierdoor doorlopend van belang, in het bijzonder voor nieuwe leden. Ook de reputatie die iemand heeft opgebouwd door de bijdragen aan het netwerk wordt belangrijker naarmate de samenstelling van het netwerk wisselt.

De gegevens en documenten in het portfolio kunnen additionele informatie bieden voor de andere diensten, indien duidelijk is hoe deze geïnterpreteerd kunnen worden. Dat kan door te vragen om een op voorhand vastgestelde structurering, zodat duidelijk is waar welk type documenten staat, of additionele metadatering. Tekstuele interpretatie van documenten kan variëren van simpele zoekfuncties op basis van trefwoorden tot geavanceerdere technieken zoals datamining en taaltechnologie.

6.2.3 COLLEGIALE ONDERSTEUNING

Dit is een dienst met een dubbel doel. In de eerste plaats helpt deze dienst deelnemers met een specifiek probleem om samen met anderen een antwoord of oplossing voor dit probleem te vinden. In de tweede plaats zorgt deze dienst ervoor dat connecties tussen deelnemers in het leernetwerk opgebouwd en bestendigd worden. Dit is belangrijk omdat een leernetwerk, als sociaal netwerk, afhankelijk is van interacties tussen leden (Sloep, 2009a). Door kleine groepen van deelnemers te vormen rond een probleem of vraagstelling leren deelnemers het leernetwerk kennen en kunnen relaties opgebouwd worden (Sloep, 2009b; Kester & Sloep, 2009).

Collegiale ondersteuning kent diverse toepassingen, zoals hulp bij het vinden van een antwoord op een inhoudelijke vraag, het zoeken naar een expert, het zoeken naar projectleden of naar iemand om mee samen te werken. Het verloop van deze dienst kent drie fasen (Van Rosmalen, Sloep, Kester, et al., 2008):

- Een deelnemer heeft een probleem, een vraag of een verzoek dat niet opgelost kan worden door het lezen of bestuderen van aanwezige bronnen en hij of zij wil of moet de oplossing zoeken door anderen te raadplegen (Stahl, 2006).
- Het systeem vergelijkt het verzoek/probleem met de profielen van gebruikers om de geschiktste persoon of personen te vinden.
- De deelnemer wordt dan samengebracht met de ander(en) in een virtuele samenwerkingsomgeving, waar ze samen proberen een oplossing te vinden.

Een collegiale ondersteuningdienst moet diverse processen ondersteunen die ieder een eigen problematiek kennen waarvoor geen standaardoplossing bestaat (zie ook hoofdstuk 3):

- *Profileer de vraagsteller.* Welke informatie over de vraagsteller en andere deelnemers is aanwezig in het leernetwerk en hoe kan die bruikbaar gemaakt worden?
- *Stel de context en het type verzoek vast.* De context bestaat uit het onderwerp, vakgebied, domein, type leernetwerk et cetera. Deelnemers kunnen allerlei soorten vragen hebben: vragen over de inhoud, over logistiek, procedures, experts, kennis, et cetera. De context en het type vraag bepalen wie de geschiktste persoon/personen kunnen zijn en of het relevant is dat dit samen met anderen wordt opgelost.
- *Bepaal wat iemand geschikt maakt als hulp.* Welke data en gegevens zijn nodig om te bepalen welke persoon het geschiktst is? Welke selectiecriteria zijn relevant, hoe moeten ze berekend worden en wat

is de beste combinatie van criteria (afhankelijk van context en type verzoek)?
- *Introduceer hulpen.* Hoe worden de hulpen met de vraagsteller in contact gebracht? Moeten deelnemers dat zelf uitzoeken, assisteert de dienst daarin of wordt het volledig geregeld door de dienst?
- *Interactiestructuur.* Welke interactiestructuur sluit het beste aan bij een bepaald type verzoek? Welke applicaties, instructies en voorzieningen zijn nodig? Sommige vragen vergen een volwaardige samenwerkomgeving, voor andere vragen volstaat een eenvoudig communicatiemedium.
- *Afhandeling.* Hoe wordt het resultaat afgehandeld? Wordt op een of andere manier vastgesteld wat de kwaliteit van het resultaat is? Zo ja, hoe wordt dit opgeslagen in het gebruikersprofiel? Kan dat automatisch of moeten de gebruikers zelf expliciet terugkoppeling geven?

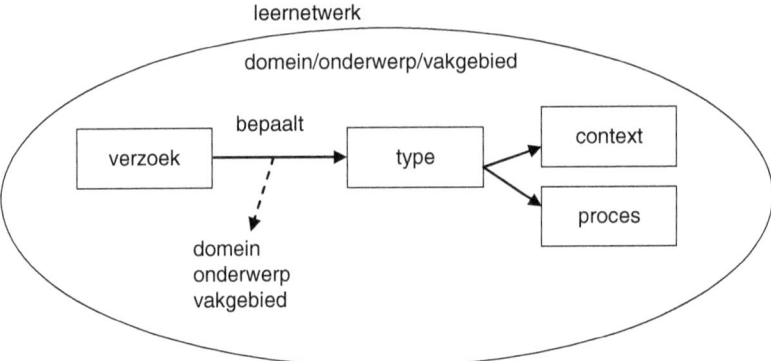

Figuur 6.3 *Het type verzoek bepaalt hoe het proces moet verlopen.*

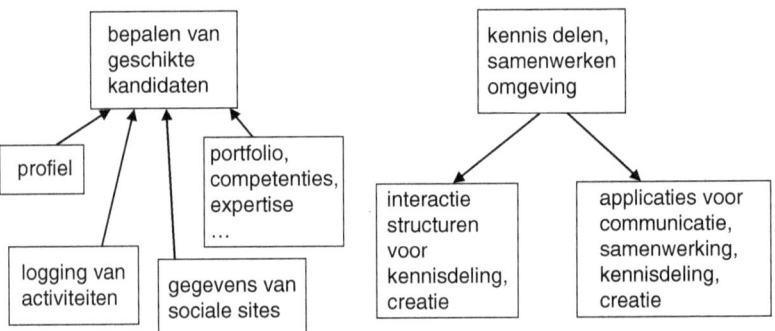

Figuur 6.4 *Nadat de context is bepaald, moeten geschikte kandidaten vastgesteld worden en samengebracht worden.*

6.2.3.1 Voorbeeld: ASA

ASA is toegepast in een leernetwerk over basisvaardigheden voor het gebruik van het internet dat is geïmplementeerd in Moodle (leeromgeving) rond elf thema's (figuur 6.5). Deelnemers die vragen hadden over het onderwerp van een van de thema's konden hulp inroepen van collega's door een vraagformulier in te vullen. Het formulier bevatte aanwijzingen over hoe de vraag het beste geformuleerd kon worden, zodat collega's die konden beantwoorden. Een minimale validatie van de vraag op aantal woorden vond plaats. Taaltechnologie werd gebruikt om het thema van de vraag vast te stellen door de correlatie tussen de vraag en het beschikbare leermateriaal van de thema's te berekenen.

ASA bepaalde vervolgens welke deelnemers geschikt waren om de vraag te beantwoorden. Drie criteria werden daarvoor gebruikt:

1. het kennisniveau: heeft de kandidaat al kennis over het betreffende thema, op basis van een eindtoets in het thema?;
2. een kennis- en competentieprofiel dat overeenkomst met de vraagsteller vaststelt;
3. beschikbaarheid: is de kandidaat beschikbaar en hoe vaak heeft de kandidaat al vragen beantwoord (vergeleken met de rest van de deelnemers)?

Deze drie criteria werden gecombineerd tot een geschiktheidsmaat. Twee kandidaten ontvingen per e-mail een uitnodiging om iemand met een bepaalde vraag (bijgesloten) te helpen. Zodra voldoende kandidaten de uitnodiging geaccepteerd hadden, werden de vraagsteller en kandidaten samengebracht in een wiki. Deze wiki bevatte een instructie om te komen tot een goede oplossing van de vraag, plus drie tekstfragmenten uit het aanwezige materiaal die mogelijk het antwoord of een deel van het antwoord bevatten. Deze tekstfragmenten werden door middel van LSA (een taaltechnologie: latente semantische analyse) geselecteerd. De deelnemers gebruikten de wiki om samen een antwoord te formuleren op de vraag. De vraagsteller sloot het proces af en gaf een beoordeling van het behaalde antwoord. Voor een gedetailleerdere beschrijving van het systeem en de behaalde resultaten verwijzen we naar het werk van Van Rosmalen, Sloep, Brouns, et al. (2008).

6.2.3.2 Ontwerpoverwegingen

Zoals we hiervoor al stelden, vergt het ontwerpen van een collegiale hulpdienst voor een bepaald leernetwerk een reeks beslissingen die

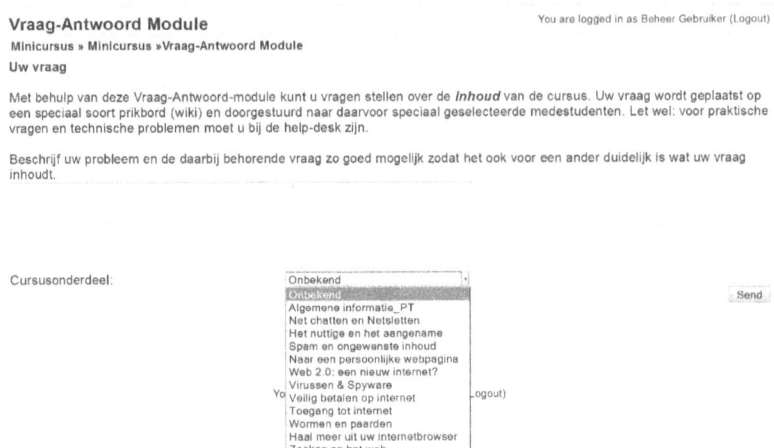

Figuur 6.5 ASA: formulier waarin de vraag geformuleerd wordt.

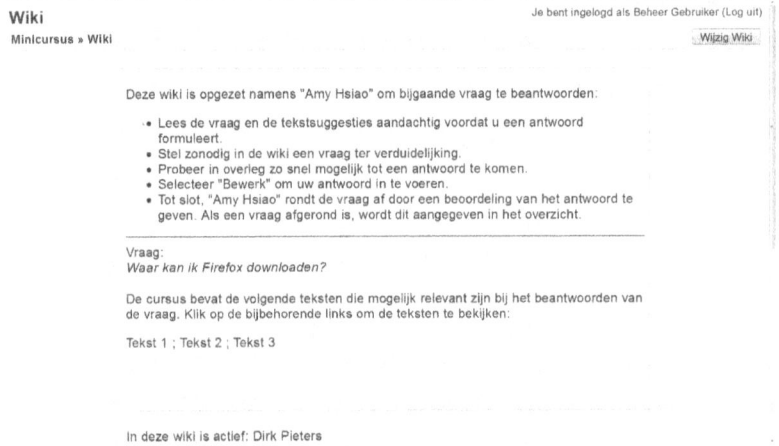

Figuur 6.6 ASA: opzet van de wiki om tot een gezamenlijk antwoord op de vraag te komen.

niet kunnen worden gebaseerd op standaardoplossingen. We beperken ons hier tot de lastigste:

1 Wat is het bereik van de dienst?

Op wat voor gebieden/domeinen moeten vragen afgehandeld worden? Welke contextinformatie uit het systeem kan gebruikt worden? Wat voor type vragen moet afgehandeld kunnen worden (inhoudelijk, procedureel enz.)? Is er een classificatie te maken?

Hoe intelligent moet de interpretatie van de vraag zijn? Moet de gebruiker het domein, het type vraag en de context specificeren of moet dat worden afgeleid?

> *2 Hoe wordt, gegeven de context en het type vraag, een kundige hulp omschreven en hoe wordt dat vertaald naar selectie door de dienst?*

Welke personen of type personen het geschiktst zijn, wordt bepaald op basis van kenmerken zoals expertise, kennis en vaardigheden, maar ook beschikbaarheid en gewenste samenstelling van de groep. Voor sommige verzoeken is een groep met diverse vaardigheden en disciplines nodig, soms zijn juist experts nodig en soms is het beter om personen met vergelijkbaar niveau en kennis samen te brengen. Om te voorkomen dat iedere keer dezelfde deelnemers geselecteerd worden, moeten beschikbaarheid en inzetbaarheid meegenomen worden.

> *3 Wat is de werkomgeving die het best past bij de vraag en de context?*

Het type verzoek bepaalt de manier waarop de vraag het beste beantwoord kan worden en daarmee ook de benodigde interactiestructuur, communicatie- en samenwerkingsapplicaties.

Er zijn diverse technologieën en technieken die hier toegepast kunnen worden. Taaltechnologie zal zeker gebruikt *moeten* worden als vragen vrij geformuleerd mogen worden. Taaltechnologie *kan* toegepast worden als het gaat om analyse en het toekennen van semantische betekenis van tekstuele data in documenten.

Voor het vaststellen van relaties binnen een leernetwerk kan sociale netwerkanalyse van pas komen, maar ook diverse wiskundige en statistische principes en methoden.

Datamining en information retrieval kunnen toegepast worden om informatie te achterhalen, deze te analyseren en te interpreteren, maar ook technieken die door adviessystemen gebruikt worden, zoals collaborative filtering, zijn relevant.

6.2.4 ADVIESDIENSTEN

Adviesdiensten helpen een gebruiker een keuze te maken uit een groot aanbod door producten zoals boeken, films, muziek, enz. aan te bevelen die op basis van gebleken voorkeuren interessant kunnen zijn. Een dergelijke adviesdienst kan beschouwd worden als een alternatieve manier van zoeken die vaak items oplevert die een gebruiker zelf niet gevonden zou hebben in traditionele zoekmachines. De manier waarop de aanbevelingen berekend worden, hangt af van het *type pro-*

duct (simpele producten zoals boeken, film, video, enz., of complexere producten, zoals verzekeringen), de *beschikbare data* en de *methoden* die toegepast worden.

Adviezen kunnen bijvoorbeeld berekend worden op basis van items die een gebruiker in het verleden als interessant of goed beoordeeld heeft, of die passen bij bepaalde kenmerken van een gebruiker (content-based). Een andere, veelgebruikte methode is collaborative filtering. Hierbij gebruikt men de beoordelingen van anderen om die van de gebruiker te benaderen. Dit wordt berekend voor alle items die de gebruiker nog niet heeft gezien, waarna de hoogst beoordeelde items in het advies worden getoond. Een van de eerste adviesdiensten op basis van collaborative filtering was bedoeld om samenwerking te bevorderen door relevante documenten uit een grote set van documenten te suggereren, en zo de overvloed van informatie te filteren. In collaborative filtering kan nog onderscheid gemaakt worden tussen een aanpak die het advies berekent op basis van interesses van vergelijkbare gebruikers (user-based) en een waarbij het gaat om vergelijkbare items (item-based). Een voorbeeld van dit laatste wordt veel toegepast in online (boek)winkels, die aangeven: 'Gebruikers die dit boek kochten, kochten ook boek y en z.' Veelal worden methoden gecombineerd om tot betere adviezen te komen (Melville & Sindhwani, 2010; Schafer, Frankowski, Herlocker, & Sen, 2007).

Diensten die adviseren over complexere producten, bijvoorbeeld verzekeringen, werken niet meer op basis van gebruikersbeoordelingen en -voorkeuren, maar op grond van ontologieën en op voorhand vastgestelde modellen over de relatie tussen kenmerken van de gebruiker en het item.

Hoewel er veel verschillende manieren zijn om het advies te berekenen, zijn er twee aanpakken mogelijk (model-based en memory-based). Technieken die op modellen zijn gebaseerd, stellen op voorhand het model vast en bijbehorende data worden periodiek berekend. In de tweede aanpak worden technieken toegepast die continu alle beschikbare gebruikers- en itemgegevens doorrekenen.

Adviesdiensten moeten de voorkeuren van gebruikers kunnen bepalen en gebruikersprofielen opstellen. Hiervoor worden op voorhand modellen van gebruikers opgesteld of wordt een gebruikersprofiel afgeleid uit de acties van de gebruiker op de website. Data worden verzameld door gebruikers te vragen aan te geven wat hun oordeel is over een bepaald item, of door vast te leggen welke items een gebruiker bekijkt, leest, bestelt enz. en hieruit conclusies te trekken. In beide gevallen worden veel gegevens en vooral gedragingen van gebruikers op de website vastgelegd om het profiel te verfijnen en betere aanbevelingen te kunnen doen.

Adviesdiensten spelen ook in onderwijs en leernetwerken een rol, en kunnen ingezet worden om te adviseren over de geschiktste activiteit, bron, materiaal, enz. Echter, wil een adviesdienst in een leernetwerk goed opereren, dan moet rekening gehouden worden met de speciale eisen die een leercontext stelt (Drachsler, Hummel, & Koper, 2008; Drachsler, et al., 2010). In plaats van algemene gebruikerskenmerken moeten nu ook kenmerken meegenomen worden die specifiek zijn voor de lerende in een leercontext. Wat is het leerdoel, wat is de voorkennis, wat zijn de leerstijlen, enz. Juist omdat het gaat om nieuwe informatie en kennis (anders was er geen noodzaak voor het leren) zullen gebruikers niet in staat zijn grote aantallen items, zoals leeractiviteiten, leermateriaal, bronnen, op voorhand te beoordelen. Bovendien: omdat een leernetwerk dynamisch is – gebruikers veranderen gedurende hun leertraject, maar er komen ook steeds nieuwe gebruikers en nieuwe items bij – zullen er veel items zijn zonder beoordeling. Methoden zoals collaborative filtering zijn dan minder geschikt, omdat er niet voldoende items zijn met een beoordeling. Ook is het vanuit een didactisch perspectief beter om juist niet vergelijkbare bronnen aan te bevelen, maar bronnen die kennis en competenties op een hoger peil brengen.
Een adviesdienst voor een leernetwerk moet dus rekening houden met de karakteristieken van een leercontext, de additionele kenmerken en data die hiervoor nodig zijn, en moet afhankelijk van het doel methoden en technieken combineren om tot een geschikt advies te komen.

6.2.4.1   Voorbeeld: ReMashed

ReMashed is een adviesdienst die een gebruiker attendeert op interessante bronnen en die daarbij gebruikmaakt van beoordelingen van materiaal door de gebruiker en anderen. ReMashed gebruikt collaborative filtering op basis van overeenkomsten in de beoordelingen van verschillende bronnen om gebruikers te koppelen. De beoordelingen en tags van groepsgenoten worden gebruikt om gepersonaliseerd bronnen aan te bevelen. ReMashed geeft persoonlijke aanbevelingen voor interessante items in twee widgets (een manier om op een webpagina informatie uit andere diensten te tonen): een van de widgets toont items die het best beoordeeld werden. Het andere widget geeft een persoonlijk advies over relevante contributies, gebaseerd op de tags die gebruikt zijn.

ReMashed maakt gebruik van de Web 2.0-diensten die gebruikers opgeven: blogs, hun Delicious-, Twitter-, YouTube- of Flickr-accounts. Daarnaast kunnen ze voor drie interessegebieden aangeven wat hun expertise is. Op de website worden door middel van widgets voor blogs, Delicious, Twitter, YouTube, Flickr en Slideshare de bijdragen van alle deelnemers getoond, met tags en beoordelingen.

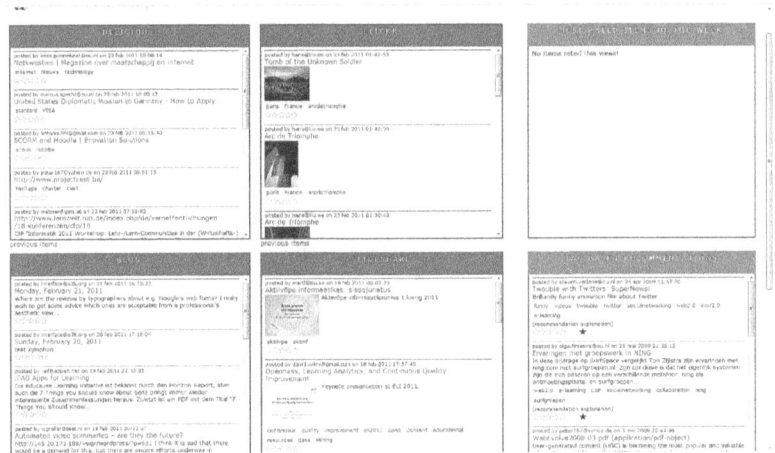

Figuur 6.7 Schermafdruk van de ReMashed-pagina met de widgets en rechtsonder de aanbevelingen voor de deelnemer.

6.2.4.2 Voorbeeld: advies over leerpaden

In een leernetwerk psychologie werd naast de gevolgde paden door deelnemers rekening gehouden met voorkeuren en voorkennis van deelnemers om een beter toegespitst advies te geven. De leeractiviteiten en materialen waren beschikbaar in Moodle. De Moodle-profielpagina was uitgebreid met velden waarin de deelnemers hun interesse voor de deelgebieden die behandeld werden en hun motivatie kenbaar konden maken. Het advies kwam tot stand door twee methoden te combineren en was gebaseerd op de interesse van de gebruiker (gebaseerd op een ontologie) en het gedrag van vergelijkbare gebruikers (stereotype filtering). Voor de ontologie werden gegevens uit het persoonlijke profiel gecombineerd met het cursusmateriaal. De stereotype filtering gebruikte gegevens uit het profiel om vergelijkbare gebruikers te vinden en activiteiten te adviseren die door vergelijkbare gebruikers gedaan waren (Drachsler, et al., 2008). De methode is geschikt als er initieel nog te weinig gegevens zijn om adviezen te geven op basis van (vergelijkbare) gebruikers.

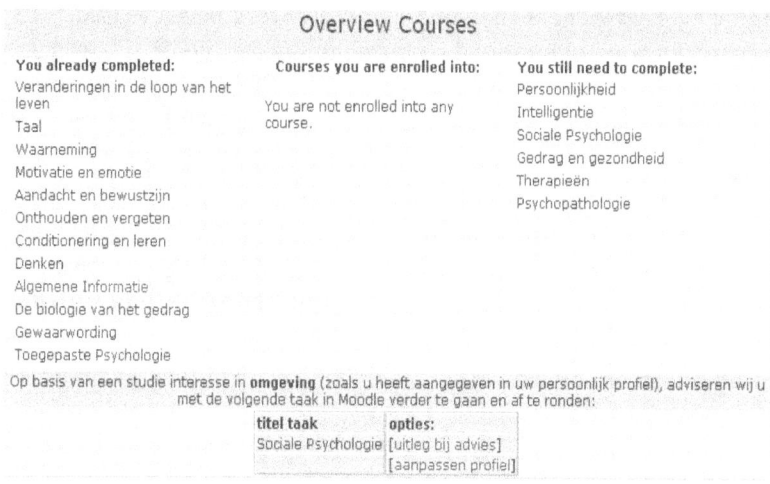

Figuur 6.8 Op basis van voorkeur wordt een bepaalde activiteit geadviseerd.

6.2.4.3 Ontwerpoverwegingen

Adviesdiensten werken vaak alleen op basis van grote aantallen en werken minder goed in situaties waar weinig informatie aanwezig is over personen of items, of waar een groot verloop is in personen. Dit is vaak het geval in leernetwerken. Bovendien stellen leernetwerken additionele eisen aan adviesdiensten, zoals hiervoor aangegeven. Bij het ontwerpen van adviesdiensten moet in overweging genomen worden welke technieken of combinatie van technieken het geschiktst zijn om het gestelde doel van de dienst binnen het leernetwerk te bewerkstelligen.

Collaborative filteringtechnieken zijn relatief gemakkelijk te gebruiken, maar werken alleen als gebruikers voldoende items beoordelen en als er veel gebruikers zijn die dat doen. Als er weinig items zijn die beoordeeld kunnen worden of als er regelmatig nieuwe gebruikers of items bijkomen, werken deze technieken niet of niet voldoende.

Methoden die op basis van een model of ontologie werken, moeten investeren in het opzetten van dit model en deze ontologie, en kunnen alleen op basis van grote aantallen items en gebruikers adviezen geven. Bovendien zijn dan geavanceerde technieken op het gebied van datamining, information retrieval en machine learning nodig.

Methoden die gebaseerd zijn op de inhoud van het item kunnen volstaan zonder beoordelingen, maar moeten in staat zijn om de inhoud van items te kunnen analyseren en te vergelijken met gebruikersprofielen. Hiervoor zullen vaak geavanceerde technieken zoals datamining, information retrieval en taaltechnologieën nodig zijn. Het risico bestaat dat items buiten de boot vallen als kenmerken niet exact overeenkomen.

6.2.5 PLAATSBEPALING EN FEEDBACK

Onder de noemer 'plaatsbepaling' vatten we de diensten samen waarmee men *binnen* een leernetwerk kan bepalen hoe men ervoor staat. Het is een dienst die deelnemers in staat stelt zich te vergelijken met anderen en het gestelde doel. Daarmee is niet gezegd dat toetsing geen rol speelt, maar alleen maar dat wij er hier niet op ingaan. In de casus van Jan (casus I1 in hoofdstuk 1) kunnen EVC-procedures (eerder verworven competenties) en toetsing een belangrijke rol spelen en het ligt voor de hand dat ook in een leernetwerk sprake kan zijn van zelftoetsen, waarmee men indicaties van voortgang kan verkrijgen. Voor leernetwerken zijn twee mechanismen van belang om de lerende te helpen bij de plaatsbepaling: feedback en vergelijking.

Feedback geeft terugkoppeling aan de lerende door op allerlei manieren de activiteiten samen te vatten. Het is aan de lerende om te bepalen of de feedback aanleiding moet zijn om het eigen handelen bij te stellen. Voorbeelden van dit type terugkoppeling zijn lijsten van recentste activiteiten in het leernetwerk, actiefste personen, meest aanbevolen bronnen en meest besproken topics in het netwerk.

Vergelijking houdt in dat het handelen van de lerende wordt vergeleken met dat van (een deel van) het netwerk of een aantal personen. Zo kan bijvoorbeeld de plaats die een lerende inneemt in een voortgaande discussie worden afgebeeld.

6.2.5.1 *Voorbeeld: Conspect*

Conspect is een applicatie waarmee deelnemers hun conceptuele voortgang kunnen bijhouden en vergelijken met anderen. Conspect analyseert geschreven tekst, bijvoorbeeld een werkstuk over een bepaald onderwerp, door de gebruikte concepten uit de tekst te lichten en brengt in kaart hoe deze begrippen samenhangen in een zogenaamd conceptogram. Conspect kan conceptogrammen vergelijken en op die manier kan zichtbaar worden gemaakt hoe de eigen conceptuele ontwikkeling eruitziet. Gebruikers kunnen ook vergelijken hoe hun gebruik van concepten zich verhoudt tot het conceptogram van een ander of een groep anderen, of tot een conceptogram van een referentiemodel dat is opgesteld aan de hand van documenten in het leernetwerk. Conspect kan worden gebruikt als een heuristisch middel om hiaten in de kennis op te sporen.

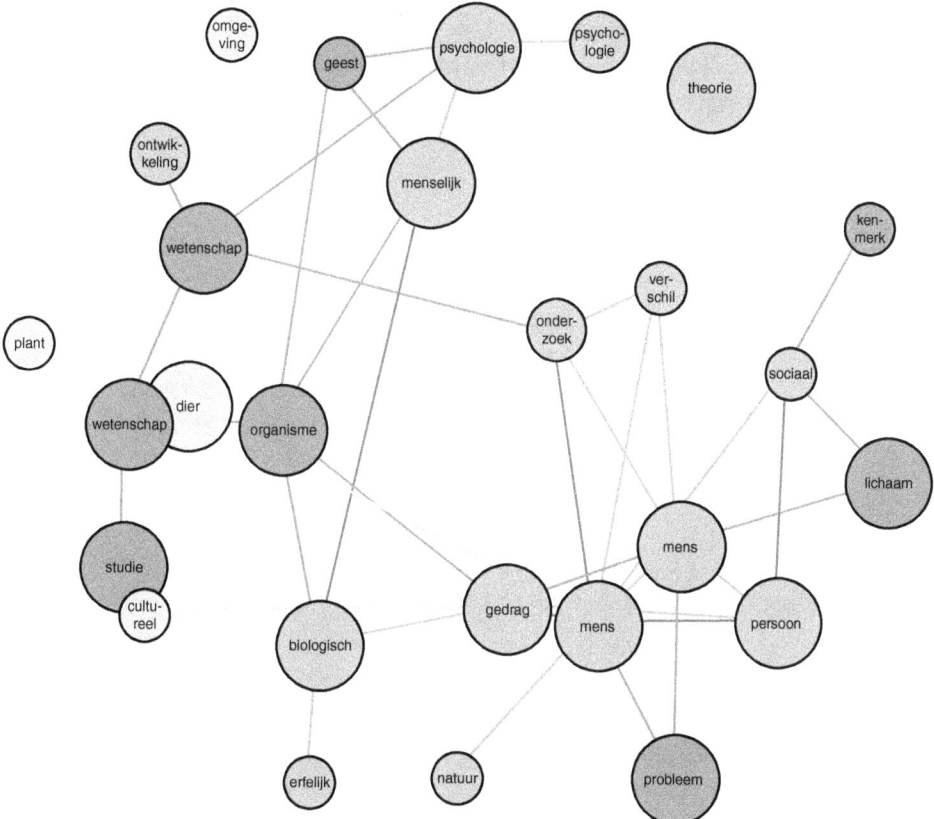

Figuur 6.9 *Een deelnemer kan het eigen conceptogram vergelijken met dat van anderen.*

6.2.5.2 Ontwerpoverwegingen

Feedbackdiensten moeten gegevens van gebruikers interpreteren en op een gebruikersvriendelijke manier tonen. Feedback is noodzakelijk op diverse momenten en over allerlei aspecten. Soms kan volstaan worden met een korte lijst, bijvoorbeeld van recentste activiteiten, of kleine applicaties die voortgang visualiseren.

Andersoortige vormen van feedback zijn complexer en kunnen bestaan uit complexe applicaties die producten en acties van gebruikers vergelijken met andere gebruikers of met een model. Een grote variëteit aan technieken en methoden kan nodig zijn voor een juiste interpretatie. Als het gaat om interpretatie van documenten, werkstukken en andere teksten liggen taaltechnologieën en datamining voor de hand (Berlanga, Brouns, et al., 2009). Sociale netwerkanalyse kan gebruikt worden om de structuur van een leernetwerk te analyseren en de relaties tussen personen en bronnen te analyseren en weer te geven. Een ander aandachtspunt is de manier waarop de feedback aan de gebruikers gepresenteerd wordt. Vaak zullen hiervoor geavanceerde grafische en interactieve visualisatietechnieken nodig zijn.

6.3 Tot slot

Dit hoofdstuk heeft een aantal diensten voor leernetwerken de revue laten passeren. In een korte inleiding is de dienst gekenschetst, in een voorbeeld toegelicht en zijn enkele aandachtspunten meegegeven voor het ontwerp van de dienst. De voorbeelden betreffen diensten die we ontwikkeld hebben. Vanuit pragmatische redenen zijn deze in eerste instantie in een formele setting toegepast, maar ze kunnen ook in de minder formele context van leernetwerken ingezet worden. De ontwerpoverwegingen zijn beperkt tot hoofdlijnen, omdat de feitelijke implementatie van de dienst afhangt van de context van het leernetwerk.

Het doel van het leernetwerk bepaalt welke diensten in een leernetwerk aangeboden moeten en kunnen worden, en hoe deze ingevuld worden. Houd bij het ontwerp van een leernetwerk rekening met de diensten die men wil aanbieden en zorg ervoor dat de benodigde data daarvoor vastgelegd worden of beschikbaar zijn. Simpele oplossingen kunnen voldoende zijn. Pas als deze niet volstaan, moeten geavanceerdere methoden worden benut. Er zijn verschillende methoden en technieken beschikbaar die gebruikt kunnen worden (zie kader voor een greep uit de mogelijkheden).

Box 6.2 Geavanceerde methoden en technieken bij het ontwerpen van een leernetwerk

Genereren en uitwisselen van gegevens
- Web 2.0-instrumenten en mashup: blogs, RSS, widgets, gadgets: om data te genereren, vast te leggen en uit te wisselen, maar ook om data en informatie (eventueel van buiten het leernetwerk) te tonen.
- OpenSocial: om data en informatie van buiten het leernetwerk binnen te halen.

- Toevoegen van metadata door de gebruikerspopulatie: bladwijzers, beoordelen, labels, becommentariëren en delen (BRATS).

Interpretatie van gegevens
- Toevoegen van metadata door de gebruikerspopulatie: bladwijzers, beoordelen, labels, commentaren, delen (BRATS).
- Taaltechnologieën, bijv. LSA (latente semantische analyse), conceptmaps, enz. indien documenten geïnterpreteerd moeten worden (bijv. voor opdrachten, bestanden in een portfolio, profielvelden, leermateriaal, blogs, enz.).
- Technieken zoals gebruikt door adviesdiensten (collaborative filtering, content-based methoden).
- Ontologie.
- Information retrieval en datamining.
- Semantische webtechnieken.
- Sociale netwerkanalyse.

Implementatie van diensten
Veel van de bovenstaande technologieën worden ook in deze fase gebruikt.
- Webservices: omdat de diensten in diverse contexten kunnen opereren, is het raadzaam ze als webservices (SOAP, REST) te ontwikkelen, waarbij zowel de 'business rules' als de gebruikersinterface configureerbaar zijn.
- Web 2.0, widgets, gadgets, portlets: IT-specificaties en -methoden om webpagina's flexibel op te bouwen uit componenten, waarbij de pagina de context vormt voor de component.
- Visualisatietechnieken: om de structuur en samenstelling van een leernetwerk weer te geven, om relaties tussen deelnemers te tonen en om het resultaat van aanbevelingen te visualiseren.

Referenties

Aanbevolen websites

ReMashed: http://remashed.ou.nl, is een voorbeeld van een adviesdienst die op basis van beoordelingen en tagging aanbevelingen doet voor bronnen en artefacten die relevant kunnen zijn voor een gebruiker.

Slideshare presentation over eTwinning TeLLNet sociale ondersteuningdienst: http://www.slideshare.net/sibrenfetter/ask-a-new-question

LTfLL project, http://www.ltfll-project.org is de website van het Language Technologies for Lifelong Learning project dat instrumenten en diensten ontwikkelt voor Technology Enhanced Learning om studenten en lerenden terugkoppeling te geven in diverse stadia van het leerproces en docenten hierbij te assisteren.

Literatuur

Berlanga, A. J., Brouns, F., Van Rosmalen, P., Rajagopal, K., Kalz, M., & Stoyanov, S. (2009). Making use of language technologies to provide formative feedback. In S. D. Craig & D. Dicheva (Eds.), *Proceedings of the 14th International Conference in Artificial Intelligence in Education. AIED 2009 Workshop natural language processing in support of learning: metrics, feedback and connectivity10*, 1-8. 6-7 July, 2009 Brighton, United Kingdom.

Brouns, F. (2007). Personal profiling to stimulate participation in Learning Networks. *Proceedings of the ePortfolio 2007 Conference*, 17-19 October, 2007. Maastricht, the Netherlands.

Drachsler, H., Hummel, H. G. K., & Koper, R. (2008). Personal recommender systems for learners in lifelong learning networks: the requirements, techniques and model. *International Journal of Learning Technology* 3(4), 404-423.

Drachsler, H., Hummel, H. G. K., Van den Berg, B., Eshuis, J., Waterink, W., Nadolski, R., Koper, R. (2008). Effects of the ISIS recommender system for navigation support in self-organized learning networks. In M. Kalz, R. Koper, V. Hornung-Prähauser & M. Luckmann (Eds.), *Proceedings of the 1st Workshop on Technology Support for Self-Organized Learners (TSSOL08) in conjunction with 4th Edumedia Conference 2008 Self-organised learning in the interactive Web – Changing learning culture?* June, 2-3, 2008. Salzburg, Austria.

Drachsler, H., Rutledge, L., Van Rosmalen, P., Hummel, H. G. K., Pecceu, D., Arts, T., Koper, R. (2010). ReMashed - an usability study of a recommender system for mash-ups for learning. *International Journal of Emerging Technologies in Learning. Special issue ICL2009 - Mash Ups for Learning*, 5, 7-11.

Kester, L., & Sloep, P. (2009). Knowledge dating and knowledge sharing in ad-hoc transient communities. In R. Koper (Ed.), *Learning network services for professional development* (pp. 43-55). Berlin, Heidelberg, Germany: Springer-Verlag.

Melville, P., & Sindhwani, V. (2010). Recommender systems. In C. Sammut & G. I. Webb (Eds.), *Encyclopedia of machine learning*, 829-838. Springer USA.

Rusman, E., Van Bruggen, J., Cörvers, R., Sloep, P. B., & Koper, R. (2009). From pattern to practice: evaluation of a design pattern fostering trust in Virtual teams. *Computers in Human Behavior*, 25, 1010-1019.

Rusman, E., Van Bruggen, J., Sloep, P., Valcke, M., & Koper, R. (2011). Can I trust you? Personal profiling for a first impression of trustworthiness in virtual project teams. *International Journal of Information Technology Project Management*, 2(4).

Rusman, E., Van Bruggen, J., Sloep, P. B., Valcke, M., & Koper, R. (2010). The mind's eye on personal profiles. How to inform initial trustworthiness assessments in virtual project teams. In G. Kolfschoten, T. Herrmann & S. Lukosch (Eds.), *Lecture Notes in Computer Science Vol 6257. Collaboration and Technology. Proceedings of the 16th International Conference CRIWG 2010* (pp. 297-304). Maastricht, Nederland: Springer.

Schafer, J. B., Frankowski, D., Herlocker, J., & Sen, S. (2007). Collaborative filtering recommender systems. In B. Peter, K. Alfred & N. Wolfgang (Eds.), *The adaptive web. Methods and strategies of web personalization*, 4321, 291-324. Berlin Heidelberg, Germany: Springer-Verlag.

Sloep, P. (2009a). Social interaction in learning networks. In R. Koper (Ed.), *Learning Network Services for Professional Development*, 13-15. Berlin, Heidelberg, Germany: Springer-Verlag.

Sloep, P. B. (2009b). Fostering sociability in learning networks through ad-hoc transient communities. In M. Purvis & B. T. R. Savarimuthu (Eds.), *Computer-Mediated Social Networking. Proceedings of the First International Conference, ICCMSN 2008*, 62-75. Dunedin, New Zealand: Heidelberg, Germany: Springer-Verlag.

Stahl, G. (2006). *Group cognition: Computer support for building collaborative knowledge.* Cambridge, MA: MIT Press.

Ten Kate, S. (2009). *Trustworthiness within Social Networking Sites: A study on the intersection of HCI and Sociology*. Masterscriptie (ongepubliceerd). University of Amsterdam, Amsterdam, Nederland. Retrieved from www.stephantenkate.nl/thesis.

Van Rosmalen, P., Sloep, P., Kester, L., Brouns, F., De Croock, M., Pannekeet, K., & Koper, R. (2008). A learner support model based on peer tutor selection. *Journal of Computer Assisted Learning, 24*, 74-86. doi: 10.1111/j.1365-2729.2007.00245.x.

Van Rosmalen, P., Sloep, P. B., Brouns, F., Kester, L., Berlanga, A., Bitter, M., & Koper, R. (2008). A model for online learner support based on selecting appropriate peer tutors *Journal of Computer Assisted Learning, 24*, 483-493. doi: 10.1111/j.1365-2729.2008.00283.x.

Walther, J. B., Van der Heide, B., Hamel, L. M., & Shulman, H. C. (2009). Self-generated versus other-generated statements and impressions in computer-mediated communication. A test of warranting theory using facebook. *Communication Research, 36*(2), 229-253.

Walther, J. B., Van der Heide, B., Kim, S. Y., Westerman, D., & Tong, S. T. (2008). The role of friends' appearance and behavior on evaluations of individuals on Facebook: Are we known by the company we keep? *Human Communication Research, 34*, 28-49.

Leernetwerken vanuit het perspectief van de individuele deelnemer

Hendrik Drachsler, Wolfgang Greller en Wendy Kicken

7.1 Inleiding

In de hoofdstukken 4, 5 en 6 is op verschillende manieren ingegaan op het ontwerpen van leernetwerken, van het inventariseren van gebruikerswensen tot het maken van een functioneel en technisch ontwerp. In die hoofdstukken is al regelmatig aan de orde geweest dat er twee perspectieven zijn om naar leernetwerken te kijken, vanuit de belangen van de individuele lerenden en vanuit de belangen van de organisaties waarvan die individuen deel uitmaken (als dat al het geval is). In hoofdstuk 1 is deze tweedeling ook al aan de orde geweest in de twee groepen van elk vier casussen die we daar introduceerden. In dit hoofdstuk ligt het accent op het perspectief van individuele lerenden. Zij worden vooral geprikkeld om te participeren in een leernetwerk doordat zij een bepaald probleem hebben of doordat ze zich specifiek ergens voor interesseren. Hun motieven kunnen persoonlijk zijn, bijvoorbeeld het zoeken naar ervaringen met de opvoeding van autistische kinderen (casus I3), of beroepsmatig, bijvoorbeeld het speuren naar geschikte bronnen en mensen die je leiderschapskwaliteiten helpen verbeteren (casus I1), of een mengeling daarvan, bijvoorbeeld een hobby die weleens zou kunnen uitgroeien tot een nieuw beroep (casus I4).

De lerenden zoeken dus naar andere lerenden die deze interesses of leerbehoeften delen, en ze staan open voor samenwerking met hen. In een leernetwerk leggen de deelnemers contacten met anderen en zoeken ze naar informatie (zie ook hoofdstuk 5). Ze gaan contacten aan, onderhouden deze en communiceren met anderen door middel van diverse instrumenten. Over het algemeen kunnen de instrumenten in een viertal categorieën worden ingedeeld:

1 instrumenten voor het individueel maken van inhoudelijk materiaal voor het leernetwerk;

2 instrumenten voor het gezamenlijk maken van inhoudelijk materiaal voor het leernetwerk;
3 instrumenten voor het delen van inhoudelijk materiaal in het leernetwerk;
4 instrumenten voor samenwerkend leren in een leernetwerk.

Voor elk van deze categorieën is al een grote verscheidenheid aan gratis instrumenten beschikbaar.
Hierdoor hebben eventuele deelnemers aan een leernetwerk de mogelijkheid om een keuze te maken uit die instrumenten die het beste passen bij hun voorkeuren en leerbehoeften, en zo het leren als het ware te 'personaliseren'. Om dit goed te kunnen duiden, introduceren we hier de idee van de lerende die als het ware beschikt over een eigen cockpit. Deze bestaat uit de verschillende instrumenten en informatieoverzichten die nodig zijn om effectief en efficiënt, aangepast aan de behoeften en voorkeuren van de lerende, binnen het leernetwerk te kunnen 'vliegen' (dat houdt in: deelnemen, organiseren, communiceren en leren). Daarbij is het natuurlijk wel zo dat de effectiviteit van het leren in persoonlijke leernetwerken afhankelijk is van verschillende competenties van de lerende, zoals:
1 het zelf kunnen aansturen van het leren;
2 het hebben van voldoende talent om de kwaliteit van informatie te beoordelen;
3 het beschikken over de hiervoor benodigde technische vaardigheden.

Dit hoofdstuk is als volgt opgebouwd. In paragraaf 7.2 worden de hier onderscheiden vier categorieën van instrumenten meer in detail besproken. Vervolgens gaan we in paragraaf 7.3 dieper in op de idee van de persoonlijke cockpit en worden in paragraaf 7.4 de competenties die nodig zijn om efficiënt en effectief in een leernetwerk te leren onder de loep genomen.

7.2 Instrumenten in een leernetwerk

In deze paragraaf wordt een aantal instrumenten geïntroduceerd die vaak gebruikt worden in een leernetwerk. We doen dat aan de hand van de zojuist genoemde indeling in vier categorieën. In de beschrijving van deze instrumenten ligt de focus op reeds bestaande, gratis beschikbare instrumenten en de manier waarop deze bijdragen aan het leren van de deelnemers. Bij elke categorie wordt een voorbeeld besproken, ontleend aan de individuele casus uit hoofdstuk 1, om het gebruik ervan en het effect op het leren te illustreren.

7.2.1 INSTRUMENTEN VOOR HET INDIVIDUEEL MAKEN VAN INHOUDELIJK MATERIAAL

Binnen een leernetwerk kunnen individuele deelnemers inhoudelijk materiaal maken dat ze vervolgens met anderen kunnen delen. Dit materiaal kan variëren van opmerkingen in tekst, blogmemo's (zie hierna), reflecties op bepaalde gebeurtenissen binnen podcasts (video's), presentaties die op het web zijn gezet, of zelfs tweets (microblogs van 140 letters). Het materiaal kan gemaakt worden met software die al op elke pc beschikbaar is, zoals met een tekstverwerker, met presentatiesoftware, of met software voor het maken van pdf-bestanden. Maar steeds vaker kan dit ook met online software die gratis beschikbaar is voor iedereen, zoals software voor het schrijven van blogs en microblogs, en met vele andere Web 2.0-instrumenten. Hieronder wordt ingegaan op dit type online software.

Weblogs

Een weblog, of een blog, is een persoonlijke website die gemakkelijk bijgewerkt kan worden en gemakkelijk door anderen gelezen kan worden. Deze kan gebruikt worden als instrument voor individuele reflectie, net als een dagboek (zie bijvoorbeeld Wopereis et al., 2010). Binnen een leernetwerk zijn blogs vooral interessant indien ze regelmatig bijgehouden worden. Meestal gaat het over een persoonlijke mening met betrekking tot een specifiek onderwerp. De inhoud van het bericht kan voor anderen binnen het netwerk interessant zijn en zij kunnen vervolgens hun reacties op deze berichten plaatsen (zoals opmerkingen of commentaar). De berichten hebben niet noodzakelijk een beperkte grootte, integendeel, veel berichten omvatten uitgebreide stukken tekst die een journalistiek karakter hebben.

Microblogs

Een microblog is een type blog waarin de berichten maximaal 140 letters mogen bevatten. Dit bericht noemen we een tweet en het bestaat meestal uit één enkele zin en/of een link naar een online bron. Om deze tweets te structureren en in te delen, gebruikt men zogenaamde hekjes (hashtags). Deze lijken op de gewone tags, maar dan met het symbool # ervoor. Ze zijn gemeengoed geworden om extra context en metadata aan tweets toe te voegen. Net als gewone tags kunnen hekjes gevolgd worden door RSS-feeds. RSS staat voor 'really simple syndication'. Het is een internettechnologie die automatisch een bericht genereert wanneer er nieuwe pagina's of nieuwe inhoud op een website verschijnen. Lezers kunnen zich op zo'n RSS-feed abonneren en zo automatisch op de hoogte blijven van nieuwe informatie.

Microbloggers kunnen die personen volgen in wie ze het meeste geïnteresseerd zijn. Op deze manier ondersteunt micobloggen de relaties tussen lerenden binnen een leernetwerk enorm. De verstuurde tweets, van de personen die worden gevolgd, worden meteen weergegeven in iemands persoonlijke microblog-lezer, een applicatie die behalve op gewone bureaucomputers en laptops ook op smartphones draait. Hierdoor wordt meteen duidelijk hoe belangrijk het is dat alle tweets openbaar zijn, wil microblogging effectief zijn om ervan te leren. Vooral ook omdat het doel van microblogs is om ideeën te uiten en te delen met anderen. De verstuurde tweets kunnen via RSS-feeds samengevoegd worden tot een blog of op sociale netwerksites gezet worden zoals Facebook, LinkedIn of Hyves, maar ze kunnen ook toegevoegd worden aan de in het leernetwerk beschikbare infrastructuren die specifiek daarvoor geïnstalleerd worden.

Voor organisaties en bedrijven bestaan er interne oplossingen die ervoor zorgen dat de tweets alleen beschikbaar zijn binnen het netwerk van de organisatie. Maar ook in dat geval geldt dat de tweets voor elke medewerker binnen de organisatie ook voor ieder ander binnen de organisatie beschikbaar zijn. Voor het uitwisselen van persoonlijke berichten kunnen microbloggers overigens 'rechtstreekse berichten' sturen, die niet voor alle gebruikers zichtbaar zijn.

De bekendste microblog-diensten zijn Twitter, Jaiku en Identi.ca. Recentelijk zijn er nog meer verschillende soorten van diensten en software ontwikkeld. Squeelr bijvoorbeeld voegt geolocatie en foto's toe aan een microblog, met een tijdsindicatie. Op deze manier kunnen microblogs een tijd- en plaatsstempel krijgen.

Box 7.1 Voorbeeld

Jan heeft zichzelf voorgenomen om elke week, gedurende ten minste 30 minuten, zijn blog bij te werken met kritische reflecties over de activiteiten die hij de afgelopen week heeft ontplooid voor de firma van zwembadreinigingsmiddelen waar hij werkt. Hij wil dat vooral doen met het oog op zijn ambitie watermanager te worden. Zijn reflectieproces structureert hij aan de hand van drie belangrijke vragen:

1 Wat is het belangrijkste dat ik deze week hebt geleerd?
2 Was er iets dat ik niet begreep en waar ik meer over wil weten?

3 Welk soort vragen, ideeën en ervaringen zijn er door de activiteiten van deze week ontstaan?

Daarnaast volgt hij vaak andere blogs, voegt hij de belangrijkste hiervan toe aan zijn blogrol (dat wil zeggen een lijst met links naar andere blogs) en krijgt hij opmerkingen van andere bloggers. Hij heeft een persoonlijk leernetwerk met andere geïnteresseerden opgezet, waarin ze elkaar vaak becommentariëren, op elkaars standpunten reageren en waarin ze ook hun ervaringen met elkaar delen.

Janke wil de '11th Monsterbike crowd meeting' bezoeken, een tentoonstelling die in september van dit jaar in Rotterdam plaatsvindt. Ze gaat ernaartoe met veel van haar vrienden van het Moto Guzzi-netwerk en ze is gestart met het twitteren over dit evenement. In haar eerste tweet schreef ze: 'Ik kijk uit naar #11mcm in Rotterdam! Een verbazingwekkende manifestatie met veel interessante mensen.' Het gebruikte hekje '#11mcm' is de afkorting voor de '11th Monsterbike crowd meeting' en het wordt ook gebruikt door de andere mensen die de tentoonstelling zullen bezoeken. In haar microblog-lezer opent Janke een speciaal venster voor het hekje '#11mcm', waarin alle tweets die betrekking hebben op dit hekje te zien zijn. Ze krijgt veel reacties van haar vrienden, maar ze komt ook in contact met veel nieuwe mensen en ze begint personen te volgen die interessante informatie over de gebeurtenis lijken te hebben.

Mensen twitteren de recentste informatie over het programma, de belangrijkste stands om te bezoeken en praktische informatie. Doordat de tweets voor iedereen toegankelijk zijn, en ook door enkele rechtstreekse berichten met nieuwe mensen, verneemt ze dat ze zich voor bepaalde onderdelen van de tentoonstelling vooraf moet inschrijven. Uiteindelijk besluit een grote groep van het '#11mcm'-venster om elkaar persoonlijk, gedurende de tentoonstelling, in de Monsterbar te ontmoeten. Tijdens de tentoonstelling praat Janke met veel verschillende mensen.

7.2.2 INSTRUMENTEN VOOR HET GEZAMENLIJK MAKEN VAN MATERIAAL

Het samen ontwikkelen van inhoud is een van de belangrijkste aspecten in een leernetwerk. De instrumenten hiervoor maken het mogelijk gezamenlijk en gelijktijdig materiaal te maken vanaf verschillende geografische locaties. Wiki's en de Google toolbox ('Google docs') behoren tot de populairste omgevingen om samen te werken. Deze instrumenten worden hierna meer in detail besproken.

Wiki's

Een wiki is een website waarmee relatief gemakkelijk een in beginsel onbeperkt aantal geïntegreerde webpagina's gemaakt en gepubliceerd kan worden. Dat wordt gedaan in het venster van een gewone browser. De interface die hiervoor wordt gebruikt, lijkt op een tekstverwerker, een zogenaamd WYSIWYG (what-you-see-is-what-you-get)-tekstopmaakprogramma (editor). De kracht achter de wiki's komt van de wiki-software. Wiki's worden vaak gebruikt om gezamenlijk wiki-websites op te zetten, om community-websites meer kracht bij te zetten en om notities te maken. Ze kunnen gebruikt worden in intranetten van bedrijven en in leernetwerken. Het bekendste voorbeeld van een leernetwerk hierbij is wel de online encyclopedie Wikipedia. Daarnaast zijn er andere wiki-instrumenten die deze media zo populair hebben gemaakt voor het samenwerken in groepen, zoals MediaWiki en Wikitravel.

Omdat wiki's een WYSIWYG-tekstopmaakprogramma (editor) hebben voor het maken en publiceren van wiki-pagina's, bezitten ze alle essentiële functionaliteiten van een tekstverwerkingsprogramma. Gebruikers kunnen gemakkelijk verschillende lettersoorten, lettertypes (vet of cursief) en symbolen of tekens toepassen (bijvoorbeeld voor een opsomming kiezen uit rangnummers of bullets). Ze kunnen links opnemen, foto's en schema's toevoegen, en gebruikmaken van de typische bureaubladfunctionaliteiten zoals kopiëren, plakken en knippen. Naast deze functies kunnen wiki-gebruikers de op wiki's gebaseerde inhoud becommentariëren, markeren en er soms zelfs een waardering aan toekennen. Deze laatste functionaliteiten maken dat wiki's zulke krachtige instrumenten zijn voor online samenwerking. De rich-text editors onder de wiki-software zorgen ervoor dat de meer gevorderde gebruikers kunnen overschakelen naar een HTML-modus. Hierdoor kunnen zij HTML-code publiceren en daardoor nog meer functionaliteiten of diensten aan de wiki toevoegen. De grootste voordelen van wiki's zijn hun gemakkelijke installatie, de gebruikersvriendelijke interface en de flexibele toegangsregels.

DeGo ogle-toolbox

Een geavanceerdere technologie om samen te werken, wordt aangeboden door Google en heet de Google-toolbox. Deze toolbox biedt een samenwerkingsomgeving aan voor het schrijven van teksten, het doen van berekeningen en het maken van presentaties. Google-instrumenten bevatten ook een rich-text editor vergelijkbaar met de editor binnen de wiki's. De technologie van wiki's is echter minder geavanceerd dan die van de Google-instrumenten. Binnen de Google-instrumenten kunnen gebruikers voor bepaalde documenten publicatierechten delen en ze kunnen ook derden uitnodigen om samen aan een document te werken. Google biedt allerlei opties aan, zoals het inzien van de geschiedenis van het bewerkte document. Hiermee worden de eerder gemaakte veranderingen in het document terugvindbaar, zodat het oorspronkelijke document ook weer zichtbaar kan worden. Zodra een document af is, kan het geëxporteerd worden naar een lokale computer of gepubliceerd worden via een blog of website. Dit zijn heel efficiënte mogelijkheden, maar daardoor is de toolbox ook lastiger in gebruik dan de gemakkelijke wiki-benadering. Hoewel Google complexer is, is het daardoor juist zeer efficiënt voor de meer gevorderde gebruikers die willen samenwerken binnen een leernetwerk.

Box 7.2 Voorbeeld
Jan wil, samen met twee andere leden van zijn leernetwerk, een recent voorstel van de Europese Unie (EU) over het toekomstige watermanagement uitwerken. Het verslag moet snel beschikbaar zijn omdat een grote groep deelnemers in dit leernetwerk de eerstvolgende watermanagementworkshop, georganiseerd door de EU in Brussel, wil bijwonen. Jan besluit om een schrijfteam te formeren en gebruikt de online tekstverwerker van Google om het verslag samen met de teamleden te bewerken.
Naderhand kan hij het document gemakkelijk delen met de overige mensen van het leernetwerk. Hij maakt online een nieuw document aan en deelt het met het schrijfteam. Een van de leden van het schrijfteam heeft nog geen Google-account en moet zich eerst bij Google registreren om toegang te krijgen tot het document. Dat is heel snel geregeld; het enige dat nodig is, is een Google-mailadres. Naast het online schrijven van de tekst, organiseert de groep verschillende, parallelle Skype-sessies (online videoconferencing op de pc) om de voortgang te bespreken.
Het samen schrijven zorgt ervoor dat het document snel en efficiënt opgemaakt kan worden. De sociale interactie tijdens het schrijfproces heeft een positieve invloed op de kennisontwikkeling van het schrijfteam en op de kwaliteit van het product. Het verslag wordt uiteindelijk binnen twee weken geschreven en het bevat ook een verklaring met daarin het standpunt van het leernetwerk inzake het voorstel van de EU. Het schrijfteam nodigt

twee andere leden van het leernetwerk uit in de Google-ruimte om alvast feedback op hun rapport te krijgen.

Na wat kleine aanpassingen voegen Jan en zijn teamleden het document toe aan hun blogs en maken ze het beschikbaar voor alle deelnemers binnen het leernetwerk. De andere leden van het leernetwerk waarderen het verslag enorm en een uitgebreide online discussie wordt opgestart, die zelfs verdergaat dan de workshop in Brussel.

7.2.3 INSTRUMENTEN VOOR HET DELEN VAN MATERIAAL/INHOUD

Het belang van het delen van kennis binnen leernetwerken vereist instrumenten die het mogelijk maken om uiteenlopende materialen te verspreiden, zoals documenten, presentaties of videoclips. Er zijn meerdere mogelijkheden om materiaal te delen op het internet. Voor het delen van zelfgemaakt materiaal (documenten en presentaties) zijn Slideshare en Scribd de populairste diensten. Voor het delen van ander materiaal zijn er speciale social bookmarkingdiensten die het mogelijk maken om internetbronnen met andere mensen te delen. Hierna worden deze instrumenten beschreven.

Slideshare en Scribd
Slideshare en Scribd zijn beide instrumenten waarmee documenten, zoals presentaties, tekstverwerkings- en pdf-bestanden, op het web kunnen worden geplaatst (uploaden) en gedeeld. Zelfs audio kan worden toegevoegd om een zogenaamd webinar (naar 'seminar') te maken. Het grootste voordeel van de instrumenten voor het delen van documenten is de mogelijkheid om de op het web geplaatste documenten samen te voegen met de blogs en met andere websites. De geplaatste documenten worden op een aantrekkelijke manier gepresenteerd, zodat andere gebruikers er doorheen kunnen bladeren zonder ze van tevoren te moeten binnenhalen (downloaden). Men kan ook documenten die door anderen gemaakt zijn binnen het eigen blog gebruiken. Dit gebeurt door het gebruiken van een 'embedding code', die naast het online document te zien is. Auteurs kunnen zelfs gebruikers het recht toekennen om documenten te mogen binnenhalen dan wel ze alleen te mogen bekijken. Het delen van documenten op internet is heel populair geworden, vooral ook omdat ze hierdoor beschikbaar komen voor andere lerenden.

Social bookmarkinginstrumenten

Met behulp van social bookmarkinginstrumenten kunnen mensen collecties van webbronnen online (als favorieten) opslaan. Het is een persoonlijke bibliotheek op het internet die het interessegebied van de gebruiker weergeeft. Gebruikers kunnen persoonlijke collecties met bookmarks indelen en opslaan. Ze kunnen deze bookmarks met anderen delen, maar ze kunnen ze ook in hun persoonlijke map opslaan. De bookmarks kunnen in een bepaalde map worden ingedeeld, de map kan een naam krijgen en eventueel een label met betrekking tot de inhoud. Door zich te abonneren op de bookmarks van andere gebruikers, of op een bepaalde tag (identificatielabel) die het meest gebruikt wordt voor dit onderwerp, kunnen gebruikers met dezelfde interesses elkaar volgen. Gebruikers kunnen bookmarks die door anderen werden opgeslagen aan hun eigen collectie toevoegen. Verder kunnen ze zich, net als bij het bloggen, abonneren op RSS-feeds van andere personen en op die manier hun recentste bookmarks volgen. Voorbeelden van social bookmarkinginstrumenten zijn Delicious, Furl en Digg.

Sociale netwerken

Aangezien Web 2.0-instrumenten door een groeiend aantal mensen gebruikt worden, nemen de sociale netwerksites zoals Facebook, LinkedIn en Hyves snel in populariteit toe en zijn ze een heel belangrijk onderdeel van het internet gaan vormen. In 2008 stonden er 42 miljoen mensen in Europa geregistreerd bij een sociaal netwerk en wereldwijd komen er elke dag 250.000 gebruikers bij. Sociale netwerken, zoals Youtube, Facebook, MySpace en LinkedIn, behoren ondertussen tot de meest bekeken webpagina's op het internet. Desalniettemin is de nationale oplossing Hyves, vooral voor de jongere generatie, nog steeds het populairste sociale netwerk op het Nederlandse internet (.nl) domein. In een sociaal netwerk is het mogelijk vrienden te vinden, vrienden aan de vriendenkring toe te voegen, berichten te versturen over wat je op dit moment aan het doen bent, wat dan weer door vrienden kan worden gelezen. Daarnaast biedt het mogelijkheden om reclame te maken voor sociale gebeurtenissen of om een bericht te sturen aan vrienden met de vraag wie van hen een bepaalde manifestatie zullen bijwonen.

Naast deze kernfunctionaliteiten zijn er steeds meer andere toepassingen beschikbaar, zoals games (spellen), boeken die je zelf gelezen hebt en die je een aanrader vindt voor anderen, enz. Het belangrijkste verschil tussen de diverse sociale netwerken is gelegen in de doelgroepen die ze willen bereiken. Een ruwe indeling is die in netwerken voor professionele doeleinden, zoals LinkedIn, en algemenere netwerken, zoals Facebook of Hyves.

Blogs

De auteur van een blog kan andere blogs volgen door ontvangen blogberichten van verwijzingen te voorzien. Ieder blog heeft daartoe een zogeheten volgfunctie. Hierdoor weten bloggers wie er naar hun blogbericht verwijst en wat erover gezegd wordt. Reacties op het bericht van de auteur zijn een belangrijk middel om een dialoog op te starten tussen lerenden in een leernetwerk. Opmerkingen of reacties worden tegenwoordig niet alleen gebruikt in weblogs, maar ook in videoblogs of audioblogs en op andere platforms waar informatie gedeeld kan worden. Ze worden ook meer en meer gebruikt bij online-kranten om mensen in de gelegenheid te stellen hun mening te geven over een bepaald onderwerp. Blogs zijn heel bruikbare instrumenten binnen leernetwerken omdat ze standpunten en ervaringen van gebruikers stimuleren.

Blogs zijn ook ondersteunend met betrekking tot het individuele kennismanagement en de individuele reflectieprocessen. Deze reflectieprocessen omvatten het vaststellen en formuleren van behoeften, het kiezen en implementeren van geschikte leerstrategieën en het evalueren van de leerresultaten (Knowles, 1975). Hoewel reflectieprocessen veel tijd kosten, is gebleken dat ze zeer effectief zijn voor het individuele leerproces (Wopereis, Sloep, & Poortman, 2010).

> **Box 7.3 Voorbeeld**
> Jan gebruikt een social bookmarkingdienst om online de gegevens die hij aantrof en die interessant voor hem zijn, op te slaan. Vanaf elke computer met een internetaansluiting heeft hij toegang tot deze persoonlijke bibliotheek. Daardoor is hij niet langer beperkt tot de bookmarks die op zijn lokale computer zijn opgeslagen.
> Bovendien is hij begonnen met het volgen van andere gebruikers in het netwerk van deze social bookmarkingdienst die soortgelijke bookmarks opslaan. Door middel van RSS-feeds wordt hij voortdurend op de hoogte gehouden over door zijn medegebruikers nieuw ontdekte bronnen. Met sommigen van hen ontstaat persoonlijk contact en hij heeft hen gevraagd om lid te worden van zijn vriendenlijst. Nadat ze 'vrienden' zijn geworden, kan Jan hen rechtstreeks bronnen aanraden en omgekeerd kan dit natuurlijk ook. Meestal kijkt Jan naar de persoonlijk aangeraden favorie-

ten, omdat de kans dat deze voor hem belangrijk zijn het grootst is; het zijn per slot van rekening persoonlijke aanbevelingen. Ook kan de groep elkaars meningen hierover uitwisselen.

Behalve voor zijn eigen bookmarks, gebruikt Jan de dienst met enkele van zijn medestudenten van een cursus watermanagement van de Open Universiteit. Ze besloten om alle relevante cursusinformatie te labelen als 'water_management_2011'. Elke student kan deze tag volgen en alle updates in de RSS-feed ervan zien.

7.2.4 INSTRUMENTEN VOOR HET GEZAMENLIJK VERVAARDIGEN VAN MATERIAAL

Samenwerking in een online leernetwerk vormt een uitdaging. Het vraagt om efficiënt groepsmanagement, met daarvoor geschikte communicatiekanalen en planningsinstrumenten. Deze worden hierna meer in detail besproken.

Programma's om te communiceren

Door het gebruik van internettelefonie of Voice over IP-applicaties kunnen deelnemers aan een leernetwerk over de hele wereld met elkaar spreken tegen lage kosten. In de applicaties voor internettelefonie kan een lijst van contactpersonen aangemaakt worden, een soort telefoonboek. Maar omdat er gecommuniceerd wordt via het internet, kan men altijd zien of een bepaalde persoon online is en dus in beginsel beschikbaar is om te praten of niet. Het is ook mogelijk om meerdere contactpersonen tegelijk uit te nodigen voor een telefonische vergadering. Op deze manier zijn virtuele conferenties en teamdiscussies heel gemakkelijk en goedkoop te organiseren.

Bovendien bezitten de meeste Voiceover IP-applicaties instant messaging-functionaliteiten. Dat wil zeggen dat zij de gebruikers de mogelijkheid bieden ook met elkaar te communiceren door het sturen van tekstberichten (chat). Voor korte gesprekken is dit een zeer nuttige manier om informatie uit te wisselen. De meest gebruikte en gratis verkrijgbare programma's hiervoor zijn in Europa Skype en Microsoft Messenger, maar er zijn vele andere.

Instrumenten om te plannen

Door op een efficiënte manier gebruik te maken van planningsinstrumenten, kunnen leden van een leernetwerk afspraken maken voor bijeenkomsten, bijvoorbeeld voor een online vergadering. Hiervoor zijn allerlei programma's gratis beschikbaar, waarvan de Doodle- en Google-kalenderdiensten de meest gebruikte zijn.

Doodle is een succesvol programma dat gebruikt kan worden bij het nemen van besluiten of bij het daadwerkelijk plannen van een bijeenkomst. Een Doodle-verzoek (dat wil zeggen: suggesties voor mogelijke vergaderdata) dat wordt aangemaakt door de organisator, wordt tijdelijk opgeslagen onder een willekeurig internetadres. De link naar dit Doodle-verzoek wordt dan via e-mail aan de teamleden verstuurd. De teamleden geven aan welke data voor hen geschikt zijn, waarna de organisator de geschiktste datum kan prikken. De recentste status van de uitslag kan altijd door de teamleden die meedoen opgevraagd worden. Dat geldt niet voor derden, omdat zij de correcte link niet weten. Naast het gebruik van Doodle als timemanagementprogramma kan het ook toegepast worden bij het aangeven van een voorkeur voor bepaalde zaken, zoals het verdelen van werktaken. Doodle is gratis verkrijgbaar en er is geen autorisatie of registratie vereist om een peiling/stemming te organiseren of om eraan deel te nemen.

De Google-kalender kan als persoonlijke agenda worden gebruikt of als groepsagenda, met gedeelde rechten om erin te werken, maar hij biedt daarnaast ook verschillende andere opties tot het delen. Zo kan een gebruiker, net als bij Doodle, aan anderen uitnodigingen voor vergaderingen sturen, wat het plannen van een vergadering vergemakkelijkt. Externen kunnen uitgenodigd worden om een kalender in te zien en uiteenlopende toegangsrechten kunnen aan hen worden verleend, zoals het toevoegen van evenementen of zelfs volledige bewerkingsrechten. Extra mogelijkheden, zoals het integreren van een kalender in een website of het automatisch aanpassen aan verschillende tijdzones om verwarring te voorkomen, zorgen ervoor dat de Google-kalender een uitstekende planningstool voor leernetwerken is.

> **Box 7.4 Voorbeeld**
> Janke neemt deel aan een internationale samenwerking tussen verschillende motorclubs in Europa, die de eerstvolgende Europese wedstrijd 'Tuig mijn kale motor op' zal voorbereiden. Ze zullen online aan deze opdracht werken en daarbij vaak gebruikmaken van realtimediscussies. Ze stelt voor om met behulp van Doodle een geschikt tijdstip te vinden voor een Skype-bijeenkomst met de betrokken motorclubs. Hiervoor maakt ze een lijst aan met een aantal voorgestelde data binnen een tijdsbestek van twee weken. Op die manier hoopt ze dat er zeker één datum bij is waarop iedereen kan.

Het blijkt dat de meeste mensen op 6 september vrij zijn en op die datum wordt een Skype-bijeenkomst gepland. Tijdens de bijeenkomst merkt het team dat ze een gezamenlijk overzicht nodig hebben, met daarop hun vastgestelde einddata en mijlpalen. Dit overzicht dient voor iedereen gemakkelijk toegankelijk te zijn en het moet ook door iedereen ingevuld kunnen worden. Met behulp van de Google-kalender maakt Janke een groepskalender en speurt ze naar belangrijke evenementen die verband houden met haar leernetwerk en haar privéleven. Via e-mail nodigt ze haar teamleden uit om ook de Google-kalender te gebruiken en ze geeft hen schrijfrechten. De andere groepsleden gebruiken de Google-kalender ook privé, dus ze kunnen de groepskalender die Janke heeft gemaakt gemakkelijk aan hun reeds bestaande Google-kalenders toevoegen. Ten slotte besluiten de groepsleden om de grafische versie van de kalender aan het weblog van de 'kalemotorwedstrijd' te koppelen. Op die manier is de kalender ook zichtbaar voor iedereen die geïnteresseerd is in de wedstrijd.

7.3 De persoonlijke cockpit

Zoals uit de vorige paragraaf bleek, is er een grote verscheidenheid aan instrumenten beschikbaar. De voortschrijdende ontwikkelingen binnen het sociale web (Web 2.0) dragen op een krachtige manier bij aan kennisontwikkeling en het delen van informatie. Het toevoegen van informatie aan het internet is door Web 2.0 eenvoudiger geworden; mensen kunnen informatie en kennis uploaden, en desgewenst delen met een wereldwijd publiek. Dit geldt ook voor lerenden die het internet gebruiken voor het vinden van geschikte informatie. Op deze manier zijn ze in staat om de Web 2.0-instrumenten te gebruiken voor het maken, delen en annoteren van inhoud (zie ook hoofdstuk 5), en daarmee voor het bereiken van hun eigen leerdoelen. In de Web 2.0-omgeving zijn de lerenden gekoppeld aan andere lerenden via deze diensten en kunnen ze elkaar direct of indirect helpen bij hun leerprocessen. Door gebruik te maken van instrumenten zoals weblogs, social bookmarking, het delen van documenten en internettelefonie kunnen lerenden anderen volgen en kunnen ze met elkaar discussiëren. Aangezien lerende individuen van elkaar zullen verschillen in wat en hoe ze willen leren, hebben ze ook elk een eigen perspectief op het gezamenlijke leernetwerk. Daarbij gebruiken ze binnen het leernetwerk verschillende diensten om inhouden bij te dragen, te delen of te annoteren. Wenger, White en Smith (2009) beschrijven deze verschillende individuele perspectieven als digital habitats.

Het bestaan van dit soort verschillende perspectieven houdt in dat er rekening gehouden moet worden met de verschillende voorkeuren die lerenden hebben voor de instrumenten die ze willen gebruiken om hun leerdoelen te bereiken. In feite betekent dit dat voor elke lerende een persoonlijke omgeving gebouwd moet worden, waarin lerenden instrumenten kunnen toevoegen en combineren zodat ze optimaal bij hun eigen behoeften en voorkeuren passen. Deze persoonlijke omgeving kan beschouwd worden als zijn of haar 'persoonlijke cockpit'. De persoonlijke cockpit voor de individuele lerende bestaat uit een persoonlijke collectie van instrumenten en de daarmee verbonden informatiebronnen (zie figuur 7.1).

Figuur 7.1 Een gestandaardiseerde en een persoonlijke cockpit.

Een webbrowser die gebruikt kan worden om over het web te surfen, kan beschouwd worden als de gestandaardiseerde cockpit (tekening links). Deze cockpit kan aangepast en uitgebreid worden met additionele Web 2.0-functionaliteiten (tekening rechts). Een aangepaste cockpit is een heel persoonlijke omgeving, omdat die bestaat uit een verzameling van instrumenten die de keuze is van de individuele gebruiker. Het is een persoonlijke, digitale omgeving, dus een persoonlijke omgeving om over het web en in leernetwerken te navigeren.

De meest gebruikte persoonlijke cockpits (ofwel persoonlijke leeromgevingen) zijn diensten zoals iGoogle, Netvibes of Pageflakes. Deze omgevingen zijn schakelpanelen van iemands eigen keuze naar de informatie en de netwerken op het web. De persoonlijke omgevingen kunnen gezien worden als een persoonlijke 'webkrant' van het web. Ze hebben echter bepaalde functionaliteiten die minder overeenkomen met die van een krant, maar meer lijken op een cockpit omdat ze uiterst interactief zijn. Ze kunnen verschillende internetbronnen samenvoegen en deze combineren om zo een beeld te schetsen zoals te zien is in figuur 7.2.

Figuur 7.2 *Schermafdrukken van een persoonlijke omgeving, links iGoogle en rechts Pageflakes.*

Een leernetwerk zou dan gezien kunnen worden als het geheel van onderling verbonden persoonlijke cockpits, van waaruit de leden verspreid zijn over diverse locaties en bijdragen aan de virtuele leernetwerkinfrastructuur.

7.4 Leren binnen een leernetwerk

De effectiviteit van een leernetwerk is niet alleen afhankelijk van de gebruikte instrumenten in dit netwerk, maar hangt zeer zeker ook af van de gebruikers. In de volgende subparagrafen wordt beschreven hoe een leernetwerk verschilt van de traditionele manier van leren en hoe dit de competentie-eisen aan de deelnemers aan het leernetwerk beïnvloedt.

7.4.1 VERSCHILLEN TUSSEN TRADITIONEEL LEREN EN LEREN IN LEERNETWERKEN

Deelname aan een leernetwerk vraagt van de lerenden om zich aan te passen aan een ander pedagogisch model dan dat waaraan zij gewend waren toen ze nog op school studeerden of een andere opleiding volgden. Een verandering van houding is een vereiste: ze dienen over te schakelen van het traditionele (passieve) consumeren naar het leveren van een actieve, constructieve bijdrage via sociale interactie. Dit heeft tot gevolg dat er geen sprake meer is van een onderwijsmodel met een centrale rol voor de docent, maar van een model waarin van en met elkaar wordt geleerd (zie ook paragraaf 2.3). In een leernetwerk kunnen deelnemers meerdere rollen tegelijk hebben. Een deelnemer kan een deskundige zijn in een bepaald onderwerp en een beginner in een ander onderwerp. Samen met andere deelnemers leren ze via sociale interactie en verbeteren zij hun competenties door het uitwisselen van kennis. Het leren in een leernetwerk is dus voornamelijk gebaseerd op het uitwisselen van kennis en het samen creëren van nieuwe kennis, samen met andere lerenden. Het spreekt voor zich dat de traditionele manier van beoordelen, zoals die in het onderwijs plaatsvindt, hierbij nauwelijks of geen rol speelt.

7.4.2 WAT VRAAGT LEREN IN EEN LEERNETWERK VAN DE INDIVIDUELE LERENDE?

De Web 2.0-instrumenten uit de persoonlijke cockpit ondersteunen deze andere houding. Ze vragen om een andere benadering van het leren dan het lezen van een boek of het volgen van klassikaal onderwijs. Over het algemeen kan gesteld worden dat lerenden in een leernetwerk:
- zelfsturend moeten kunnen leren;
- kritisch moeten zijn;
- moeten weten hoe ze de technologie kunnen gebruiken.

Zelfsturend leren vereist dat lerenden in staat zijn om hun leerbehoeften in kaart te brengen en hun activiteiten in het leernetwerk hierop te richten. Ze kunnen namelijk gemakkelijk afgeleid worden door alle links naar andere bronnen en andere mensen binnen het netwerk. Het is noodzakelijk dat ze hun leerproces weten te structureren door zelf goed georganiseerd te werk te gaan. Verder dienen ze te weten hoe ze hun voortgang op een effectieve manier naar hun medelerenden kunnen communiceren, zodat die van hen kunnen leren. Lerenden dienen kritisch te zijn ten aanzien van de kwaliteit en de geschiktheid van het beschikbare materiaal in een leernetwerk voordat ze dit gaan gebruiken. Ten slotte moeten de lerenden van een leernetwerk weten hoe ze digitaal materiaal kunnen delen en uitbreiden door gebruik te maken van verschillende soorten tags, waarderingen en annotaties. Het is nuttig, zo niet noodzakelijk, voor hen om meer te weten over concepten zoals BRATS'en en hoe ze RSS-feeds en andere Web 2.0-instrumenten kunnen gebruiken (voor meer informatie over deze concepten en instrumenten, zie hoofdstuk 5).

Lerenden die voor de eerste keer deelnemen aan een leernetwerk worden vaak overdonderd door de hoeveelheid informatie en de overmaat aan mogelijkheden. Maar na enige tijd zien zij in dat de technologieën eigenlijk gemakkelijk en intuïtief te gebruiken zijn. Ze raken steeds enthousiaster doordat ze eigen materiaal kunnen bijdragen of doordat ze participeren in discussies binnen het leernetwerk. De meeste deelnemers beginnen met rustig te zoeken naar informatie (Attwell, 2007b). Een actieve rol, door deel te nemen, informatie te delen en materiaal te annoteren, is belangrijk voor de ontwikkeling en levensvatbaarheid van een leernetwerk. In het kader zijn richtlijnen opgenomen om nieuwe deelnemers op weg te helpen in hun participatie in het leernetwerk.

> **Box 7.5 Richtlijnen voor een effectief gebruik van een leernetwerk**
> - Begin met het zoeken naar interessante informatie op het web (blogs, Twitter, sociale software). Begin daarna met deelnemen op het web. Denk niet aan enigerlei gevolgen; je kunt de zaken altijd verwijderen en aanpassen.
> - Kies een communicatiemiddel, begin met een blog en/of verspreid je berichten via Twitter of een sociale netwerksite zoals Facebook of Hyves.
> - Leer van reeds actieve gebruikers. Becommentarieer hun bericht, geef ze je mening en verwijs naar je eigen reacties op hun blogs.
> - Gedraag je als een netwerker en bouw binnen het netwerk een community op. Aarzel niet om mensen te volgen of je reactie te geven op hun ideeën, ook al ken je deze mensen niet allemaal. De waarde van een leernetwerk is sterk afhankelijk van connecties, interacties en kennisuitwisseling.
> - Verbind de activiteiten van je dagelijkse leven aan het web. Als je een presentatie wilt geven, zet deze dan van tevoren klaar op een van de gezamenlijke platforms en informeer de mensen binnen je netwerk erover via Twitter, Facebook of Hyves. Hetzelfde geldt voor interessante blogs, boeken of films waar je tegenaan loopt. Vertel je netwerk erover!
> - Geef zinvolle informatie! Zorg voor regelmatige berichten, ook al maak je maar een kort bericht.

7.5 Tot slot

In dit hoofdstuk zijn diverse instrumenten behandeld die gebruikt kunnen worden voor het maken van materiaal door individuele deelnemers, voor het gezamenlijk maken van materiaal, het delen van materiaal en voor het efficiënt samenwerken binnen een leernetwerk. Elke lerende kan deze instrumenten op een manier gebruiken en combineren die het beste past bij zijn of haar leerbehoeften. Voor dit doel zijn er tal van gratis instrumenten beschikbaar die bruikbaar zijn om een persoonlijke omgeving (cockpit) te ontwerpen. Naast het ontwerpen van deze persoonlijke omgeving dienen lerenden wel over de competenties te beschikken om zelfsturend te kunnen leren, om kritisch te zijn in het beoordelen van nieuwe informatie en om in staat te zijn effectief en efficiënt gebruik te maken van de mogelijkheden die het leernetwerk biedt.

Als aan deze voorwaarden wordt voldaan, dan kan de lerende profiteren van alle voordelen die een leernetwerk te bieden heeft. En dat zijn er veel.

Referenties

Aanbevolen websites

http://www.google.de/ig
http://www.netvibes.com/en
http://www.pageflakes.com/
www.twitter.com

Literatuur

Attwell, G. (2007b). *Searching, lurking and the zone of proximal development, e-learning in small and mediaum enterprises in Europe.* Bremen, Germany: Pontybridd.

Knowles, M. (1975). *Self-directed learning.* Chicago: Follet.

Wenger, E., White, N., & Smith, J. D. (2009). *Digital habitats: stewarding technology for communities.* Portland: CPsquare.

Wopereis, I. G. J. H., Sloep, P. B., & Poortman, S. H. (2010). Weblogs as instruments for reflection on action in teacher education. *Interactive Learning Environments, 18*(3), 245-261. doi: 10.1080/10494820.2010.500530.

Ontwerpen van leernetwerken vanuit organisatieperspectief

8

Steven Verjans, Marlies Bitter en Wim Didderen

8.1 Inleiding

In eerdere hoofdstukken kwamen al de mogelijke motieven van een organisatie voorbij om leernetwerken in te zetten voor het delen en ontwikkelen van kennis. Voor elke organisatie is het belangrijk om voldoende innovatiekracht te ontwikkelen, alleen of in verbinding met andere organisaties, om competitief te zijn in hun markt. Kennis hebben van wie wat binnen de eigen organisatie of het omringende netwerk weet, kan een groot verschil maken. Organisaties realiseren zich in toenemende mate dat hun succes nauw samenhangt met het vermogen effectief alle beschikbare kennis aan te boren en nieuwe kennis te ontwikkelen. Het activeren van het kennispotentieel van de organisatie, zowel voor de huidige activiteiten (niet opnieuw het wiel uitvinden) als de toekomstige positie (realiseren van innovatie), is cruciaal voor het voortbestaan en de verdere ontwikkeling van kennisintensieve organisaties. Het bewustzijn groeit dat er andere manieren nodig zijn om het blijvend 'leren van de organisatie' te garanderen, door samen leren en effectief kenniswerken van professionals te realiseren (Grotendorst, van Aken, Sino, & van Veldhuizen, 2007; Poell, 2010). De vraag hoe dat te doen staat centraal in dit hoofdstuk. We zoomen in op een aantal bekende oplossingen en leggen uit waarom die naar ons idee tekortschieten. Vervolgens introduceren we een alternatief: het hybride professionele leernetwerk; dit werken we verder uit.

8.2 Analyse van huidige oplossingen voor kennismanagement

In deze paragraaf analyseren we de huidige visies op het delen en ontwikkelen van kennis in organisaties en bespreken we de problemen die aan deze oplossingen kleven. Achtereenvolgens gaan we in op de traditionele vormen van kennismanagement, sociale vormen van kenniscreatie, en persoonlijk leer- en kennismanagement.

8.2.1 TRADITIONEEL KENNISMANAGEMENT

Het traditionele kennismanagement probeert kennis van professionals vast te leggen in databases, door medewerkers op te dragen om kennisprofielen aan te maken en alle relevante kennis gestructureerd daarin op te slaan. Het doel van die aanpak is om snel en efficiënt informatie en kennis te kunnen vinden en te gebruiken wanneer je ze nodig hebt. Het is voorstelbaar dat een multinational zoals HAL (zie casus B1 in hoofdstuk 1) dit type kennismanagement zou kiezen.

> **Box 8.1 Traditioneel kennismanagement**
>
> HAL is een grote onderneming met vestigingen verspreid over de hele wereld (zie hoofdstuk 1). Leny werkt op de afdeling R&D van HAL. Samen met collega's werkt ze op dit moment aan de ontwikkeling van een biologisch afbreekbare meniscussteun, waarvoor het haar echter ontbreekt aan de noodzakelijke biomedische kennis. Leny werkt samen met collega-experts binnen haar afdeling die gespecialiseerd zijn in het aanpassen van de meniscussteun aan de anatomie van de patiënt. Dat is op zich al vernieuwend werk, maar de ambitie bestaat om via biosensoren ook te monitoren hoe de werking van de meniscussteun is en deze vervolgens biologisch af te breken op het ogenblik dat deze niet meer nodig is, zodat een operatie overbodig is.
>
> Die combinatie van expertise en kennis uit verschillende expertisecentra, waaronder ook een aantal universiteiten, maakt dit tot een bijzonder project.

Binnen HAL wordt van elke medewerker verwacht dat hij/zij van projecten documenten uploadt met producten en rapporten. Zo wordt deze kennis toegankelijk voor collega's van andere afdelingen. De database HALKEN bestaat al een jaar of vijf en is rijk aan informatie. Er is over nagedacht hoe de HALKEN in alle kennisbehoeftes zou kunnen voorzien, maar de structuur die gekozen is, is nogal bewerkelijk zodat je vaak pas aan het einde van het project de moeite neemt om alles in het juiste format in te brengen. Voor uitgekristalliseerde producten en kennis raadplegen medewerkers HALKEN wel, maar om te weten wat er actueel speelt, heeft HALKEN weinig te bieden.

Een dergelijke aanpak wordt meestal top-down gestuurd door het management van een organisatie; deze kijken vooral naar het belang van de organisatie. Waarom voldoet die aanpak – het zogenaamde Kennismanagement 1.0 – niet meer (Gurteen, 2007)? Voor de medewerkers is een dergelijke technologiegebaseerde vorm van kennismanagement vaak een last, omdat hij: 1. een bijkomende taakbelasting inhoudt; 2. niet geïntegreerd is in het dagelijkse werk; 3. afwijkt van het individuele technologiegebruik; en 4. vaak plaats moet vinden met omslachtige en weinig gebruiksvriendelijke software (zie ook hoofdstuk 5 in dit boek).

Bovendien is de kennis in dergelijke databases vaak enkel de kennis die geëxpliciteerd is en in documenten vastgelegd. Nieuwe ideeën of kennis die nog in ontwikkeling is, zijn in dergelijke systemen niet of nauwelijks terug te vinden.

Ten slotte is het zo dat kenniswerkers in dergelijke systemen geen meerwaarde zien voor hun persoonlijke kennisontwikkeling of professioneel functioneren. Dat heeft ertoe geleid dat die puur technologiegebaseerde vormen van kennismanagement uiteindelijk niet hebben gebracht wat men ervan verwachtte.

8.2.2 SYSTEMEN VOOR SOCIAAL KENNISMANAGEMENT

Naast de 'harde', technologiegebaseerde vormen van kennismanagement, gericht op gestructureerde ontsluiting van voornamelijk expliciete informatie, bestaat er binnen organisaties ook een 'zachtere', mensgebaseerde vorm van kennismanagement. Deze legt de nadruk op informeel leren, samenwerking en onderlinge kennisdeling, met het accent op het delen van latente kennis. Het doel van deze vormen van sociaal kennismanagement is het bevorderen van probleemoplossing en het verhogen van de creativiteit en innovatie. In deze context – die meestal beperkt is tot face-to-face-bijeenkomsten – ontstonden communities of practice (Wenger, McDermott, & Snyder, 2002; Bood & Coenders, 2004) en diverse andere, soortgelijke vormen van collegiale evaluatie- en begeleidingsmodellen (Collison & Parcell, 2002).

Ook deze vormen van kennismanagement hebben hun beperkingen, vooral omdat ze:

- sterk afhankelijk zijn van de gelijktijdige, fysieke aanwezigheid van medewerkers;
- vaak een vluchtig karakter hebben door de sterke persoonsgebondenheid;
- zelden expliciete, later traceerbare sporen nalaten in de organisatie.

Binnen een klein bedrijfje als SME (zie hoofdstuk 1, casus B3) zijn dergelijke technieken zeker zinvol voor de interne kennisdeling, maar voor het uitbouwen van een internationaal netwerk zijn ze ontoereikend. Binnen grote multinationals als HAL, of een wereldwijde associatie als AEA (zie hoofdstuk 1, casus B4), zal een dergelijke vorm van kennisdeling op kleine schaal zeker zinvol zijn in de vorm van een jaarlijkse conferentie of door middel van creatieve ontwikkelsessies, maar is deze niet op grote schaal inzetbaar.

8.3 Leernetwerken voor kennismanagement in professionele organisaties.

In deze paragraaf onderzoeken we in welke mate leernetwerken tegemoetkomen aan de tekortkomingen van de huidige oplossingen voor kennismanagement in organisaties. Eerst analyseren we persoonlijke leernetwerken (PLN), en daarna bestuderen we de organisatiegebonden leernetwerken, die we aanduiden met managed learning networks (MLN).

8.3.1 KENNISMANAGEMENT IN EEN PERSOONLIJK LEERNETWERK (PLN)

Met de opkomst van het sociale internet – of Web 2.0 – nemen de mogelijkheden toe om als persoon je eigen kennismanagement te voeren in een eigen persoonlijke leer- en kennisomgeving (Johnson & Liber, 2008; Skeels & Grudin, 2009; Steinfield, DiMicco, Ellison, & Lampe, 2009). Er zijn tegenwoordig heel veel hulpmiddelen en websites voorhanden om kennis op te slaan en te delen, zoals beschreven in het vorige hoofdstuk (zie ook Attwell, 2007a). Organisaties onderkennen dat deze vorm van kennismanagement plaatsvindt en dit staat bekend als Kennismanagement 2.0. Hiermee wil men aangeven dat het belang van het lerende individu centraal staat. De verzwegen veronderstelling daarbij is dat het leren van het individu vanzelf ook de organisatie ten goede komt.

> **Box 8.2 Samenwerken aan innovatie**
> HAL is zich er de laatste jaren van bewust geworden dat zijn oorspronkelijke strategie om alles zelf uit te willen vinden wat nodig is voor het ontwikkelen van zijn complexe producten, achterhaald is. Samenwerken en innoveren met deskundigen zowel binnen als buiten HAL biedt strategisch perspectief, is het nieuwe motto.

Zo werkt HAL bijvoorbeeld sinds kort samen met het spin-offbedrijfje AnaTomDesign (ATD) van het XMC, het medisch centrum van het nabijgelegen universitaire ziekenhuis, om samen uit te zoeken wat de optimale anatomische vormgeving is van de meniscussteun. ATD kan dat design verder uitwerken en op basis van licentieafspraken de onderliggende methodiek verder voor andere doeleinden ontwikkelen en vermarkten. Omgekeerd kan HAL gebruikmaken van het gepatenteerde biologisch afbreekbare materiaal dat BioMat ontwikkeld heeft.

Het is wel zaak dat Leny en haar collega's binnen HAL actief zijn op de virtuele discussieplatforms en sleutelfiguren in de relevante domeinen volgen. Intern kan dat via het Yammer-netwerk, extern zijn hun sociale netwerkconnecties in diverse professionele communities, Biomedexperts en de LinkedIn-groep, van belang.

Maar die persoonlijke online sociale leernetwerken zijn niet toereikend voor kennisdeling en kennisontwikkeling in een organisatie om de volgende redenen:

1 De doelen van een persoonlijke kennisomgeving overlappen vaak slechts ten dele met de bedrijfsdoelstellingen van een organisatie.
2 Door gebruik te maken van persoonlijke omgevingen is de kennis binnen organisaties diffuus en verspreid. Doordat verder elke persoonlijke kennisomgeving uit andere instrumenten en platforms bestaat, is het lastig om de kennis die daarin opgeslagen en ontwikkeld wordt voor organisatiedoeleinden in te zetten.
3 Van de kennis in persoonlijke leernetwerken is meestal slechts een deel relevant voor de organisatie. Een organisatie zou ervoor kunnen kiezen om alle publieke kennis uit persoonlijke kennisomgevingen automatisch samen te brengen in één grote vergaarbak, maar filtering en structurering zijn dan een vereiste (zie voor meer informatie hierover hoofdstuk 5). Vanuit organisatorisch perspectief is het verder zinvol om operationeel, tactisch en strategisch onmisbare kennis te onderscheiden van andere kennis, waaronder mogelijk relevante nieuwe kennis.
4 Informatie in een persoonlijke kennisomgeving is vluchtig en wordt pas kennis nadat de individuele medewerker er expliciet betekenis aan heeft gegeven en de kennis kan inzetten voor zijn professionele handelen.

Ter illustratie, de medewerkers van SME (zie hoofdstuk 1, casus B3) kunnen weliswaar zinvol en nuttig gebruikmaken van een eigen persoonlijk leernetwerk voor hun persoonlijke kennisontwikkeling, maar voor het bedrijf SME is het van belang om de belangrijkste kennis ook zinvol voor het bedrijf als geheel in te zetten. Dat kan door de gezamenlijke kennis van de individuele medewerkers op elkaar te betrekken en om te zetten in nieuwe producten en diensten.

8.3.2 KENNISMANAGEMENT IN EEN MLN

Een MLN is gedefinieerd als een organisatiegebonden leernetwerk. Het is een digitale omgeving die voor of door een organisatie wordt ontworpen, ontwikkeld en ingericht voor de leden van de organisatie. Daarbij kan men kiezen voor een platform dat speciaal ontworpen wordt, maar ook voor een platform dat gebruikmaakt van bestaande online applicaties, die commercieel of gratis beschikbaar zijn. Typisch aan een MLN is dat de regie van het leernetwerk in handen is van het bedrijf of de organisatie. Het bedrijf beslist om een leernetwerk te ontwerpen, bepaalt de keuze voor een bepaald platform en geeft aan hoe het in te richten voor zijn medewerkers; het bedrijf onderneemt stappen om het gebruik aan te moedigen en bepaalt daarnaast ook vaak de focus van de kennisvraag, de regels voor lidmaatschap en toegankelijkheid. Een MLN is er vooral om de bedrijfsdoelen van de organisatie te ondersteunen door de mogelijkheden tot leren te verbeteren.

> **Box 8.3 De beperkingen van een traditionele training**
> Voor een snelle, gerichte introductie kreeg Leny bij de start van het meniscussteunproject samen met haar collega's nog een 'ouderwetse' training in ontwerpen met dit type polymeer. De collega's op het hoofdkantoor konden live bij de training zijn. Zij die op andere locaties werkten, volgden de training via de videoconferentie, die ook later nog afgespeeld kon worden in de leeromgeving die binnen HAL gebruikt wordt voor gerichte trainingen. De afdeling Opleidingen richt deze in en zorgt dat specialisten cursussen inbrengen en experts beschikbaar zijn voor terugkoppeling in de periode dat de cursus loopt.
>
> Voor het leren werken met de ontwerpsoftware konden de medewerkers van HAL zelf aan de slag met een instructief e-learningprogramma binnen HAL of Learning. Leny kon het nut wel inzien van de traditionele training. Die is snel en effectief; in één dag zit je helemaal in het onderwerp en heb je je samen de noodza-

> kelijke basiskennis eigen gemaakt. Maar nu rijst de vraag hoe ze vervolgens samen in het team kennis weten te vinden die nodig is om tijdig een werkende versie van het product te ontwikkelen. Daarvoor leent de traditionele methode zich niet, zo realiseerden Leny en haar teamgenoten zich al snel. Ze besluiten naar andere mogelijkheden op zoek te gaan.

Meerwaarde voor organisatie én individu

Om de valkuil te vermijden waarin traditionele kennismanagementsystemen zijn gevallen, moet een organisatiegebonden leernetwerk (MLN) voor elke individuele deelnemer naast een professionele ook een duidelijke persoonlijke meerwaarde hebben. Bovendien moet het technologisch en qua werkproces zo veel mogelijk aansluiten bij de huidige werkomgeving van de deelnemer. Als HAL aan zijn medewerkers vraagt om elke avond de relevante kennisdocumenten toe te voegen in een kennisomgeving die losstaat van hun dagelijkse werkplek, dan is de kans klein dat ze dat lang zullen volhouden (of alleen onder grote externe druk). Als ze daarentegen regelmatig relevante documenten toch al doormailen naar een collega en ze nu simpelweg alleen maar het mailadres van hun kennisomgeving hoeven toe te voegen, dan is het delen van informatie plots een stuk makkelijker geworden. Externe platforms als The Flowr (http://theflowr.com/) of Yammer (http://www.yammer.com/) ondersteunen dit soort functies al. De kans wordt zo ook groter dat het kennisdelen een integraal deel blijft van hun professionele activiteiten, vooral als de kennisomgeving op een intelligente manier de toegestuurde documenten kan ordenen en vindbaar maken, en zo zelfs nog toegevoegde waarde biedt aan de verzender ervan.

Samenwerken in vertrouwen en veiligheid

Natuurlijk is een MLN veel meer dan alleen een plek waar je documenten opslaat en vindbaar maakt. Het moet ook een plek zijn waar je die documenten met anderen kunt delen en samen kunt verrijken tot kennis. Dat kan door bijvoorbeeld commentaar van anderen te vragen, door collega's uit te nodigen om over de inhoud te discussiëren of door te verwijzen naar relevante externe bronnen en meningen. Kernbegrippen bij deze vormen van online sociaal leren zijn veiligheid en vertrouwen. Vooral in organisatiegebonden leernetwerken (MLN) is het belangrijk dat elke gebruiker zich veilig voelt. Die veiligheid kan ontstaan wanneer hij weet wie toegang heeft tot de informatie die hij deelt, waar ze opgeslagen wordt en wat ermee gebeurt. In zo'n netwerk is het vaak zo dat het bedrijf of de organisatie een kader schept voor de bewegingsvrijheid van een individuele deelnemer door de grenzen van het lidmaatschap of de graden van toegankelijkheid vast te leggen. Maar dat kader moet ruim genoeg zijn, zodat de gebruiker zelf kan bepalen wie hij toegang geeft tot de kennis die hij in het leernetwerk opslaat. Hijzelf kan ook bepalen welke mensen hij uitnodigt om commentaren te geven of deel te nemen aan discussies. Alleen zo ontstaat een voldoende mate van eigenaarschap.

> **Box 8.4 Op zoek naar expertise**
> Leny en haar collega's Levy en Louisa zitten op een dood punt. De in het lichaam afbreekbare materialen die ze gevonden hebben om de meniscussteun van te vervaardigen, zijn niet sterk genoeg om de door de patiënt erop uitgeoefende krachten te weerstaan en niet flexibel genoeg om de draaiingen die de patiënt maakt aan te kunnen. Ze zoeken naar mogelijkheden om antwoord op hun problemen te vinden in hun eigen persoonlijke netwerk. Maar je kunt moeilijk twitteren om hulp rond een nieuwe commerciële (!) innovatie in de maak. Dat is zoiets als op een uithangbord schrijven waar je mee bezig bent.
> Beter leek het hen daarom om te vragen naar ervaringen van andere experts met dit materiaal in een van de professionele discussiegroepen op LinkedIn, zoals de Community of Polymer Research Professionals.* Ook al ga je er niet precies het inhoudelijke antwoord vinden waar je naar op zoek bent, het helpt hen drieën wel verder in hun zoektocht naar het vinden van een expert met relevante kennis van het materiaal voor de meniscussteun.
>
> * http://www.linkedin.com/groups?home=&gid=116018

Aansluiten bij niveau van digitale geletterdheid

Zoals in hoofdstuk 2 al werd gesuggereerd, is het zinvol om voor de gemiddelde professional de drempel voor deelname aan een leernetwerk niet te hoog te maken en zo veel mogelijk aan te sluiten bij de digitale vaardigheden van de gebruikers. Een MLN kan zodanig ontworpen worden dat het de deelnemers toelaat en aanmoedigt om hun digitale leervaardigheden geleidelijk en stapsgewijs te ontplooien. Door beginners simpele instrumenten aan te bieden kunnen zij toch de meerwaarde van participatie in een leernetwerk ervaren. Als alle medewerkers van SME lid zijn van het sociale netwerk LinkedIn zou SME kunnen beginnen met het inrichten van een specifieke LinkedIn-discussiegroep waar de medewerkers hun externe collega's kunnen uitnodigen om deel te nemen aan discussies en zo ideeën uit te wisselen. HAL kan ervoor kiezen om de bestaande interne e-mailomgeving uit te breiden met discussiegroepen of een mogelijkheid om bookmarks met elkaar te delen. Omgekeerd moet ervoor worden gewaakt dat de werknemers met meer digitale vaardigheden het leernetwerk niet als te beperkend ervaren, hetgeen de kans dat zij afhaken zou vergroten.

> **Box 8.5 Verandering in kennisbehoefte**
> Sjors is de oprichter van AnaTomDesign (ATD). Hij heeft na zijn opleiding van biomedisch ingenieur aan de TU Eindhoven ervoor gekozen om zelfstandig te gaan werken, samen met twee vrienden, Max en Meggie. Max heeft aan de TUE product design gestudeerd en Meggie bedrijfskunde met specialisatie 2.0 marketing. Samen kunnen ze een complete dienstverlening bieden aan organisaties die op biomedisch terrein werken.
> Dat lukt prima met hun kennis van zaken, enthousiasme en eerste resultaten! Inclusief hun wijdvertakte netwerk van oud-klasgenoten en vrienden op Facebook en LinkedIn kwamen ze er tot nu toe wel uit. Maar nu zijn hun ambities gegroeid. Met name door de expertise van Sjors in het computergebaseerd modelleren voor biomedische toepassingen (zoals die van HAL) merken ze dat hun netwerk prima voor algemene vragen werkt, maar niet voor heel specifieke vragen rond complexere projecten, zoals het meniscussteunproject van HAL.

Zijn organisatiegebonden leernetwerken dan voldoende als oplossing voor kennismanagement in een moderne professionele organisatie? Wij menen dat ook MLN's niet in alle situaties toereikend zijn, en wel om de volgende redenen:
- Er is een groeiend aantal professionals dat een eigen persoonlijk leernetwerk heeft dat zich uitstrekt over de grenzen van de organisatie heen. Deze mensen zijn er moeilijk van te overtuigen om hun kennis in een besloten MLN te delen.
- De gemiddelde duur van een job vermindert en professionals veranderen regelmatig van organisatie. Deze mensen willen niet graag hun kennisopslag en -deling beperken tot één organisatie.

- Innovatieve kennisontwikkeling speelt zich in groeiende mate af buiten de grenzen van een organisatie. Het wordt steeds moeilijker om externen te 'lokken' om bij te dragen aan een MLN van één organisatie omdat de kennisdeling zich grotendeels op neutraal terrein begint af te spelen.

Traditioneel 'hard' kennismanagement, sociaal 'zacht' kennismanagement, persoonlijke leernetwerken en organisatiegebonden leernetwerken hebben elk hun specifieke waarde, maar schieten als vormen van kennismanagement voor organisaties tekort. Hoe kan aan deze tekortkomingen tegemoet worden gekomen?

8.4 Oplossingsrichting: hybride professionele leernetwerken

Het antwoord op de in de vorige paragrafen besproken tekortkomingen is een gecombineerde aanpak. Daarbij wordt gezocht naar een kennismanagementomgeving die: 1. een leernetwerk onder regie van een organisatie koppelt aan 2. persoonlijke leernetwerken. Die koppeling kan op allerlei manieren worden ingevuld, meer en minder intensief bijvoorbeeld. We noemen deze gecombineerde aanpak hybride professionele leernetwerken. Een hybride professioneel leernetwerk bestaat dus altijd uit twee componenten, een leernetwerk dat onder regie van een bedrijf of instelling staat (dat noemen we dan het organisatiegebonden leernetwerk of managed learning network (MLN) en verscheidene persoonlijke leernetwerken (PLN).

8.4.1 KENMERKEN VAN HYBRIDE PROFESSIONELE LEERNETWERKEN

Zoals aangegeven bestaan hybride professionele leernetwerken uit MLN's en PLN's. Zulke hybride leernetwerken kunnen veel verschillende vormen aannemen, afhankelijk van de behoeften van de organisatie en/of het individu. In deze paragraaf beschrijven we zeven onderscheidende kenmerken ervan.

> **Box 8.6 Het hybride leernetwerk**
> Ted, een jonge veertiger, werkt voor HAL en is een actieve social media-gebruiker. Hij twittert en blogt over zijn hobby 'Citroën 2CV restaureren', maar gebruikt diezelfde media ook voor zijn werk. Zo is hij een bekend gezicht geworden bij internetdiscussies op tv. Hij is net directeur geworden. Ted volgde Harry op, die met pensioen ging. Meteen realiseert Ted zich dat er op korte termijn

heel wat moet veranderen om HAL van een duurzame toekomst te verzekeren. De tijd van de puur mechanische en mechatronische medische hulpmiddelen is voorbij. De overstap naar medische robots is HAL al aan het maken, maar Ted ziet voor HAL vooral ook toekomst in kleine, intelligente implantaten, bio-afbreekbare hulpmiddelen en dergelijke. Vandaar dat hij eerder als hoofd R&D al wat projecten in die richting gestart heeft.

Met die toekomstambitie voor ogen ziet Ted dat de kennis van de medewerkers van HAL, hun vermogen te blijven leren, samen kennis te vinden, te delen en te ontwikkelen cruciaal is voor het welslagen van de nieuwe bedrijfsstrategie. Ted ziet dat de bestaande infrastructuur, met een aparte afdeling Training & Scholing (T&S), niet de benodigde leerversnelling en ondersteuning van professionals kan bieden. En belangrijker nog, hij constateert in gesprekken met mensen van het meniscus- en earplug-team dat professionals vooral tijdens hun werk kennis met elkaar delen, vragen stellen en leren. Allemaal kennisstromen en contacten die nagenoeg volledig langs T&S heengaan. Zijn conclusie is dan ook dat het roer radicaal om moet. Voor enkel het geven van specifieke trainingen (centraal of regionaal) is de afdeling te groot, te duur en te log. Aan specifieke trainingen op afroep, just-in-time, zal nog wel behoefte blijven bestaan.

T&S afslanken of zelfstandig laten worden of verder niets doen, dat wil zeggen vertrouwen op de persoonlijke connecties van de eigen professionals, is geen optie. Als er iemand weet dat er veel te vinden is via het internet en de social media, is Ted het wel. Maar hij kent ook de keerzijde van de medaille. Het lange zoeken en toch niets vinden, maar ook het snel vinden van informatie voor je 2CV-restauratie en er nog vrienden bij krijgen, is inderdaad realiteit. Maar wat werkt voor een hobby bij de zoektocht naar bestaande kennis, is niet geschikt in een professionele context. Daar zoekt men niet alleen heel doelgericht naar specialistische kennis, maar is men vooral ook op zoek naar nieuwe oplossingen en kennis die iemand moet kunnen toepassen voor zijn eigen organisatie.

Ted heeft onlangs gehoord van een nieuwe variant, de zogeheten hybride professionele leernetwerken, die juist uitgaan van de professionele vereisten en die de informele dimensie van het leren inbrengen. Hij is benieuwd naar wat dat voor HAL in de toekomst kan betekenen.

Interneve rsus externe gerichtheid
Een hybride professioneel leernetwerk met een sterke interne oriëntatie zal vooral de nadruk leggen op de interne kennisdeling binnen de relatieve beslotenheid van een organisatie en slechts bij uitzondering gebruikmaken van externe netwerken. Indien leden van de organisatie gebruikmaken van externe platforms in hun persoonlijk leernetwerk, zal men vooral aandacht geven aan het 'naar binnen halen' van externe kenniselementen om ze intern te kunnen opslaan, filteren en gebruiken. De externe gerichtheid van dergelijke leernetwerken beperkt zich vaak tot een aanwezigheid op sociale netwerken voor marketingdoeleinden.
Een hybride leernetwerk met een sterke externe oriëntatie maakt veelvuldig gebruik van externe platforms en netwerken voor kennisdeling, maar ook voor kennisontwikkeling. Het interne deel van het leernetwerk kan daarbij beperkt worden tot het maken van afspraken over het gebruik van externe diensten of gezamenlijke trefwoorden, het aggregeren, filteren en archiveren van externe kennisstromen.

Gerichtheid op kennisartefacten en/of kennisprocessen
Een leernetwerk bestaat uit mensen, communities en artefacten. Communities zijn kleinere leergemeenschappen of groepen van mensen binnen een leernetwerk met een specifiek leerdoel of een specifieke domeinfocus.
Hybride leernetwerken met een sterke gerichtheid op kennisartefacten hebben als voornaamste doel om expliciete kennis binnen een organisatie – in de vorm van documenten, data of andere kennisartefacten – op te slaan en te delen. Dergelijke leernetwerken zullen dan ook een goed managementsysteem bevatten, waarbij verschillende versies van artefacten kunnen worden opgeslagen en beheerd, en waarbij categorisering en metadatering – het toekennen van sleutelwoorden als labels – een belangrijke rol spelen. De nadruk ligt in een dergelijk leernetwerk op het vindbaar maken van documenten en andere artefacten. De leeractiviteiten in het leernetwerk zijn dan vaak geconcentreerd rond die artefacten en omvatten commentaren, aanvullingen, discussies, verwijzingen, enzovoorts.
Hybride leernetwerken met een sterke gerichtheid op kennisprocessen hebben als voornaamste doel om impliciete kennis binnen een orga-

nisatie – aanwezig bij (groepen van) personen – te delen, te versterken en te vergroten. Dergelijke leernetwerken zijn vaak meer gericht op het vindbaar maken van personen, expertise en ervaring, en op het faciliteren van verbindingen en (informele) conversaties tussen mensen. Artefacten spelen hierbij ook een rol, maar zijn sterker gekoppeld aan individuele mensen en worden eerder beschouwd als de 'neerslag' van de kennis en expertise van het individu of de groep. De leeractiviteiten in een dergelijk leernetwerk zijn gericht op het opbouwen en bevorderen van vertrouwen en relaties tussen mensen, het creëren van een aangename, creatieve sfeer waarbij het samen delen, beschikbaar maken én behouden en de ontwikkeling van nieuwe kennis kunnen gedijen.

Primaat bij organisatie of individu
In een hybride leernetwerk met het zwaartepunt op het organisatorische kennismanagement worden medewerkers aangemoedigd om hun kennis in het MLN in te brengen en in die omgeving actief te zijn. Medewerkers worden aangemoedigd om hun PLN te koppelen aan het organisatorisch leernetwerk, waar de conversatie tussen de leden plaatsvindt. Het individuele leerproces wordt als het ware beschouwd als een positief neveneffect van het organisatorische leren. Het (besloten) MLN omvat de belangrijkste functionaliteiten van het hybride leernetwerk en kennisontwikkeling gebeurt voornamelijk in het MLN. Medewerkers die een organisatie verlaten, verliezen vaak de toegang tot de kennisomgeving.
In een hybride leernetwerk met het zwaartepunt bij het individu worden individuele medewerkers aangemoedigd om een eigen persoonlijk leernetwerk op te zetten en daarmee aan persoonlijke kennisontwikkeling te doen. Het MLN bestaat dan voornamelijk uit mechanismen om die kennis uit persoonlijke leernetwerken samen te brengen, op te slaan en beschikbaar te stellen voor alle leden. De conversatie tussen de deelnemers kan zowel binnen als buiten het MLN plaatsvinden. Het organisatorisch leren wordt daarbij als het ware beschouwd als een positief neveneffect van het individuele leren. Medewerkers die een organisatie verlaten, behouden hun eigen persoonlijk leernetwerk en het MLN kan de kennis van de voormalige deelnemers, indien zij daar toestemming voor geven, blijven toevoegen aan het MLN.

8.4.2 ONTWERPOVERWEGINGEN VOOR HYBRIDE PROFESSIONELE LEERNETWERKEN

Bij het ontwerpen van een hybride leernetwerk spelen verschillende ontwerpoverwegingen een rol. Die ontwerpoverwegingen zullen mede bepalen hoe een hybride professioneel leernetwerk wordt ingericht en beïnvloeden de keuzen die men maakt in relatie tot de hiervoor besproken kenmerken.

> **Box 8.7 Karakteristieken hybride netwerk**
> Cisca, als innovatiemanager net aangesteld door Ted, kent het circuit van dure externe trainingen, masterclasses, studiereizen en modelmatige consultancy-trajecten; ze heeft het in haar vorige werkkring bij een multinational zelf meegemaakt.
> Voor het mobiliseren van de innovatieve kracht die HAL moet gaan krijgen, is een vorm van leerondersteuning en kenniscirculatie nodig die: 1. altijd inzetbaar is en qua maatvoering aan te passen is aan de noden van het moment; 2. in de kern van de organisatie ingrijpt; en 3. direct aansluit bij vragen en issues waarmee de gekwalificeerde professionals zitten. Het gaat dan om goed opgeleide professionals die geen behoefte hebben aan een leerrelatie van het docent-studenttype, maar aan een samenwerking, aan openheid waar ieder als expert op het ene terrein en professional met leervragen op andere terreinen samen nieuwe perspectieven zoekt. Het zijn professionals die samen al uitvindend nieuwe benaderingen uitproberen en daardoor 'anders' met elkaar in gesprek raken. Zij spreken elkaar aan op het samen presteren en leren.

Juist de karakteristieken van een hybride professionele leernetwerk sluiten aan bij die behoefte. Zo'n netwerk kan dan ook een omslag naar kennisontwikkeling tijdens het werk faciliteren. HAL's hybride leernetwerk faciliteert het professionele leren doordat het niet een apart systeem is, maar aparte faciliterende elementen biedt als integraal onderdeel van het werk en de werkomgeving. Ze laat de professionals zelf bepalen wat ze nodig hebben en gaat uit van: 1. het zelforganiserend vermogen van professionals; en 2. het gegeven dat het leren op het werk primair op de prestatie en de eigen organisatie gericht is. Zo krijgt men flexibele toegang tot relevante mensen met hun kennis en kennisbronnen, in combinatie met gerichte advisering en ondersteuning van het constante en actuele leerproces van de professional op de werkvloer.

Organisatorische doelen

Een eerste overweging betreft de organisatorische doelen die een organisatie wil bereiken met het inrichten van een hybride leernetwerk:

- Als men tot doel heeft operationele kennis en processen te optimaliseren, dan zal men veelal behoefte hebben aan een leernetwerk met een sterke interne gerichtheid, met een nadruk op kennisartefacten en een organisatorische focus.
- Leernetwerken die tot doel hebben strategische kennisontwikkeling en innovatie te ondersteunen, zijn zowel intern als extern gericht, met een nadruk op kennisprocessen gericht op het realiseren van eigen doelen in open allianties en verbindingen. Het hybride leernetwerk combineert daarbij een organisatorische en individuele focus.
- Als men tot doel heeft een externe reputatie te ontwikkelen of te versterken, dan richt men het best een leernetwerk in met een sterke externe gerichtheid, waarbij zowel de kennisartefacten als de kennisprocessen belangrijk zijn. Het primaat ligt daarbij zowel bij individuele medewerkers in hun rol als experts in een (wereldwijd) netwerk als op de organisatie.

Kennisdoelen

Een tweede overweging betreft de kennisgerelateerde doelen die een organisatie wil bereiken, met name kenniscreatie, kennisdeling en/of kennisarchivering:

1 Als kenniscreatie het belangrijkste doel van een leernetwerk is, zal de nadruk vooral liggen op kennisprocessen en op het faciliteren van sociale processen en conversatie. Tijdens kenniscreatieprocessen worden voortdurend artefacten gecreëerd, maar die zijn vaak niet meer dan een voorlopige en tussentijdse neerslag van het creatieve proces en dienen als tussenstap in het vervolg van de dialoog en kenniscreatie.

2 Als kennisdeling het belangrijkste doel is, zijn artefacten en processen van even groot belang. Voor het delen van expliciete kennis is er behoefte aan sociale interactie rondom artefacten, voor het delen van impliciete kennis gaat het vooral om de (informele) sociale processen tussen leden en groepen, met een nadruk op faciliteren van conversatie, vertrouwen en veiligheid.

3 Als behoud van kennis het hoofddoel van een leernetwerk is, ligt het primaat bij het vindbaar maken van artefacten, personen en interacties tussen beide. Het primaat van het leernetwerk ligt bij de organisatie en niet zozeer bij de individuele medewerker.

Waar bevindt zich de kritische kennismassa?
Een derde overweging betreft de vraag waar de kritische kennismassa van een organisatie zich bevindt:
- Organisaties waarvan het zwaartepunt van de kritische kennismassa zich voornamelijk bij de eigen medewerkers bevindt, zullen primair een leernetwerk met een interne gerichtheid nodig hebben, zonder daarbij het raakvlak met de externe kennis uit het oog te verliezen. Voorbeelden zijn farmaceutische, petrochemische of softwaremultinationals met hun eigen kennisafdelingen.
- Organisaties waarvan het zwaartepunt van de kritische kennismassa zich niet bij de eigen medewerkers bevindt, zullen primair een externe gerichtheid nodig hebben om de interne kennis op peil te houden. Voorbeelden zijn productiebedrijven, dienstenorganisaties of onderwijsinstellingen.

Hoeg root is de personele dynamiek?
Een vierde overweging betreft de mate waarin kennismedewerkers zich langdurig aan een organisatie binden, of met andere woorden de mate van mobiliteit:
- Als de kennis binnen de organisatie berust bij personen die langdurig aan de organisatie verbonden blijven, dan ligt het primaat van het leernetwerk bij het ondersteunen van kenniscreatie, -deling en -opslag op organisatieniveau.
- Als de kennis berust bij personen die slechts gedurende korte tijd binnen de organisatie actief zijn, ligt het primaat eerder bij het individu, wiens tijdelijke bijdrage geconsolideerd wordt in het MLN, hetzij in de vorm van artefacten, hetzij via conversaties in externe persoonlijke leernetwerken. Voorbeelden zijn internetbedrijfjes, die vaak een groot verloop van medewerkers kennen.

Omvang van de organisatie
Een vijfde overweging betreft de omvang van een organisatie en haar financiële en technische mogelijkheden (zie ook hoofdstuk 5):
- Grote organisaties hebben vaak eigen afdelingen voor HRM, kennisbeheer of het ontwikkelen en beheren van ICT-infrastructuur. Deze organisaties zullen de voorkeur geven aan een interne gerichtheid en hebben vaak voldoende capaciteit (financieel en personeel) om gebruik te maken van eigen ICT-systemen om een leernetwerk vorm te geven.
- Kleinere organisaties zullen eerder extern gericht zijn en vaker gebruikmaken van externe systemen voor kennisontwikkeling, -deling en -beheer.

Vertrouwelijkheid van informatie en kennis

Een zesde overweging betreft de mate van vertrouwelijkheid en de noodzaak tot geheimhouding van de informatie en kennis binnen een organisatie:

- Een organisatie die werkt met vertrouwelijke informatie zal primair een leernetwerk met interne gerichtheid hebben, waarbij de toegang naar buiten volgens strikte regels verloopt. De externe gerichtheid is vaak beperkt tot het binnenhalen van relevante externe kennis of het delen van kennis die officieel verspreid mag worden. Individuele medewerkers met een persoonlijk leernetwerk zullen zich vaak strikt aan de regels van vertrouwelijkheid moeten houden als ze extern actief zijn.
- Voor organisaties die voornamelijk werken met vrij toegankelijke kennis kan de gerichtheid zowel intern als extern zijn, afhankelijk van andere overwegingen.

Veiligheid versus openheid

Een laatste en zevende overweging betreft de mate van veiligheid waar leden van een leernetwerk behoefte aan hebben:

- Deelnemers met een grote behoefte aan veiligheid willen vaak de toegang tot hun kennis kunnen afschermen voor anderen. Een intern gericht MLN met duidelijke toegangsregels is dan het geschiktst. Externe informatie kan wel binnengehaald worden, maar informatie stroomt minder snel naar buiten.
- Deelnemers met een opener attitude zijn wel vaker bereid om hun – onvolmaakte – kennis breed met anderen te delen. Voor hen is een extern gericht leernetwerk toepasselijker.

Belangrijk hierbij is dat de deelnemer aan een leernetwerk zelf de regie heeft binnen de grenzen en mogelijkheden van het systeem, en daarbij voor elk artefact en elk stukje kennis zelfstandig op elk moment in de tijd kan bepalen wie toegang krijgt.

8.5 Integratie van organisatorisch leernetwerk met externe persoonlijke leernetwerken

Er zijn verschillende mogelijkheden om koppelingen te maken tussen een organisatiegebonden leernetwerk (MLN) en het persoonlijke leernetwerk (PLN) van de medewerkers.

Koppeling aan populaire externe diensten

Een mogelijke koppeling is die aan de externe diensten die reeds door de medewerkers worden gebruikt. Een mooi voorbeeld daarvan is het gebruik van een social bookmarkingdienst als delicious.com of digg.com (zie ook hoofdstuk 5). Social bookmarking heeft immers de grootste meerwaarde als het gebruikt wordt door een groot aantal mensen. Een voorwaarde is dan wel dat de bookmarks die medewerkers delen ook terug te vinden zijn.

Aanwezigheid en activiteit op externe platforms

Op externe sociale platforms zoals Facebook en LinkedIn ontstaat steeds meer professionele kennisdeling in – al dan niet besloten – groepen van gelijkgestemden. Op die platforms kunnen individuen terecht met vragen, maar ook deelnemen aan groepsdiscussies. Via deze externe platforms kan externe expertise worden gezocht, maar deelnemers zijn zelf vooral ook zichtbaar als expert. Professionals met een eigen persoonlijk leernetwerk zijn steeds minder bereid om deel te nemen aan 'besloten', kleinschalige, voorgestructureerde leernetwerken, omdat ze er minder snel antwoorden op hun vragen krijgen en er veel minder 'conversatie' met andere experts kan ontstaan. Organisaties kunnen ervoor kiezen om deel te nemen aan externe groepen en communities om zo het kennisbereik te vergroten. De meeste platforms ondersteunen notificaties voor hun groepsfunctionaliteit, zodat bijdragen in dergelijke groepen automatisch zijn te importeren in het eigen MLN.

Nodig medewerkers uit om hun individuele PLN bekend te maken

Belangrijk bij het integreren van persoonlijke leernetwerken in een MLN is dat bekend is welke medewerkers een individueel PLN hebben, welke instrumenten zij gebruiken en hoe daarin hun bijdragen zijn te vinden. Met andere woorden: hoe deel je binnen de organisatie de gegevens van hun 'social media business cards'? Een handige manier om dit te bereiken is door te werken met uitgebreide gebruikersprofielen, waarbij elke medewerker naast interesses, contactgegevens en dergelijke ook elementen uit zijn 'social media identity' kan invullen, zoals zijn blogadres, Twitter-account, social bookmarking-pagina, LinkedIn-pagina, (discussie)groepen op LinkedIn, Facebook of Hyves.

Van buiten naar binnen: importeer kenniselementen uit individuele PLN's

Als een organisatie een uitgebreid arsenaal aan communicatiemiddelen aanbiedt in het MLN, zoals weblogs, wiki's of discussiefora, zullen medewerkers die al een eigen weblog bijhouden als deel van hun persoonlijke leer- en kennisomgeving niet snel geneigd zijn om dat arsenaal te gebruiken. Het is mogelijk om de informatie uit die individuele blogs of fora te importeren in het MLN, bijvoorbeeld door middel van één of meerdere RSS-feeds. Ook kan het initiatief daarvoor aan de medewerkers worden overgelaten.

Van buiten naar binnen: externe kenniselementen opslaan en beschikbaar maken

Er zijn heel wat relevante externe kennisstromen die een organisatie kan binnenhalen in het MLN. Het gaat daarbij zowel om relevante, breed toegankelijke bronnen, zoals nieuwsbrieven, persberichten, tijdschriftartikelen of RSS-feeds op basis van zoekwoorden, maar ook om stromen die voortkomen uit de PLN's van de eigen medewerkers. Maar hoe moet nu die toevloed aan informatie worden opgeslagen, verwerkt en beschikbaar worden gesteld?

Informatie – die vaak tekstueel is, maar ook media-elementen kan bevatten – is lokaal op te slaan in een contentmanagementsysteem, zodat ze doorzoekbaar is. Als er veel RSS-feeds worden binnengehaald, kunnen met behulp van feed aggregators al die feeds worden samengebracht en beschikbaar gemaakt. Tevens bestaat de mogelijkheid een externe dienst te benutten – zoals Google Reader – of voor een intern platform te kiezen dat feeds kan aggregeren, zoals Drupal of een gelijkaardig contentmanagementsysteem.

Elke feed uit een PLN kan meteen in het MLN worden gepubliceerd alsof het een lokale bijdrage is. Op die manier blijft de bron van de informatie herkenbaar en kan er ook – intern of extern – verder gediscussieerd worden over elke bijdrage.

Kenniselementen filteren en taggen

De grote hoeveelheid kenniselementen die vanuit externe bronnen het MLN binnenkomen, vraagt om een goed en gebruiksvriendelijk mechanisme om betekenis toe te voegen aan de afzonderlijke elementen. BRATS'en, zoals in hoofdstuk 5 beschreven, biedt hiervoor een goede oplossing en daarbinnen denken we dan met name aan de T van taggen. Taggen is een informele en flexibele manier om informatie te structureren. Externe RSS-feeds bevatten immers vaak al tags vanuit het bronsysteem, zoals delicious.com of de hashtags vanuit Twitter. Belangrijk is dan ook dat elk kenniselement dat in het MLN aanwezig is – of het nu intern is aangemaakt of binnengehaald is uit externe bronnen – vindbaar is, maar ook dat door alle medewerkers individueel ge-BRATS't kan worden.

Van binnen naar buiten

Tot nu toe hebben we het in deze beschrijving vooral gehad over het binnenhalen, opslaan, filteren en ordenen van externe kenniselementen; een beweging van buiten naar binnen. Een belangrijke aanvulling op dit perspectief is de beweging van binnen naar buiten. Daarbij worden elementen uit het MLN geïntegreerd in het persoonlijke leernetwerk van de medewerkers, maar ook in externe platforms. Door actief deel te nemen aan externe platforms, zoals LinkedIn-groepen, Twitter of Facebook, is er een veel groter bereik mogelijk van externe experts dan wanneer de kennisdeling zich beperkt tot het interne leernetwerk. Het exporteren van kenniselementen hoeft daarbij geen extra inspanning te vergen, omdat bijvoorbeeld blogbijdragen in het MLN via een RSS-feed automatisch te koppelen zijn aan een profiel of groep op LinkedIn of Facebook. Bijdragen aan het MLN worden daardoor tegelijk ook externe bijdragen, die veel breder gelezen of becommentarieerd worden.

8.6 Tot slot

Vanuit de vaststelling dat het vermogen van organisaties om kennis te mobiliseren cruciaal is in onze kennismaatschappij, hebben we in dit hoofdstuk een korte analyse gemaakt van bestaande systemen van kennismanagement.

Uit onze analyse blijkt dat: 1. strikt voorgestructureerde kennissystemen; 2. sociale vormen van kennisdelen in kleine groepen; en 3. persoonlijke leernetwerken (hoofdstuk 6) alleen niet volstaan. Wij betogen dat de 21ste-eeuwse professionele organisatie gebaat is bij hybride professionele leernetwerken, een flexibele combinatie van organisatorisch beheerde leernetwerken (MLN) en persoonlijke leernetwerken (PLN).

We hebben in dit hoofdstuk de belangrijkste kenmerken van hybride professionele leernetwerken beschreven en een aantal ontwerpoverwegingen geformuleerd, gebaseerd op de kenmerken van de organisatie die zo'n netwerk adopteert. Het hoofdstuk werd afgesloten met een aantal praktischere tips om de integratie van MLN en PLN te realiseren.

Het genetwerkt leren met behulp van online sociale media is de laatste jaren in een ongekende stroomversnelling geraakt. Het gebruik van sociale media heeft een revolutie teweeggebracht in het dagelijkse werk van kennisprofessionals. De revolutionaire effecten daarvan op organisaties worden in de Verenigde Staten aangeduid met 'Enterprise 2.0', juist omdat integratie van genetwerkt werken en sociale media een heel andere vorm van werken met zich meebrengt dan tot nu toe gebruikelijk was (in wat nu Enterprise 1.0 genoemd wordt). Netwerkcontacten tussen personen en organisaties worden steeds belangrijker en het einde van deze beweging is nog niet in zicht. De beschrijvingen in dit hoofdstuk zijn daarom een momentopname. We hebben geprobeerd een visie weer te geven op hetgeen nodig is om in de context van nu te leren op basis van een overzicht van de huidige stand van (onze) kennis.

Referenties

Aanbevolen websites

Internet Time Alliance: een alliantie van een klein groepje consultants/auteurs die zich toeleggen op werkplekleren en de inzet van social media en netwerkleren in organisaties, met een focus op de toepasbaarheid en praktische inzetbaarheid van nieuwe media voor professionalisering, innovatie en creativiteit (http://internettimealliance.com/wp/).

The working smarter fieldbook: dit handboek is uitgebracht door de Internet Time Alliance (Cross, Hart, Jarche, Jennings & Quinn, 2010) (http://internettimealliance.com/book/). Dit is een zogenaamd on-boek, een uitgave die voortdurend in beweging is en waaraan de auteurs online blijven werken en bijschaven. Het is een boek waarin op redelijk chaotische wijze een aantal pertinente ideeën, praktijkvoorbeelden, praktische tips et cetera bij elkaar is gebracht. Het is zeker interessant om als naslagwerk te raadplegen.

Social Learning Handbook: A practical guide to using social media to work and learn smarter: in dit handboek en via haar website deelt Jane Hart haar inzichten (Corsham, UK: Centre for Learning & Performance Technologies; http://c4lpt.co.uk/handbook/index.html). Vaak in de vorm van handige checklists en praktische tips. Het Social Learning Handbook relateert een lijst van 30 nuttige tips aan een korte analyse van het werkplekleren.

Literatuur

Attwell, G. (2007a). The personal learning environments - the future of eLearning? *eLearning Papers*, 2(1).

Bood, R., & Coenders, M. (2004). *Communities of practice, bronnen van inspiratie*. Utrecht, Nederland: Uitgevery Lemma.

Collison, C., & Parcell, G. (2002). *Learning to fly*. London, UK: Capstone.

Grotendorst, A., van Aken, I., Sino, C., & van Veldhuizen, B. (2007). *Verleiden tot leren in het werk*. Houten, Nederland: Bohn Stafleu van Loghum.

Gurteen, D. (2007). KM2.0: KM goes Social. Paper presented at the Online Information 2007, London, UK. http://www.gurteen.com/gurteen/gurteen.nsf/id/km-goes-social.

Johnson, M., & Liber, O. (2008). The personal learning environment and the human condition: from theory to teaching practice. *Interactive Learning Environments*, 16, 3-15.

Poell, R. F. (2010). Opleiden op de werkplek. In N. Fleskens (Ed.), *Lang leve het leren!* (pp. 56-59). Helmond, Nederland: SBK.

Skeels, M. M., & Grudin, J. (2009, May 10-13, 2009). *When social networks cross boundaries: a case study of workplace use of Facebook and LinkedIn.* Paper presented at the Proceedings of the ACM 2009 International Conference on Supporting group work, Sanibel Island, Florida, USA.

Steinfield, C., DiMicco, J. M., Ellison, N. B., & Lampe, C. (2009). Bowling online: social networking and social capital within the organization. *Proceedings of the fourth international conference on Communities and technologies* (pp. 245-254). University Park, PA, USA: ACM.

Wenger, E., McDermott, R., & Snyder, W. M. (2002). *Cultivating communities of practice: A guide to managing knowledge.* Boston, USA: Harvard Business School Press.

Epiloog

Peter Sloep, Marcel van der Klink, Wim Didderen, Jan van Bruggen, Francis Brouns en Kees Pannekeet

9.1 Inleiding

In de voorgaande acht hoofdstukken heeft u op allerlei manieren kunnen kennismaken met leren – dat wil zeggen kennis verwerven, delen en ontwikkelen – in online netwerken. In de eerste drie hoofdstukken bent u ingevoerd in de ideeënwereld van leernetwerken, in onze motieven om over leren in dit soort netwerken na te denken, in de manier waarop leren dan ingevuld moet worden, waarbij de vraag aan de orde kwam hoe naar de kwaliteit van dit type leren gekeken kan worden. De daaropvolgende vijf hoofdstukken hadden een praktischer karakter; ze gingen elk in op één aspect van het ontwerpen van leernetwerken. Eerst kwamen geschikte ontwerpmethodieken aan de orde, daarna allerlei technologische aspecten. Die ruime aandacht voor technologie is natuurlijk nodig om te kunnen nadenken over de inrichting van netwerken met een online karakter. Maar hoewel de invalshoek telkens een technologische was, hebben we onze bespreking vooral gericht op de functionaliteiten die de technologie te bieden heeft. En of het nu over geschikte platforms of diensten gaat dan wel over de vraag of een individueel of organisatieperspectief maatgevend is, het zijn deze functionaliteiten die de invulling vormen van de wensen die de toekomstige gebruikers hebben geuit.

De onderlinge samenhang tussen die verschillende perspectieven is een wezenlijk onderdeel van het verhaal dat wij hebben verteld. Die samenhang brengen we vooral in dit hoofdstuk aan. Daartoe bespreken we eerst een casus. We hebben een fictieve casus gekozen zodat alles wat we relevant vinden aan de orde kan komen. Maar dat betekent niet dat de casus losstaat van de realiteit. Integendeel, elk van de aspecten ervan is afkomstig uit authentieke ervaringen waarmee we de afgelopen jaren geconfronteerd zijn. Na de introductie van de casus bespreken we kort wat er vanuit elk van de in de voorgaande hoofdstukken besproken perspectieven hierover voor verstandigs te melden is. Dit resulteert in de opsomming van een aantal aanvullende vragen en mogelijke vervolgstappen. We sluiten af met een algemene reflectie op genetwerkt leren als de nieuwe manier van kennis verwerven, delen en ontwikkelen, die we met dit boek willen introduceren.

9.2 Casus

Box 9.1 JCN, een grote ICT-dienstverlener

Probleem
ICT-dienstverlening, of het nu gericht is op particulieren of op de zakelijke markt, is een bedrijfstak die gekenmerkt wordt door een enorme dynamiek, mede als gevolg van de snelle opeenvolging van steeds weer nieuwe technische ontwikkelingen. Adequaat en tijdig inspelen op deze ontwikkelingen en op de ermee samenhangende, snel veranderende vraag in de markt staat hoog op de agenda van de hele JCN-organisatie. JCN ervaart vrijwel dagelijks wat in onder meer hoofdstuk 1 werd gezegd over HAL:
'If IBM only knew what IBM knows' is een binnen HAL veelgehoorde uitspraak, die wordt toegeschreven aan een algemeen directeur (CEO) van IBM. Terecht of niet, ze beschrijft het probleem van HAL adequaat. Het gebrek aan kennisdeling is er niet alleen verantwoordelijk voor dat er dubbel werk wordt gedaan, het remt ook het innovatief vermogen, eenvoudigweg omdat niet de juiste menselijke hulpbronnen worden ingezet.
Voor JCN geldt dat het welslagen van hun relatief grote, complexe innovatieprojecten en van hun risicovolle proefprojecten van vitaal belang is om hun leidende positie in de markt te behouden. Programmaleiders en vooral senior consultants op academisch niveau ontwerpen, implementeren en realiseren dit soort projecten, veelal in internationale teams van experts. Op dit moment is er nog voldoende capaciteit aan dit soort hoogopgeleide en ervaren managers, maar als er niets gebeurt zal er op termijn een tekort ontstaan, kwalitatief en kwantitatief. Ook met de huidige bezetting staan effectieve professionele ontwikkeling en adequate kennisdeling met gebruik van de bestaande instrumenten en regelingen steeds meer onder druk. Daardoor is vermindering van concurrentiekracht nabij.

Men wil daarom zo snel mogelijk:
- de in de organisatie beschikbare expertise borgen;
- de kennis en competenties van in elk geval de senior consultants op niveau houden;
- de bij hen aanwezige kennis en expertise beter voor de organisatie als geheel toegankelijk maken;
- de kennisdeling en kennisconstructie binnen in elk geval de groep van senior consultants op een hoger plan tillen.

Er is dus een toekomstige vraag met een opleidingskarakter en een acute vraag met een kennisdelings- en kennisontwikkelingskarakter. In traditionelere vormen van professionalisering, zoals face-to-face trainingen, scholingsbijeenkomsten en 'klassieke' e-learningmodules, investeert JCN momenteel veel geld en tijd. Maar in deze dynamische markt blijkt die aanpak een te lange doorlooptijd te hebben en levert ze te weinig rendement op voor individuele senior medewerkers, zoals de senior consultants. Gezocht moet dus worden naar meer activerende vormen van permanente professionalisering en kennisdeling voor deze groep.

Analyse
In technisch opzicht zal er in deze organisatie waarschijnlijk weinig weerstand zijn tegen het gebruik van ICT. Maar de ervaring leert dat medewerkers juist in de traditionele trainingen een mogelijkheid zien elkaar in levenden lijve te ontmoeten en 'bij te praten'. Omdat dit vervalt wanneer de professionele ontwikkeling in de vorm van een online leernetwerk of iets soortgelijks wordt gegoten, is de vrees gerechtvaardigd dat de invoering ervan op weerstanden zal stuiten. Het lijkt dus verstandig in elk geval in eerste instantie te kiezen voor een goede mix van online en offline (face-to-face) elementen.

En verder is het natuurlijk nodig uit te zoeken welke expertise precies nodig is om die grote innovatie- en proefprojecten te leiden. Uit de eerste, verkennende gesprekken met het JCN-management blijkt dat enkele vragen eerst beantwoord moeten worden. Naast het sneller verwerven van kennis over actuele ontwikkelingen in de markt en in het eigen bedrijf gaat het er ook om in de projecten adequater gebruik te maken van de kennis en ervaring van de hele eigen organisatie. Uiteraard geldt dat voor de groep van senior consultants. Maar geldt het ook voor anderen, zowel binnen de eigen organisatie als bij de partners en klanten? Als dat zo is, zitten hierin dus elementen van het verbeteren van de kennisdeling van al het eigen personeel, maar ook van slimmer relatiemanagement met de buitenwereld van JCN.

Hoe graag willen de senior projectmanagers zelf de vereiste competenties verwerven? Wat is voor hen de inhoudelijke drijfveer? En zijn er ook andere motieven, zoals een toekomstige salarisverhoging? Hoewel de intrinsieke motivatie nog niet gepeild is, is het verstandig dat het JCN-management er rekening mee houdt dat, welke aanpak ook gevolgd zal worden, deze zal raken aan het HR-beleid, aan het carrièreperspectief van de medewerkers.

En hoe staat het management van de afdeling HRM tegenover de plannen van het concernmanagement? Hoeveel speelruimte mogen en willen zij de senior projectmedewerkers geven om zelf vorm te geven aan hun professionele ontwikkeling? Hoeveel moeten en willen ze zelf in de hand houden?

Ten slotte, de eerste, verkennende vraag om 'mee te denken' komt van de algemeen directeur, die daarin wordt gesteund door de raad van bestuur. De eerste gesprekken zijn gevoerd met een kleine groep bestuurders, onder wie de portefeuillehouder HRM. Dieper in de organisatie is er nog geen sprake van expliciet beleid op dit terrein. Merk op dat de verkenningsvraag dus niet geformuleerd is op basis van een expliciet verzoek vanuit het desbetreffende organisatieonderdeel of vanuit de individuele senior projectmanagers, maar vanuit het concernmanagement.

9.3 De nadere verkenning

Een eerste analyse van het ontwerpprobleem is al in de casusbeschrijving besloten. We zullen de lens van de eerste drie hoofdstukken gebruiken om tot een verdieping van die analyse te komen. Omdat het hier om een bedrijf gaat dat van plan is een ontwerpopdracht te geven, moet die verdieping in nauwe samenspraak met het concernmanagement gebeuren. Eerst zullen we de ontwerpdimensies uit hoofdstuk 1 gebruiken om allerlei relevante gespreksonderwerpen aan te dragen. Daarna zullen we vragen voor het JCN-management formuleren over het door hen gewenste leerproces (zie hoofdstuk 2) en de door hen gewenste kwaliteitsbewaking (zie hoofdstuk 3).

9.3.1 ONTWERPDIMENSIES (HOOFDSTUK 1)

De kennisvraag van JCN lijkt gezien het onderwerp complex; er spelen aspecten van kennis en vaardigheden op een veelheid aan terreinen, van programma- en projectmanagement via innovatietheorie tot het inhoudelijk terrein van de opdracht, en vast nog wel meer. De vraag heeft een historische kant ('lessons learned' in het verleden) en een actuele (state-of-the-art) en is bovendien niet eindig; ze zal altijd relevant blijven voor het bedrijf. De vraag is ook nauw gelieerd aan de identiteit van het bedrijf; JCN is wat JCN kan en weet. Het leerproces lijkt vooral een informeel, niet-schools karakter te moeten hebben. Het is desondanks verstandig na te vragen of men er ook aan hecht dat de leerinspanningen van medewerkers erkend worden in de vorm van een certificaat of diploma; denk aan certificering volgens IPMA, MSP, maar ook aan bijvoorbeeld een MBA. Die certificering zou deels via EVC-procedures kunnen verlopen, waarmee de langs in- en non-formele weg verworven competenties gehonoreerd worden. De casus maakt duidelijk dat het JCN-management de regie wil voeren. Maar in welk detail willen ze dat? Voor informeel leren is essentieel dat zij geen detailsturing op de leerprocessen nemen, wat natuurlijk niet wegneemt dat zij wel de voortgang periodiek kunnen monitoren.

De meeste medewerkers zullen elkaar al kennen, zo niet persoonlijk dan toch via bijvoorbeeld de bedrijfs-e-mail. Dat maakt dat er al een sociaal netwerk bestaat, waarop kan worden voortgebouwd. Omdat het hierbij om een bedrijfsnetwerk gaat, kan iedereen hiervan lid worden. Maar omdat JCN zich nadrukkelijk afvraagt of ook met partners en klanten kennis gedeeld moet worden, is het verstandig om er bij het management op door te vragen hoe ze zich dit voorstellen. Gaat het om een open innovatiebenadering, waarbij klanten en partners weliswaar betrokken worden, maar er sprake is van betrokkenheid op afstand, of wil men hen juist veel nauwer betrekken bij het bedrijf en hun een of andere vorm van lidmaatschap van het bedrijfsnetwerk aanbieden? Daarmee hangt de vraag van de toegankelijkheid van de informatie nauw samen. Wat is voor de hele wereld toegankelijk (als dat al iets is), wat voor partners en klanten, en wat alleen voor de werknemers? De gemakkelijkste weg lijkt alles maar besloten te houden, maar het management van JCN moet in elk geval gewezen worden op de mogelijke voordelen van een opener benadering. Hiermee hangt ook de vraag van de platformkeuze samen waarover later meer. In elk geval moet onderzocht worden of het management bij voorbaat al exclusief het eigen, bestaande platform wil gebruiken en of het bereid is dat dan aan te passen. Als het management het eigen platform wil blijven

gebruiken, maar dit niet wil aanpassen, kan daarmee de opdracht al onuitvoerbaar zijn!
En ten slotte is het van belang dat het management inzicht geeft in de demografie van de bedrijfspopulatie. Om hoeveel mensen gaat het, wat is hun achtergrond, etc.? Die informatie is bij maatwerk absoluut noodzakelijk.

9.3.2 LEREN (HOOFDSTUK 2)

Er moet dus binnen JCN van elkaar geleerd worden, ook van en met de klanten en partners. Zoveel is wel duidelijk. Essentieel is dat het JCN-management zich bij het formuleren van zijn ontwikkelopdracht realiseert dat het opleiden van werknemers kan worden uitbesteed, maar niet hun leren! Zij zullen samen met de werknemers in kaart moet brengen wat nu dat leren behelst en wat goede manieren zijn om het te faciliteren. De casus schetst een probleem dat primair door het management is gesignaleerd. Maar onderkennen andere geledingen binnen de organisatie dit probleem ook? Dat is een vraag die voorafgaand aan welk ontwerp ook beantwoord moet worden. Verder is het van belang dat het probleem niet louter als een leervraagstuk wordt gedefinieerd. Er moet een focus zijn op de kennisdeling en de borging van de expertise, maar ook op flankerende beleidsmaatregelen en cultuuraspecten. Voorbeelden zijn:

- Wat maakt het voor de werknemers momenteel relevant en boeiend om hun ervaringen met collega's te delen, of is daar juist geen sprake van?
- Is er een cultuur in de organisatie om elkaar te informeren en te helpen, of zijn de senior consultants en programmamanagers vooral gericht op hun eigen individuele performance?
- Welke prikkels zijn er nu, of kunnen er worden gegeven, om de cultuur in de gewenste richting verder te ontwikkelen?

Het management van JCN en de werknemers moeten ervan doordrongen zijn dat het inrichten van een leernetwerk slechts de eerste stap is. Zorgen dat werknemers daar ook daadwerkelijk continu mee blijven werken, is de noodzakelijke tweede stap.
Een tweede constatering is dat de associatie met conventioneel opleiden wordt losgelaten bij het onderzoeken van wat er nu aan verandering gewenst is. Typerend voor leernetwerken is immers dat er sprake is van andersoortige leeractiviteiten dan in de klassieke opleidingsactiviteiten. In de vervolggesprekken met het JCN-management is het noodzakelijk om te spreken over hoe werk en leren geïntegreerd kunnen worden, in plaats van te kiezen voor een focus op formele oplei-

dingen. Dat zal voor bijvoorbeeld het HR-management moeilijk kunnen zijn. Immers, bij opleidingen hebben we allemaal wel een beeld hoe die eruitzien, maar bij leernetwerken moet zo'n gezamenlijk beeld nog worden ontwikkeld: hoe valt daarvan te leren, is er wel sprake van leren? Het is mogelijk beter om te spreken over de vraag hoe we hier in deze organisatie het werken aan innovaties faciliteren. En dat er in innovatieprocessen veel geleerd wordt, is evident. Door de vraag zo te formuleren wordt meer de nadruk gelegd op het inrichten van een omgeving die innovaties dichterbij brengt, zonder dat we daarbij direct vervallen in het hanteren van een opleidingsterminologie.

In de derde plaats is het bij de gesprekken over de opzet van een leernetwerk binnen JCN raadzaam direct in positieve zin te spreken over de rol van een facilitator (zie ook 9.4.4). Een facilitator zorgt voor het inbrengen van activiteiten en situaties in het leernetwerk die uitnodigen tot interactie. Naast deze inhoudelijke rol is het in de beginfase ook van belang om te beoordelen of de technologische voorzieningen passen bij de digisociale bekwaamheden, of het gebrek daaraan, van de beoogde deelnemers en hen eventueel te attenderen op technologische mogelijkheden die niet direct door alle deelnemers worden benut.

Tot slot is het goed het JNC-management met de introductie van leernetwerken geen gouden bergen te beloven. Een leernetwerk is geen vervanger voor alle opleidingen en trainingen. Een aantal daarvan blijft waarschijnlijk nuttig en nodig, bijvoorbeeld vanuit het perspectief van de kwaliteitszorg (opleidingscertificaten als indicator van kwaliteit). Zoals in de casusanalyse al is gememoreerd, hebben opleidingen en trainingen het voordeel dat werknemers elkaar face-to-face treffen. Zeker gelet op de aard van hun werk als consultant, met veel extern werk, zijn de mogelijkheden om elkaar te ontmoeten waarschijnlijk relatief gering. Het is van belang om als organisatie ervoor te zorgen dat dergelijke ontmoetingen blijven bestaan, al was het maar om met elkaar 'kennis te blijven maken'. Dat hoeft overigens niet alleen plaats te vinden via conventionele opleidingen. Mogelijk passen werkconferenties of (andere) creatievere vormen van elkaar ontmoeten beter bij JCN. Een leernetwerk kan een duurzame verrijking van het leeraanbod in de JCN-organisatie zijn, maar is natuurlijk niet noodzakelijk de ultieme oplossing voor alle leer- en opleidingsproblemen.

9.3.3 KWALITEIT (HOOFDSTUK 3)

Kwaliteit van het te ontwerpen leernetwerk kan worden beschreven in termen van winst aan sociaal kapitaal. Drie aspecten kunnen daarbij worden onderscheiden:

1 het structurele, dat zich vooral richt op de missie en relatiestructuur van het netwerk;
2 het relationele, dat de kwaliteit en aard van de relaties centraal stelt;
3 het cognitieve, dat gaat over gedeelde taal, doelstellingen, opvattingen en ervaringen.

In de gesprekken met het JCN-management zal gesproken moeten worden over welke aspecten van het sociale kapitaal moeten toenemen. Die keuze is in sterke mate een strategische en daarom kan alleen het JCN-management, als hoogst verantwoordelijke belanghebbende, zich daarover uitspreken. Maar er valt in algemene zin wel iets te zeggen over wat een verstandige keuze lijkt.
Uit de casus komt naar voren dat JCN complexe en risicovolle projecten efficiënt kan afhandelen, maar dat er maatregelen nodig zijn om de toekomstige kwaliteit ervan zeker te stellen. Op kortere termijn bestaat de behoefte om door efficiëntere opleidingsmodellen de competenties op niveau te houden en om kennis en expertise die in de organisatie aanwezig zijn beter toegankelijk te maken. Deze beide kortetermijndoelen lijken te corresponderen met een netwerk waarin de structurele en cognitieve aspecten een groter gewicht toegekend krijgen dan het relationele aspect. Het structurele aspect wordt ingevuld door een netwerk waarin weinig redundantie voorkomt en dat gericht is op efficiënte ontsluiting van kennis en expertise. Het cognitieve aspect wordt ingevuld door het onderhouden van een gezamenlijke know-how.
Op wat langere termijn lijkt het beeld anders te liggen: JCN wil kennisdeling en kennisconstructie op een hoger plan tillen. De 'enorme dynamiek' en de 'snelle opeenvolging van technische ontwikkelingen' maken het minder goed mogelijk om de expertise te 'canoniseren' en op traditionele manieren te ontsluiten. Kennis zal voortdurend geconstrueerd worden in het kader van projecten. Het is dus zaak het netwerk zo in te richten dat deze expertise – die aan projectleden gebonden is – gevonden kan worden. Dat kan alleen door deze medewerkers 'te vinden'. Dit houdt een verschuiving in van de gewenste kwaliteit van het netwerk naar het relationele aspect, met behoud van het cognitieve. Dat laatste lijkt in eerste instantie niet voor de hand te liggen: men gaat immers weg van de geëxternaliseerde kennis? Dat is zeker waar, maar daarvoor in de plaats komt een sterk toegenomen belang van het ontwikkelen en onderhouden van de gezamenlijke kennisbasis en dat valt ook onder het cognitieve aspect.

9.4 De diepere analyse

Ontwerpdimensies, leren en kwaliteit zijn onderwerpen die in de inleidende, verkennende gesprekken met het JCN-management de revue zullen passeren. Laten we aannemen dat die gesprekken succesvol zijn verlopen en dat JCN de opdracht verleent om een leernetwerk te ontwerpen voor al zijn medewerkers, maar in het bijzonder voor de senior consultants. Wat zijn dan de vervolgvragen die onderzocht moeten worden en wat zijn de overwegingen die daarbij een rol spelen? De hoofdstukken 4 tot en met 8 leveren de inzichten die nodig zijn om die beide vragen te beantwoorden.

9.4.1 ONTWERPBENADERINGEN (HOOFDSTUK 4)

Op het eerste gezicht lijkt de informatie in de casusbeschrijving rechtstreeks in een ontwerp voor een leernetwerk vertaald te kunnen worden. Dat geldt waarschijnlijk eens te meer als de resultaten van de verkennende gesprekken met het JCN-management over de ontwerpdimensies, het leren en de kwaliteitsbewaking bekend zijn. Toch is dit een voorbarige conclusie. Immers, is het aannemelijk dat de informatie die het management verstrekt betrouwbaar en volledig is en de werkelijke problemen weerspiegelen waarmee het personeel geconfronteerd wordt? De ervaring leert dat managers informatie vergaren uit allerlei bronnen en die vervolgens gefilterd aan ontwerpers presenteren zodanig dat dit de door hen zelf bedachte oplossing ondersteunt. Dat is geen boze opzet, zo gaan managers nu eenmaal te werk! Ontwerpoplossingen die gebaseerd zijn op incorrecte of onvolledige informatie kosten de klant en de ontwerpers handenvol geld.
De Gartner Group, een van de invloedrijkste op het internet gerichte onderzoeks- en adviesbureaus, heeft becijferd dat wereldwijd het bedrijfsleven miljarden dollars verliest aan het ontwikkelen van softwareoplossingen die best aardig zijn, maar niet de problemen van de mensen voor wie ze bedoeld zijn oplossen. Natuurlijk is de informatie die uit JCN komt via de verkennende gesprekken noodzakelijke input voor het maken van het ontwerp van een leernetwerk, maar het is geen voldoende input.
Daarvoor is het nodig eerst te gaan onderzoeken, uit de eerste hand en ongefilterd, wat het personeel en vooral de senior consultants doen, wat hun taken zijn. Dat kan alleen door op de werkvloer een kijkje te nemen en een tijdje met een senior consultant mee te lopen. Dat kijken moet bovendien op een gestructureerde manier gedaan worden door iemand die daarin getraind is. Een eventueel aanbod van JCN een stagiair daarvoor vrij te maken, is dus niet goed genoeg. De informatie

die aldus ingewonnen wordt, moet vervolgens geanalyseerd worden. De kunst is boven water te krijgen wat de mensen nodig hebben, niet wat ze nodig zeggen te hebben. Henry Ford zou gezegd hebben: 'If I ask people what they want, they would say a faster horse.' Dat illustreert heel goed het verschil tussen nodig hebben en zeggen wat je nodig hebt.

Om de werkelijke behoeften boven water te krijgen, is een kwalitatief sterke keten van observeren en analyseren nodig. Het resultaat van die analyse kan zijn dat JCN geen leernetwerk nodig blijkt te hebben, zelfs geen trainingen. Dat is vervelend omdat de opdracht daarmee voortijdig is volbracht, maar om geloofwaardig te blijven moet die uitkomst niet bij voorbaat uitgesloten worden. Als uit de analyse blijkt dat een leernetwerk de aangemeten oplossing is, dan moeten uit de data personas geconstrueerd worden; rijke beschrijvingen van typische representanten van bepaalde gebleken behoeftenclusters. De personas vormen het startpunt van het ontwerp. De senior consultants zullen hierin op een of andere manier terug te vinden zijn, maar ongetwijfeld zullen ook allerlei onverwachte behoeftenclusters geïdentificeerd worden, waarmee JCN zijn voordeel kan doen. Voor het vervolg gaan we ervan uit dat de analyse van de JCN-casus inderdaad wijst op de noodzaak een leernetwerk te ontwerpen en in te richten.

9.4.2 PLATFORM EN TECHNOLOGIE (HOOFDSTUK 5)

Een van de vervolgstappen die gezet moet worden na het vergaren en analyseren van de data over de behoeften van JCN, is het maken van een globaal functioneel ontwerp van het leernetwerk. Laten we ervan uitgaan dat het beoogde leernetwerk onderdeel wordt van het besloten bedrijfsnetwerk van JCN (zie ook 9.3.1). De vraag is dan of het bestaande platform wordt uitgebouwd dan wel of er aanvullend hierop een nieuw platform wordt gebruikt. Twee groepen randvoorwaarden moeten dan in acht worden genomen. De eerste daarvan wordt gedicteerd door de JCN-organisatie: door de bestaande architectuur en techniek, het beschikbare budget, de aanwezige expertise en de kennis die al is opgeslagen in één of meer informatiesystemen. De tweede groep hangt samen met de in dit boek besproken 'filosofie' van leernetwerken: het platform moet de basisentiteiten uit het leernetwerkenmodel bevatten (profielen, artefacttypen en communities) en kerndiensten bevatten om (bottom-up) kennis toe te voegen, kennis te beschrijven, kennis te waarderen, kennis te delen en op de hoogte te blijven van aanwas van nieuwe kennis.

Aan beide groepen randvoorwaarden moet tegelijkertijd tegemoetgekomen worden. Zoals vermeld wil het JCN-management het al aanwe-

zige platform gebruiken. Of dat kan, zal in deze fase getoetst moeten worden, onder verwijzing naar de als tweede genoemde set van leernetwerkspecifieke randvoorwaarden. Gegarandeerd moet zijn dat:
- de oriëntatie in het leernetwerk vooral vraaggestuurd is, niet aanbodgericht;
- de werknemers centraal staan, niet de trainingsmethoden en -inhouden;
- de werknemers afwisselend producent en consument zijn, niet vooral afnemers van informatie en diensten;
- de inrichting en structuur van het leernetwerk zich vooral organisch ontwikkelt, niet langs vaste, opgelegde lijnen;
- de kennis in het leernetwerk gestructureerd kan worden op basis van een eigen semantiek en niet uitsluitend volgens de gegeven hiërarchische en logische ordening van een inhoudelijk domein.

Na de keuze van het platform volgt dan de inrichting en configuratie ervan, waarbij rekening wordt gehouden met kenmerken, gedrag en gewoonten van de werknemers zoals die uit de analyse van de werkvloer naar voren zijn gekomen (9.4.1). Omdat het aantal werknemers van het bedrijf omvangrijk is, kan overwogen worden het leernetwerk enigszins voor te structuren, bijvoorbeeld door een structuur van communities aan te brengen, waarmee werknemers zich in eerste instantie gemakkelijk kunnen identificeren. Die structuur mag echter nooit bepalend worden om te voorkomen dat het feitelijke kennisdelen en ontwikkelen erdoor geremd worden. Anders geformuleerd, de aangebrachte structuur mag slechts helpen het probleem van een 'koude start' te overwinnen, maar moet daarna desgewenst gemakkelijk vervangen kunnen worden door een andere.

9.4.3 DIENSTEN (HOOFDSTUK 6)

De casusbeschrijving geeft aan dat het JCN-management twee zorgen heeft. Enerzijds wil het management de kwaliteit van zijn medewerkers, in het bijzonder de senior consultants, op peil houden, anderzijds wil het dat iedereen binnen het bedrijf beter van elkaars kennis gebruikmaakt en nieuw verworven kennis beter deelt. Laten we ervan uitgaan dat de gesprekken met en observaties van het personeel (9.4.1) dit beeld bestendigen. Dan heeft JCN dus twee doelstellingen die elk een verschillende benadering lijken te vragen. Voor zijn consultants lijkt een formeel opleidingstraject aangewezen, voor alle medewerkers samen een informele structuur om kennis te delen. Door op een verstandige manier diensten aan elkaar te knopen, kunnen deze beide benaderingen bij elkaar gebracht worden.

Voor het formele traject geldt dat JCN voor zijn senior consultants functieomschrijvingen en competentieprofielen zal moeten opstellen. Daarin ligt immers vervat welke expertise JCN van deze mensen verwacht. Als de benodigde expertise bekend is, zal vastgesteld moeten worden of de consultants in voldoende mate over deze expertise beschikken. Dat kan via formele assessment centres, maar ook door EVC-achtige procedures, waarvoor werknemers een portfolio opbouwen met bewijsstukken van eerder verworven competenties. Maar ook de reeds behaalde certificaten (IPMA en MSP) geven aan welke competenties een projectmanager bezit. In samenspraak met de HRM-afdeling en de individuele werknemer kan dan vastgesteld worden aan welke competenties gewerkt moet worden. Hieraan kan een ontwikkelplan gekoppeld worden, dat vertaald wordt naar activiteiten die uitgevoerd moeten worden (de POP en PAP uit de plaatsbepalingdienst). Al deze zaken moeten vervolgens worden toevertrouwd aan het portfolio van deze werknemers, zodat de overige diensten in het leernetwerk – collegiale ondersteuning, adviesdiensten – van die gegevens gebruik kunnen maken om beter hun werk te doen.

Gedurende hun leertraject moet aandacht worden besteed aan toetsing, zowel om de voortgang te meten als om te bepalen of het gewenste eindniveau is bereikt. Geschikt zijn allerlei vormen van toetsing die gebruikelijk zijn in het competentie-assessment, maar ook vormen waarin collega's, managers en klanten een rol spelen. Dit kan op een vrij formele manier, op basis van een 'beoordelingsformulier', maar ook op een informelere manier, zoals in feedback op een stuk, commentaar in een overleg, discussies in een forum, Twitter, etc. Uiteraard kunnen assessment centres en EVC-procedures ingezet worden. Gezien de hoge kosten daarvan ligt het voor de hand dat vooral ten behoeve van certificering te doen.

Naast de senior consultants en andere werknemers die een formeel traject volgen, met beoogde competentieprofielen, EVC-procedures en POP's, zullen er ook werknemers zijn voor wie dit niet of niet nu geldt. Toch is het ook voor hen van belang zicht te houden op hoe hun expertise verandert en vermeerdert door wat zij gedaan hebben. Net als voor de senior consultants is het daarom ook voor hen essentieel een portfolio bij te houden. Het portfolio bestaat uit een 'statisch' profiel dat door de HRM-afdeling wordt ingevuld en door de werknemer aangevuld wordt. Maar voor hen veel belangrijker is het dynamische deel, dat bestaat uit documenten, plannen en activiteiten die de werknemer in het JCN-leernetwerk uitvoert. Het vormt de weerslag van alle kennisdelings- en kennisontwikkelingsactiviteiten. Uiteindelijk kan een dergelijk portfolio dienen om een EVC-procedure in te gaan als toch een formeel certificaat gewenst is. De werknemer of het HR-management kan op elk gewenst moment daartoe besluiten. En zo wordt ook duidelijk dat door deze convergentie via het portfolio van het formele traject voor de consultants en het informele voor de overige werknemers er leerwinst voor iedereen is, voor individuele medewerkers en bedrijf.

9.4.4 HET INDIVIDUELE PERSPECTIEF (HOOFDSTUK 7)

Zoals in de vorige paragraaf al werd aangegeven, is aannemelijk dat de vraag van het JCN-management een antwoord vanuit twee verschillende perspectieven toelaat. In deze paragraaf kiezen we het perspectief van de individuele werknemer op het te ontwerpen leernetwerk, in de volgende het organisatieperspectief.

De individuele werknemers van JCN zullen vooral hun voordeel kunnen doen met de idee van de persoonlijke cockpit. Maar het valt niet te verwachten dat iedereen daar zonder meer mee aan de slag kan. Daarvoor is training nodig, zodat zij weten welke instrumenten beschikbaar zijn en weten hoe hun persoonlijke keuze daaruit kan worden toegevoegd aan de persoonlijke cockpit. Dit is een leer- en bewustwordingsproces dat consequenties zal (en moet!) hebben voor de dagelijkse werkroutine. In grote organisaties zoals JCN wordt de uitrol van nieuwe technologie vaak gedaan door facilitatoren die groepen van medewerkers trainen. Zij treden als het ware op als consultants die het veranderingsproces begeleiden dat tot de integratie van de nieuwe technologie moet leiden. Meestal wordt er één grote kennismakingssessie gehouden, die gevolgd wordt door kortere sessies voor kleinere groepen. Daarin valt de nadruk op de invloed die de nieuwe technologie heeft op de werkprocessen van die specifieke groep.

Het is niet voldoende alleen technische vaardigheden te trainen. Begrijpen wat de integratie van een persoonlijke cockpit betekent voor de dagelijkse werkprocessen gaat verder dan begrijpen hoe de cockpit en de instrumenten daarin bediend kunnen worden. De werknemers van JCN moeten leren aanvoelen welke informatie wanneer met het leernetwerk gedeeld moet worden; ze moeten ook leren welke steun en meerwaarde het leernetwerk voor henzelf kan hebben. Daarbij moet niet uit het oog verloren worden dat kennis macht vertegenwoordigt en dat het delen van kennis dus tot een verzwakking van iemands positie kan leiden. Dit geldt vooral wanneer werknemers uit verschillende organisaties geacht worden kennis met elkaar te delen in een gezamenlijk netwerk. Het kan erg lastig zijn deze machtsbarrière te overwinnen, bijvoorbeeld omdat de consequenties van het delen moeilijk zijn in te schatten.

9.4.5 HET ORGANISATIEPERSPECTIEF (HOOFDSTUK 8)

De invulling van het perspectief dat JCN als organisatie heeft op het leernetwerk, lijkt precies aan te sluiten bij de hybride aanpak waarvoor hoofdstuk 8 een lans breekt. In de ogen van het JCN-management wordt er zoals eerder vermeld te weinig kennis uitgewisseld en gedeeld. Maar het zou best kunnen dat de senior consultants buiten het bedrijfsnetwerk om, via informele netwerken, kennis met elkaar uitwisselen. Dat zou heel goed kunnen tijdens de verplichte face-to-face-trainingssessies die in de casusbeschrijving worden genoemd, maar het verloopt ongetwijfeld ook via de e-mails die men elkaar stuurt. De eerste vorm van kennisuitwisseling is vluchtig en laat geen zichtbare sporen na. Dat doet de tweede vorm wel, maar het privékarakter van e-mail maakt het lastig opgeslagen kennis te delen als het management al overwogen heeft e-mail te gebruiken voor dat doel. Kortom, het is aannemelijk dat er sprake is van een zekere mate van kennisdeling, maar slechts in beperkte mate en in een vorm die niet gemakkelijk toegankelijk is voor derden. Hier ligt dus een taak in het kader van het ontwerp en de inrichting van een leernetwerk. Dat moet op een zodanig transparante manier gebeuren dat de winst voor de organisatie helder is.

Intussen moet er ook een link gelegd worden met de formelere vormen van kennisdeling waaraan het JCN-management ook hecht (zie 9.4.3). Die link wordt gelegd door personen voor elkaar vindbaar te maken, door hun expertise en ervaring onderling te delen en door verbindingen en (informele, gemedieerde) conversaties tussen mensen te faciliteren. Daarbij worden combinaties gemaakt van de connecties die medewerkers al hebben binnen en buiten JCN. Hierbij spelen artefacten zoals rapporten, verslagen en presentaties een rol, waarbij het van belang is de koppeling met individuen te behouden. Rapporten, verslagen, presentaties etc. zijn immers de 'neerslag' van de specifieke kennis en expertise van individuen.

9.5 Tot slot

Uit de diverse casussen in hoofdstuk 1 bleek dat er leernetwerken bestaan in allerlei soorten en maten. Wanneer we een andere casus hadden beschreven, dan zouden de details van bovenstaande bespreking er ongetwijfeld anders hebben uitgezien. In het voorbeeld van het netwerk van ouders van autistische kinderen is er geen bedrijfsmatig georganiseerd management waarmee gesproken kan worden en is er nauwelijks een organisatieperspectief. Toch zou de globale aanpak hetzelfde zijn, met eerst een focus op de achterliggende problematiek en dan een inventarisatie van noden en wensen, met technologie als onderlegger. Dat kan doordat er achter elk van die casussen een gemeenschappelijke factor is: die van kennis verwerven, delen en ontwikkelen in online sociale netwerken. Daarvoor althans hebben we geprobeerd in dit boek argumenten aan te dragen. Op de toetsing van die argumenten is ons onderzoek gericht.

Het idee van genetwerkt leren is al enkele decennia oud. In het verleden is daar vooral invulling aan gegeven die gericht was op het formele, schoolse onderwijs. Een dergelijke invulling maakt maar weinig gebruik van moderne informatie- en communicatietechnologie zoals sociale media en Web 2.0. Dat kon natuurlijk ook niet anders, aangezien de moderne ICT 15 jaar geleden eenvoudigweg nog niet bestond. Met dit boek hebben wij geprobeerd een modernere visie op genetwerkt leren neer te zetten. Zonder het schoolse leren buitenspel te willen zetten, hebben we het accent gelegd op informeel leren; leren dat intentioneel is, maar niet uitgaat van de geijkte leerinfrastructuren (klaslokalen, roosters, curricula, exameneisen) die we gevoelsmatig bijna automatisch verbinden met leren en 'leeromgeving'. Moderne ICT zoals sociale media nemen een prominente plaats in. Niet omdat dat 'van deze tijd' zou zijn, maar omdat het onze overtuiging is dat die moderne technologie ongekende mogelijkheden biedt om informeel leren te ondersteunen. En het leren van professionals kan daar naar onze overtuiging meer dan ooit tevoren van profiteren.

De door ons voorgestane benadering is nog relatief pril. Nieuwe sociale media bijvoorbeeld ontstaan in hoog tempo, sommige daarvan beloftevol voor een leercontext. Mensen gebruiken al sociale media en zullen dat steeds meer gaan doen. De wens om die media te integreren in hun persoonlijke en organisatiegebonden leeromgeving zal dus ook steeds luider gehoord worden. Minder zichtbaar, maar minstens even belangrijk, is dat mensen die in een leernetwerkverband leren allerlei sporen in de vorm van data achterlaten. Door die data systematisch te vergaren, kunnen we hen steeds beter helpen met de diensten die wij bieden. En dan zijn er ten slotte de mobiele apparaten (smartphones, tablets) die stormenderhand de wereld veroveren op het moment dat wij dit boek schrijven. Apparaten die mensen in staat stellen vrijwel permanent online te zijn en die een nog nauwelijks in te schatten impact gaan hebben. Daar komt bij dat snelle, op telefoniestandaarden gebaseerde internetverbindingen in steeds meer delen van de wereld beschikbaar komen. Het aantal mensen met wie in potentie samengewerkt kan worden, neemt toe met het tempo van het beschikbaar komen van dat soort verbindingen. Kortom, de richting waarin de technologie zich ontwikkelt, belooft veel goeds voor een leernetwerkbenadering.

Ook in theoretisch opzicht, in het nadenken over wat leernetwerken zijn en hoe in die context kennis verwerven, delen en ontwikkelen plaatsvindt, is nog winst te behalen. Informeel leren in leernetwerken is nieuw. Misschien mag er wel gesproken worden van een paradigmaverschuiving. Er is jarenlang veel energie gestoken in het ontwikkelen van theorieën over instructieontwerpen, in manieren om kennisoverdracht te optimaliseren. De laatste jaren wordt ook meer nagedacht over hoe mensen leren in sociale verbanden. Maar de context waarin die theorievorming over instructieontwerp en sociaal leren plaatsvindt, is vooral de context van het formele leren.

We hebben inmiddels een beeld van hoe bij informeel leren geleerd wordt van elkaar en met elkaar, en hoe kennis in gezamenlijkheid ontwikkeld wordt. Het onderzoek gaat voort. Er is ruimte voor meer diepgaande theorievorming in dialoog met de praktijk: leernetwerken worden ontworpen, ingericht en operationeel gemaakt. Ontwerpen moeten worden bijgesteld, richtlijnen herijkt, enzovoorts. Ook aan het opdoen van dat soort ervaringen, die voor de toekomst van het leren in netwerken met behulp van sociale media en andere informatie- en communicatietechnologie zo belangrijk zijn, hoopt dit boek een bijdrage te leveren.

Algemene literatuurlijst

Alpay, L., Giboin, A., & Dieng, R. (1998). Accidentology: An example of problem solving by multiple agents with multiple representations. In M. W. V. Someren, P. Reimann, H. P. A. Boshuizen & T. D. Jong (Eds.), *Learning with multiple representations* (pp. 152-174). Oxford, UK: Elsevier.

Angehrn, A. A., & Maxwell, K. (2008). TENTube: A video-based connection tool supporting competence development. *Proceedings workshop empowering learners for lifelong competence development.* Madrid, Spain, 10-11 April 2008.

Assen, D., & Van de Pol, R. (2008). Duurzaam implementeren van e-learning. *Develop,* 4(4), 44-55.

Attwell, G. (2007a). The personal learning environments - the future of eLearning? *eLearning Papers,* 2(1).

Attwell, G. (2007b). *Searching, lurking and the zone of proximal development, e-learning in small and mediaum enterprises in Europe.* Bremen, Germany: Pontybridd.

Berlanga, A., Rusman, E., Bitter-Rijpkema, M., & Sloep, P. (2009). Guidelines to foster interaction in online communities. In R. Koper (Ed.), *Learning Network Services for Professional Development* (pp. 27-42). Berlin, Heidelberg, Germany: Springer-Verlag.

Berlanga, A. J., Bitter-Rijpkema, M., Brouns, F., Sloep, P. B., & Fetter, S. (2011). Personal profiles: enhancing social interaction in learning networks. *International Journal of Web Based Communities,* 7, 66-82.

Berlanga, A. J., Brouns, F., Van Rosmalen, P., Rajagopal, K., Kalz, M., & Stoyanov, S. (2009). Making use of language technologies to provide formative feedback. In S. D. Craig & D. Dicheva (Eds.), *Proceedings of the 14th International Conference in Artificial Intelligence in Education. AIED 2009 workshop natural language processing in support of learning: metrics, feedback and connectivity* (Vol. 10, pp. 1-8). 6-7 July, 2009 Brighton, United Kingdom.

Billett, S. (2010). The perils of confusing lifelong learning with lifelong education. *International Journal of Lifelong Education,* 29(4), 401-413.

Bitter-Rijpkema, M., Retalis, S., Sloep, P. B., Sie, R., Katsamani, M., & Van Rosmalen, P. (in druk). A new approach to collaborative creativity support of new product designers. *International Journal of Web Based Communities.*

Bødker, K., Kensing, F., & Simonsen, J. (2004). *Participatory IT design: Designing for business and workplace realities.* Cambridge, MA, USA: MIT Press.

Bood, R., & Coenders, M. (2004). *Communities of practice, bronnen van inspiratie.* Utrecht, Nederland: Uitgevery Lemma.

Boshuizen, H. P. A. (2003). *Expertise development; how to bridge the gap between school and work.* Oratie. Open Universiteit, Heerlen, Nederland.

Bouwen, R. (2010). Relationele praktijken 'dragen' kennisontwikkeling. *Develop,* 6(1), 45-47.

Brouns, F. (2007). Personal profiling to stimulate participation in learning networks. *Proceedings of the ePortfolio 2007 Conference, 17-19 October, 2007.* Maastricht, the Netherlands.

Calmeyn, H. (2005). Netwerkleren: enkele basisprincipes. *Handboek Effectief Opleiden,* 12.1-1.01 - 12.1-1.10. 's-Gravenhage: Reed Business Information.

Castells, M. (1996). *The information age: economy, society and culture, part 1: the rise of the network society.* Oxford, UK: Blackwell.

Colley, H., Hodkinson, P., & Malcolm, J. (2003). Informality and formality in learning: a report for the Learning and Skills Research Centre. Retrieved from http://www.lsda.org.uk/files/pdf/1492.pdf.

Collison, C., & Parcell, G. (2002). *Learning to fly.* London, UK: Capstone.

Concept System 4©. (Software) Concept System Incorporated. Ithaca, NY, USA.

Constantine, L. (2001). *The peopleware papers: Notes on the human side of software.* New Jersey: Prentice Hall.

Cooper, A., Reimann, R., & Cronin, D. (2007). *About face 3. The essentials of interaction design.* Indianapolis: Wiley.

Coopman, S. J. (2009). A critical examination of Blackboard's e-learning environment. *First Monday,* 14(6), 1-12.

Cornelissen, F., & De Jong, T. (2010). Epiloog. De waarde van sociaal kapitaal. *Develop,* 6(1), 60-64.

Davis, F. D. (1993). User acceptance of information technology: system characteristics, user perceptions, and behavioral impacts. *International Journal of Man Machine Studies, 38,* 475-487.

De Bakker, G., Van Bruggen, J., Sloep, P., & Jochems, W. (2011). Introducing the SAPS system and a corresponding allocation mechanism for synchronous online reciprocal peer support activities. *Journal of Artificial Societies and Social Simulation,* 14(1).

De Jong, T. (2010). *Linking social capital to knowledge productivity.* Proefschrift Handelseditie. Houten: Springer Uitgeverij.

De Jong, T. (2011). *Contextualised mobile media for learning.* Proefschrift. Open Universiteit, Heerlen, Nederland.

De Jong, T., Noordover, J., & Van Peufflik, M. (2010). Werken aan ontwikkeling in een zorginstelling. Welke bril zet je op? *Develop Themanummer Sociaal kapitaal,* 6(1), 28-34.

De Leeuwe, M. (2008). De invloed van technologie in het juiste perspectief. *Develop,* 4(4), 58-66.

Dekkers, H., & Meijnen, W. (2003). Onderwijs in de maatschappelijke context. In N. Verloop & J. Lowyck (Eds.), *Onderwijskunde: een kennisbasis voor professionals* (pp. 14-61). Groningen: Wolters-Noordhoff.

DiLiello, T., & Houghton, J. (2008). Creative potential and practised creativity: identifying untapped creativity in organizations. *Creativity and Innovation Management,* 17(1), 37-46.

Dong, A. (2005). The latent semantic approach to studying design team communication. *Design Studies, 26,* 445-461.

Drachsler, H., Hummel, H. G. K., & Koper, R. (2008). Personal recommender systems for learners in lifelong learning networks: the requirements, techniques and model. *International Journal of Learning Technology* 3(4), 404-423.

Drachsler, H., Hummel, H. G. K., Van den Berg, B., Eshuis, J., Waterink, W., Nadolski, R., Koper, R. (2008). Effects of the ISIS Recommender system for navigation support in self-organized learning networks. In M. Kalz, R. Koper, V. Hornung-Prähauser & M. Luckmann (Eds.), *Proceedings of the 1st Workshop on Technology Support for Self-Organized Learners (TSSOL08) in conjunction with 4th Edumedia Conference 2008*

Self-organised learning in the interactive Web – Changing learning culture? June, 2-3, 2008. Salzburg, Austria.

Drachsler, H., Rutledge, L., Van Rosmalen, P., Hummel, H. G. K., Pecceu, D., Arts, T., Koper, R. (2010). ReMashed - an usability study of a recommender system for mash-ups for learning. *International Journal of Emerging Technologies in Learning. Special issue ICL2009 - Mash Ups for Learning, 5*, 7-11.

European Commission. (2011). *Education & training, lifelong learning programme general call for proposals 2011-2013 strategic priorities.* Retrieved from http://ec.europa.eu/education/llp/doc848_en.htm.

European Council. (2010). *Key competences for a changing world. 2010 Joint progress report of the Council and the Commission on the implementation of the 'Education & Training 2010 work programme'.*

Fetter, S., Berlanga, A. J., & Sloep, P. B. (2010). Fostering social capital in a learning network: laying the groundwork for a peer-support service. *International Journal of Learning Technology, 5*(3).

Fischer, G. (2009). *Cultures of participation and social computing: rethinking and reinventing learning and education.* Paper presented at the Proceedings of the 2009 Nineth IEEE International Conference on Advanced Learning Technologies.

Granovetter, M. S. (1973). The strength of weak ties. *American Journal of Sociology, 78*, 1360-1380.

Granovetter, M. S. (1982). The strength of weak ties: A network theory revisited. In P. V. Marsden & N. Lin (Eds.), *Social structure and network analysis* (pp. 105-130). Beverly Hill, CA: Sage.

Grotendorst, A., van Aken, I., Sino, C., & van Veldhuizen, B. (2007). *Verleiden tot leren in het werk.* Houten, Nederland: Bohn Stafleu van Loghum.

Gruwel-Brand, S., & Wopereis, I. (2010). *Word informatievaardig! Digitale informatie selecteren, beoordelen en verwerken.* Groningen: Noordhoff Uitgevers.

Gurteen, D. (2007). *KM2.0: KM goes Social.* Paper presented at the Online Information 2007, London, UK. http://www.gurteen.com/gurteen/gurteen.nsf/id/km-goes-social.

Harasim, L., Hiltz, R., Teles, L., & Turoff, M. (1995). *Learning networks: A field guide to teaching and learning online.* Cambridge, USA: MIT Press.

Haythornthwaite, C. (2002). Building social networks via computer networks: Creating and sustaining distributed learning communities. In K. A. Renninger & W. Shumar (Eds.), *Building virtual communities: Learning and change in cyberspace.* New York, US: Cambridge University Press.

Hill, R., & Dunbar, R. (2002). Social network size in humans. *Human Nature, 14*(1), 53-72.

Holtzblatt, K., Wendell, J., & Wood, S. (2005). *Rapid contextual design: A how-to guide to key techniques for user-centered design.* San Francisco: Morgan Kaufmann.

Johnson, M., & Liber, O. (2008). The personal learning environment and the human condition: from theory to teaching practice. *Interactive Learning Environments, 16*, 3-15.

Jones, C. (2008). Networked learning: weak links and boundaries. *Journal of Computer Assisted Learning, 24*(2), 87-89.

Kessels, J. W. M. (2001). *Verleiden tot kennisproductiviteit.* Oratie. Enschede, Nederland: Universiteit Twente.

Kester, L., & Sloep, P. (2009). Knowledge dating and knowledge sharing in ad-hoc transient communities. In R. Koper (Ed.), *Learning Network Services for Professional Development* (pp. 43-55). Berlin, Heidelberg, Germany: Springer-Verlag.

Kirkpatrick, D. L. (1994). *Evaluating training programs. The four levels.* San Franciso, USA: Berret-Koehler Publishers.

Knowles, M. (1975). *Self-directed learning*. Chicago: Follet.
Koper, R., Nadeem, D., & Stoyanov, S. (2010). Web 2.0 contents for connecting learners in online learning network. *Proceedings of the IEEE Educon 2010 Conference*. Madrid, April 2010.
Kuniavsky, M. (2003). *Observing the user experience – a practitioner's guide to user research*. San Francisco, CA: Morgan Kaufmann Publishers, Elsevier Science, USA.
Margaryan, A., Littlejohn, A., & Vojt, G. (2011). Are digital natives a myth or reality? University students' use of digital technologies. *Computers & Education, 56*(2), 429-440.
Melville, P., & Sindhwani, V. (2010). Recommender systems. In C. Sammut & G. I. Webb (Eds.), *Encyclopedia of Machine Learning* (pp. 829-838): Springer US.
Muller, M. J. (2007). Participatory design: The third space in HCI (revised). In J. Jacko & A. Sears (Eds.), *Handbook of HCI 2nd Edition*. Mahway NJ USA: Erlbaum.
Nahapiet, J., & Ghoshal, S. (1998). Social capital, intellectual capital and the organizational advantage. *Academy of Management Review, 23*, 242-266.
Nonaka, I., Nayana, R., & Konno, N. (2000). SECI, Ba and Leadership: a unified model of dynamic knowledge creation. *Long Range Planning, 30*(30), 5-34.
Nonaka, I., & Toyama, R. (2003). The knowledge-creating theory revisited: Knowledge creation as a synthesizing process. *Knowledge Management Research & Practice, 1*(2), 2-10.
OECD. (2010). The high cost of low educational performance: the long-run economic impact of improving PISA outcomes. Retrieved from http://www.sourceoecd.org/education/9789264077485.
Poell, R. (2004). Leren door het organiseren van leerprojecten. In J. Streumer & M. Van der Klink (Eds.), *Leren op de werkplek* (pp. 157-184). Den Haag, Nederland: Reed Business Information.
Poell, R. F. (2010). Opleiden op de werkplek. In N. Fleskens (Ed.), *Lang leve het leren!* (pp. 56-59). Helmond, Nederland: SBK.
Preece, J., Nonneke, B., & Andrews, D. (2004). The top five reasons for lurking: Improving community experiences for everyone. *Computers in Human Behavior, 20*, 201-223.
Rogers, E. M. (2003). *Diffusion of Innovations* (5 ed.). New York, USA: The Free Press.
Rubens, W. (2008). E-learning: trends en ontwikkelingen. *Develop, 4*(4), 7-16.
Rusman, E., Van Bruggen, J., Cörvers, R., Sloep, P. B., & Koper, R. (2009). From pattern to practice: evaluation of a design pattern fostering trust in Virtual teams. *Computers in Human Behavior, 25*, 1010-1019.
Rusman, E., Van Bruggen, J., Sloep, P., Valcke, M., & Koper, R. (2011). Can I trust you? Personal profiling for a first impression of trustworthiness in virtual project teams. *International Journal of Information Technology Project Management, 2*(4).
Rusman, E., Van Bruggen, J., Sloep, P. B., Valcke, M., & Koper, R. (2010). The mind's eye on personal profiles. How to inform initial trustworthiness assessments in virtual project teams. In G. Kolfschoten, T. Herrmann & S. Lukosch (Eds.), *Lecture Notes in Computer Science, 6257. Collaboration and Technology. Proceedings of the 16th International Conference CRIWG 2010* (pp. 297-304). Maastricht, Nederland: Springer.
Saunders, E. (2002). From user-centered to participatory design approaches. In J. Frascara (Ed.), *Design and the Social Sciences: Making Connections* (pp. 1-8). New York, NY, USA: Taylor & Francis.
Schafer, J. B., Frankowski, D., Herlocker, J., & Sen, S. (2007). Collaborative filtering recommender systems. In B. Peter, K. Alfred & N. Wolfgang (Eds.), *The adaptive web. Methods and strategies of web personalization 4321*, 291-324. Berlin Heidelberg, Germany: Springer-Verlag.

Sie, R., Bitter-Rijpkema, M., & Sloep, P. (2010). Coalition formation in networked innovation: directions for future research. In L. Dirckinck-Holmfeld, V. Hodgson, C. Jones, D. McConnell & T. Ryberg (Eds.), *Proceedings of the 7th International Conference on Networked Learning*. May, 3-4, 2010, Aalborg, Denmark.

Sie, R. L. L., Bitter-Rijpkema, M., & Sloep, P. B. (2009). The influence of coalition formation on idea selection in dispersed teams: a game theoretic approach. In U. Cress, D. Dimitrova & M. Specht (Eds.), *Learning in the Synergy of Multiple Disciplines. 4th European Conference on Technology Enhanced Learning, EC-TEL 2009* (pp. 732-737). Nice, France, September/October 2009, Berlin, Heidelberg: Springer-Verlag.

Sie, R. L. L., Bitter-Rijpkema, M., Sloep, P. B., & Retalis, S. (2009). Knowledge sharing strategies for collaborative creativity. In S. Retalis & P. Sloep (Eds.), *Proceedings of the Workshop on Methods & Tools for Computer Supported Collaborative Creativity Process: Linking creativity & informal learning*. Nice, September 30, 2009.

Skeels, M. M., & Grudin, J. (2009, May 10-13, 2009). *When social networks cross boundaries: a case study of workplace use of Facebook and LinkedIn.* Paper presented at the Proceedings of the ACM 2009 International Conference on Supporting group work, Sanibel Island, Florida, USA.

Sloep, P. (2008a). Netwerken voor lerende professionals. *Develop, 4*(4), 84-91.

Sloep, P. (2009a). Social Interaction in Learning Networks. In R. Koper (Ed.), *Learning network services for professional development* (pp. 13-15). Berlin, Heidelberg, Germany: Springer-Verlag.

Sloep, P., & Jochems, W. (2007). De e-lerende burger. In J. Steyaert & J. D. Haan (Eds.), *Jaarboek ICT en samenleving 2007; Gewoon digitaal* (pp. 171-187). Amsterdam, Nederland: Boom.

Sloep, P., & Kester, L. (2009). From lurker to active participant. In R. Koper (Ed.), *Learning network services for professional development* (pp. 17-27). Berlin, Heidelberg, Germany: Springer-Verlag.

Sloep, P. B. (2008b). *Netwerken voor lerende professionals; hoe leren in netwerken kan bijdragen aan een leven lang leren*. Oratie. Heerlen, Nederland. Open Universiteit.

Sloep, P. B. (2009b). Fostering sociability in learning networks through ad-hoc transient communities. In M. Purvis & B. T. R. Savarimuthu (Eds.), *Computer-Mediated Social Networking. Proceedings of the First International Conference, ICCMSN 2008* (pp. 62-75). Dunedin, New Zealand: Heidelberg, Germany: Springer-Verlag.

Sloep, P. B., Boon, J., Cornu, B., Klebl, M., Lefrère, P., Naeve, A., Tinoca, L. (2011). A European Research Agenda for Lifelong Learning. *International Journal of Technology Enhanced Learning*.

Specht, M. (2009). *Learning in a technology enhanced world*. Oratie. Heerlen, Nederland: Open Universiteit.

Spoelstra, H. A. F., Van Rosmalen, P., & Sloep, P. (ingediend). Project team formation support for self-directed learners in learning networks.

Stahl, G. (2006). *Group cognition: Computer support for building collaborative knowledge*. Cambridge, MA: MIT Press.

Steinfield, C., DiMicco, J. M., Ellison, N. B., & Lampe, C. (2009). Bowling online: social networking and social capital within the organization. *Proceedings of the fourth international conference on Communities and technologies* (pp. 245-254). University Park, PA, USA: ACM.

Stoyanov, S., Hoogveld, B., & Kirschner, P. A. (2010). Mapping major changes to education and training in 2025. *JRC Technical Note JRC59079*, June 2010.

Stoyanov, S., & Kirschner, P. A. (2004). Expert concept mapping method for defining the characteristics of adaptive e-learning: ALFANET project case. *Educational Technology Research and Development, 52*(2), 41-56.

Tamim, R. M., Bernard, R. M., Borokhovski, E., Abrami, P. C., & Schmid, R. F. (2011). What forty years of research says about the impact of technology on learning: a second-order meta-analysis and validation study. *Review of Educational Research*. doi: 10.3102/0034654310393361.

Ten Kate, S. (2009). *Trustworthiness within Social Networking Sites: A study on the intersection of HCI and Sociology*. Masterscriptie (ongepubliceerd). University of Amsterdam, Amsterdam, Nederland. Retrieved from www.stephantenkate.nl/thesis.

Tijmensen, L. (2001). De invloed van de professie op de ontwikkeling van professionals. In J. W. M. Kessels & R. Poell (Eds.), *Human resource development, organiseren van het leren* (pp. 243-254): Samson Uitgeverij.

Toffler, A. (1980). *The Third Wave*. New Jersey, USA: Morrow.

Trochim, W. (1989). An introduction to concept mapping for planning and evaluation. *Evaluation and Program Planning, 12*, 1-16.

Van der Heijden, B. I. J. M. (2005). *No one has ever promised you a rose graden. On shared responsibility and employability enhancing strategies throughout the career*. Oratie. Assen, Nederland: Van Gorcum.

Van der Klink, M., & Streumer, J. N. (2004). De werkplek als leersituatie. In J. N. Streumer & M. R. v. d. Klink (Eds.), *Leren op de werkplek* (pp. 11-31). 's-Gravenhage: Reed Business Information.

Van der Klink, M. R. (2004). Benaderingen voor het ontwerpen van opleiden en leren op de werkplek. *Handboek Effectief Opleiden*. 's-Gravenhage: Reed Business Information.

Van der Klink, M. R., & Jochems, W. M. G. (2004). Management en organisatie van e-learning. In W. M. G. Jochems, J. J. G. Van Merriënboer, E. J. R. Koper & T. J. Bastiaens (Eds.), *Een geïntegreerde benadering van e-learning* (pp. 187-201). Groningen/Houten, Nederland: Wolters-Noordhoff.

Van Merriënboer, J. J. G., Kirschner, P. A., Paas, F., Sloep, P. B., & Caniëls, M. C. J. (2009). Towards an integrated approach for research on lifelong learning. *Educational Technology Magazine, 49*(3), 3-15.

Van Rosmalen, P. (2008). *Supporting the tutor in the design and support of adaptive e-learning*. Dissertatie. Open Universiteit, Heerlen, Nederland.

Van Rosmalen, P., Sloep, P., Kester, L., Brouns, F., De Croock, M., Pannekeet, K., & Koper, R. (2008). A learner support model based on peer tutor selection. *Journal of Computer Assisted Learning, 24*, 74-86. doi: 10.1111/j.1365-2729.2007.00245.x.

Van Rosmalen, P., Sloep, P. B., Brouns, F., Kester, L., Berlanga, A., Bitter, M., & Koper, R. (2008). A model for online learner support based on selecting appropriate peer tutors. *Journal of Computer Assisted Learning, 24*, 483-493. doi: 10.1111/j.1365-2729.2008.00283.x.

Veerman, C. (2010). *Differentiëren in drievoud*. Advies van de Commissie Toekomstbestendig Hoger Onderwijs Stelsel.

Verdonschot, S. (2009). *Learning to innovate*. Dissertatie. Universiteit Twente, Enschede, Nederland.

Verstelle, M., De la Parra, B., & Sloep, P. B. (2002). De keuze van een elektronische leeromgeving. In H. Frencken, J. Nedermeijer, A. Pilot & L. T. Dam (Eds.), *ICT in het hoger onderwijs; stand van zaken* (pp. 99 -112). Leiden, Nederland: IVLOS en ICLON.

Verstelle, M., Sloep, P. B., & De la Parra, B. (2002). ELO's, DLO's en LMS'en: achtergronden en soorten. In H. Frencken, J. Nedermeijer, A. Pilot & L. T. Dam (Eds.), *ICT in het hoger onderwijs; stand van zaken*. Leiden, Nederland: IVLOS en ICLON.

Walther, J. B., Van der Heide, B., Hamel, L. M., & Shulman, H. C. (2009). Self-generated versus other-generated statements and impressions in computer-mediated communication. A test of warranting theory using Facebook. *Communication Research, 36*(2), 229-253.

Walther, J. B., Van der Heide, B., Kim, S. Y., Westerman, D., & Tong, S. T. (2008). The role of friends' appearance and behavior on evaluations of individuals on Facebook: Are we known by the company we keep? *Human Communication Research, 34*, 28-49.

Weber, S. (2004). *The success of open source*. Cambridge, MA, USA: Harvard University Press.

Wenger, E., McDermott, R., & Snyder, W. M. (2002). *Cultivating communities of practice: A guide to managing knowledge*. Boston, USA: Harvard Business School Press.

Wenger, E., White, N., & Smith, J. D. (2009). *Digital habitats: stewarding technology for communities*. Portland: CPsquare.

Wetenschappelijke Raad voor het Regeringsbeleid. (2002). *Van oude en nieuwe kennis; de gevolgen van ICT voor het kennisbeleid*. Den Haag, Nederland: Sdu.

Wikipedia. (2010). Digital literacy Retrieved 16 april 2010, from http://en.wikipedia.org/wiki/Digital_literacy.

Witziers, B. (2007). Effectiviteit van HRD: verleden, heden en toekomst. *Develop, 3*(4), 62-73.

Wopereis, I. G. J. H., Sloep, P. B., & Poortman, S. H. (2010). Weblogs as instruments for reflection on action in teacher education. *Interactive Learning Environments, 18*(3), 245-261. doi: 10.1080/10494820.2010.500530.

Verklarende woordenlijst

Artefacten
Een door mensen gemaakt voorwerp of product. In de context van een leernetwerk omvatten artefacten alle producten die een deelnemer maakt: allerlei soorten bestanden (tekstbestanden, spreadsheets, presentaties, afbeeldingen, multimedia et cetera) en andersoortige uitingen (tekst, ratings, emoticons et cetera), zoals bijdragen aan blogs, wiki's, maar bijvoorbeeld ook aan discussies, conversaties, applicaties en widgets. Samengevat: alles wat door anderen gelezen en gebruikt kan worden.

BRATS (afkorting)
Bookmark (markeren): het aanmerken van favoriete websites of pagina's, bijvoorbeeld via favorieten en bladwijzers.
Rate (waarderen): iets classificeren in categorieën op grond van bepaalde (vooraf vastgelegde) criteria. Op het internet gebeurt dit vaak door het geven van 0-5 sterren. In de context van een leernetwerk wordt een oordeel of waardebepaling gegeven aan een artefact, persoon of community.
Annotate (annoteren): toevoegen van informatie aan artefacten. Wordt meestal gebruikt om de betekenis van een artefact voor de gebruiker te verhogen.
Tag (classificeren): een bookmark, artefact, persoon, community voorzien van een label of trefwoord dat voor de gebruiker de karakteristieken aangeeft en door de gebruiker zelf gekozen is.
Share (delen): het aan anderen ter beschikking stellen van artefacten.

Cognitive walkthrough, hardopdenkmethode
Een evaluatiemethode waarbij gebruikers enkele taken uitvoeren en verwoorden wat ze doen tijdens de taakuitvoering. Wordt gebruikt om een leernetwerk te testen nadat het ontworpen is.

Community of gemeenschap
Een community of gemeenschap bestaat uit nauw met elkaar verbonden personen die iets gemeenschappelijk hebben, bijvoorbeeld interesse in een bepaald thema, en die met elkaar een bepaalde betrekking hebben. Om die reden zijn de meeste gemeenschappen relatief klein van omvang. Binnen een leernetwerk zijn doorgaans meerdere gemeenschappen actief.

Contextgebonden interview
Interview waarbij de interviewer de gebruiker bevraagt en dit combineert met observaties van diens werk.

Deelnemer/gebruiker
Iemand die zich heeft aangemeld bij een leernetwerk en daaraan deelneemt. De deelnemer kan in een leernetwerk diverse rollen vervullen. De meeste deelnemers zullen in eerste instantie de rol van lerende vervullen.

Digisociale bekwaamheid
Dit is een combinatie van digitale vaardigheden (beschikt iemand over de vaardigheden om in een digitale omgeving informatie te zoeken, te vinden en te (her)gebruiken) en van het bewustzijn van wat de consequenties zijn van deelname aan digitale omgevingen (aspecten zoals misbruik, fraude en diefstal van persoonlijke identiteit).

Digitale geletterdheid of informatievaardigheden
Het vermogen om online digitale informatie te lokaliseren, te organiseren, te begrijpen en te evalueren, en zelf informatie te creëren.

Focusgroepen
Methode om in kleine groepen ideeën te verhelderen, om wat impliciet is expliciet te maken, en om de problemen en de behoeften van gebruikers te bepalen.

Gebruikergericht ontwerpen
Een ontwerpbenadering waarbij de ontwerper vanuit de gebruiker probeert te denken om tot een voor de gebruiker optimaal systeem te komen.

Groepsclustering ('group cluster mapping')
Een methode om data, verzameld via focusgroep of contextgebonden interview, te structureren. Deze methode levert een gestructureerde aanpak om diverse groepen van belanghebbenden te assisteren in het

bereiken van consensus over karakteristieken, eisen en wensen van het ontwerp voor een leernetwerk.

Hashtags
Een tag voorafgegaan door het #-teken. Wordt gebruikt om trefwoorden in tweets aan te geven en tweets daarmee te categoriseren.

Hybride professioneel leernetwerk
Een hybride professioneel netwerk bestaat uit een organisatiegebonden netwerk (MLN) dat onder regie van het bedrijf staat, maar tegelijkertijd de individuele werknemer de mogelijkheid biedt dit te combineren/integreren met diens persoonlijke leernetwerk.

Leernetwerk
Leernetwerken spelen een belangrijke rol bij het bevorderen van kennisdeling en kennisontwikkeling in de hedendaagse kennismaatschappij. Het zijn online (ICT) sociale netwerken die speciaal ontworpen zijn om non-formeel leren te ondersteunen. Het gaat om relatief grote, online groepen van mensen die willen leren en kennis met elkaar willen delen. Het leernetwerk brengt personen met elkaar in contact die vaak niet op een andere manier al met elkaar zijn verbonden. Leren in een leernetwerk vergt een andere manier van kijken naar de organisatie van het leren en de omgeving waarin dat leren plaatsvindt. ICT speelt hierbij een belangrijke rol. Een leernetwerk kan verscheidene, elkaar mogelijk overlappende gemeenschappen omvatten, die ontstaan, groeien en verdwijnen, al naar gelang de voorkeuren en interesses van de deelnemers.

Leren in leernetwerken
De lerende is de regisseur en bepaalt zelf wat, wanneer en hoe er geleerd wordt. Leren komt tot stand door interactie tussen deelnemers, door de uitwisseling van informatie, door de beschikbaarheid van informatiebronnen en de mogelijkheden die er zijn om zelf actief informatie toe te voegen aan het netwerk. Er is expliciet aandacht voor competentieontwikkeling en vaak is er sprake van meervoudige doelstellingen, waarbij organisatiedoelen en persoonlijke doelen met elkaar zijn verbonden.

Managed Learning Network (MLN), organisatiegebonden leernetwerk
Een vorm van een leernetwerk dat door een organisatie opgezet, ingericht en beheerd wordt.

Netwerkleren, genetwerkt leren
Dit omvat alle vormen van leren (formeel, informeel, non-formeel) die gebruikmaken van netwerken (face-to-face en virtueel) tijdens het leerproces.

Non-formeel leren
Bewust en doelgericht leren uit interesse of om een probleem op te lossen. Er is sprake van een zekere (zelf)organisatie van het leren, maar het vindt niet plaats in de context van traditioneel formeel onderwijs.

Ontwerpbenadering
Voor het ontwikkelen van leernetwerken zijn verschillende ontwerpbenaderingen mogelijk. Zie ontwerpgestuurd, gebruikergericht en participatief/samenwerkend ontwerpen.

Ontwerpgestuurd ontwerpen
Een ontwerpbenadering waarbij de ontwerper zijn expertise gebruikt om optimale voorwaarden te definiëren en instrumenten te bouwen voor leernetwerken.

OpenSocial
Een set van API's ('application programming interfaces') die door Google en andere sociale netwerken zijn ontwikkeld om data van personen en objecten van andere sociale netwerksites ter beschikking te stellen in het eigen platform.

P-bank
De dienst in een leernetwerk die allerhande informatie over en van deelnemers vastlegt en levert. Dit omvat het profiel, portfolio en allerlei informatie die ontstaat door deelname in het leernetwerk.

Participatief of samenwerkend ontwerpen
Een ontwerpbenadering waarbij de deelnemers in alle stadia betrokken worden en het ontwerp gemaakt wordt in samenspraak met de (eind)gebruikers.

Personages ('personas')
Het ontwikkelen van personages ('writing persona') is een techniek die veel gebruikt wordt in softwareontwerp om ontwerpers te helpen voor ogen te houden voor wie zij de software maken. Een personage wordt gebaseerd op data over de eindgebruiker die op allerlei manie-

ren (denk aan focusgroep, contextgebonden interview) achterhaald wordt. Een personage is een archetypische beschrijving van een karakteristieke gebruiker van een product of dienst.

Personalisatie
Personalisatie staat toe dat de gebruiker onderdelen van het platform naar eigen voorkeur kan inrichten en dat het platform zich aanpast aan kenmerken, voorkeuren en gedrag van de gebruiker.

Persoonlijke leernetwerk (PLN)
Een persoonlijk leernetwerk dat door een individu zelf wordt ingericht, veelal met behulp van Web 2.0.

Platform
Een technologische omgeving die een aantal instrumenten of gereedschappen, functionaliteiten en configuratieopties bevat die nodig zijn voor het leernetwerk.

Portfolio
Een portfolio is een verzameling van documenten, werkstukken, diploma's, certificaten en andere informatie van en over een persoon om eigen kennen en kunnen bij te houden en aan te tonen.

Profiel
Het profiel bevat de informatie van en over de deelnemer in het leernetwerk: zowel identiteit als impliciet aanwezige kennis. Een profiel bevat statische informatie die de deelnemer vastlegt in profielvelden en dynamische informatie die ontstaat door deelname aan het leernetwerk.

RSS
'Really simple syndication'. RSS is oorspronkelijk bedoeld om gebruikers naar websites te lokken, door in XML-format de titel en eventueel de tekst van een nieuwsbericht beschikbaar te stellen. Speciale RSS-feedreaders zijn nodig om dit XML-format te tonen. Wordt veel gebruikt bij blogs, maar ook om nieuwsberichten beschikbaar te stellen. Tegenwoordig zijn er naast de diverse RSS-specificaties ook ATOM en RDF site summary in gebruik.

RSS-feeds
Een RSS-feed bevat een lijst van nieuwe toevoegingen op een website. Dit kunnen blogs, bookmarks, nieuwsberichten etc. zijn. Gebruikers

kunnen deze RSS-feeds ophalen met behulp van speciale feedreaders (als software die geïnstalleerd moet worden of als plug-in in een browser) om zo op de hoogte te blijven.

Sociaal kapitaal
Een set van theorieën die zich richt op het vraagstuk van kennisdeling en kennisontwikkeling in groepen/netwerken. Deze theorieën beschrijven welke mechanismen het leren kunnen stimuleren. Het gaat dan om de missie en structuur, de kwaliteit van de relaties tussen personen, groepslidmaatschap, gedeelde normen en waarden, opvattingen en ervaringen, vertrouwen, wederkerigheid, groepsgevoel en inzet voor de gemeenschap en het netwerk.

Sociale netwerken
Dit zijn websites of online communities, waar mensen een profiel kunnen aanmaken, veelal om vrienden (op persoonlijk of zakelijk vlak) te vinden, een sociaal netwerk op te bouwen en berichten te versturen. Bekende sociale netwerken zijn Hyves en Facebook voor vrienden in de persoonlijke sfeer of LinkedIn voor professionele doeleinden. Bij andere sociale netwerken gaat het met name om het delen van informatie, zoals filmpjes op YouTube of presentaties op Slideshare.

Social software
Social software is software die mensen in staat stelt om online contacten te leggen, online samen te werken in (virtuele) omgevingen, online (virtuele) gemeenschappen te maken of virtuele relaties te faciliteren.

Tag
Een label dat door gebruikers wordt toegevoegd aan bladwijzers/favorieten, documenten, tweets etc. als extra meta-informatie en om het product te classificeren.

Tweet
Een kort bericht (microblog) van maximaal 140 tekens. Een bekende microblogger is Twitter.

Twitter
Twitter is een website (http://twitter.com) waar geregistreerde gebruikers een profiel kunnen aanmaken en korte berichten, tweets, kunnen aanmaken. Anderen kunnen zich abonneren op een profiel en zo de berichten bijhouden, maar ook reageren op berichten.

Verwantschapsdiagram
Een methode om in samenspraak met de deelnemers grote hoeveelheden gegevens te structuren door aan elkaar gerelateerde (verwante) informatie te groeperen en van een label te voorzien.

Virtuele gemeenschap
Een virtuele gemeenschap, internetgemeenschap of online gemeenschap is een groep mensen die communiceert en/of samenwerkt met behulp van vooral het internet of een andere informatietechnologie, in plaats van elkaar in levenden lijve te ontmoeten. In het Nederlands taalgebied wordt de term gemeenschap ook regelmatig vervangen door de Engelse vertaling community (meervoud: communities).

Web 2.0
Dit verwijst naar de verschuiving die zichtbaar is op het internet van de traditionele website, waar de eigenaar van de website informatie ter beschikking stelt aan anderen, naar interactieve webapplicaties, waar iedereen naar believen informatie ter beschikking stelt. Hiervoor worden zogenaamde Web 2.0-applicaties gebruikt. Voorbeelden zijn blogs, wiki's, RSS en sociale netwerken zoals Hyves, LinkedIn, Facebook, Ning.

Widget
Dit is een technologie om kleine stukjes inhoud te tonen op een webpagina. Vaak is de getoonde informatie afkomstig van andere websites en applicaties. Voorbeelden zijn weerdiensten, kalenders, nieuwsfeedreaders. Onder andere iGoogle en Netvibes maken gebruik van widgets.

Register

aanvaardbare doorlooptijd 92
actieve participatie 95
activity streams 103
adviesdiensten 107, 117, 179
afgeleide kennis 108
analyse 171
analyseren 177
annotating 99
artefact 95, 96, 157, 181
ASA 65, 61
audioblog 137

baanzekerheid 37
bedrijfsnetwerk 87
bedrijfspopulatie 173
behoeftencluster 177
benaderingen
 –, gebruikergerichte 72, 73
 –, ontwerpergestuurde 72
 –, participatieve 72
Biomedexperts 150
bladwijzer 99
blog 67, 137, 144
Bloglines 104
blogmemo 130
bookmark 99, 100, 154
bookmarklet 102
bottom-up 101
BRATS'en 97, 99
BRATS-diensten 98
bruikbaarheid 88

certificering 179
chat 138
cognitive walkthrough 83
collaborative filtering 118, 119
collegiale ondersteuning 107, 113, 179
communicatiekanalen 138
communities of practice 148
community 27, 93, 144, 157

community-websites 133
competentie-assessment 179
competentie-eisen 142
competentieontwikkeling 27, 36, 37
competenties 67
complexe kennisvragen 93
complexiteit 93
conceptogram 122, 123
configuratie 87, 90
Conspect 122
content 39
contentmanagementsysteem 164
contextgebonden interview 75, 77
corporate edict models 73
cursorisch leren 40

datamining 112, 117
datingservice 66
delen van inhoud of informatie 101
Delicious 67, 97, 99, 101, 102, 136
dialoog 137
diensten 106
Digg 136
digisociale bekwaamheid 46
digital habitat 89, 141
digitale competentie 46
digitale geletterdheid 46, 50, 88, 153
dimensie 53, 55, 60, 61
 –, cognitieve 58, 66
 –, relationele 57, 64
 –, structurele 56, 62
dimensie van sociaal kapitaal 68
discussieplatform 150
doelgroep
 –, kenmerken 88
 –, voorkeuren 88
Doodle 139
Drupal 164
dynamische inhoud 96

e-learning 38, 151
elektronische leeromgeving 38
embedding code 135
employability 37
Enterprise 2.0 165
etiquette 45
EVC 108, 122
–, -procedure 179
expertise 41, 88
externe databank 97

Facebook 45, 56, 87, 96, 136, 144, 154, 163, 165
facilitator 174, 180
faciliteiten 89
facilitering 49
–, inhoudelijke en technologische 49
feed aggregators 164
feedback 107, 122
feedreaders 104
filtering 150
Flickr 67
focusgroep 75
functionaliteiten 32, 87, 90
functioneel ontwerp 177
Furl 136

gebruikersprofiel 107, 118, 163
gedistribueerde online identiteit 96
gegevens in leernetwerken 107
geheimhouding 162
gemeenschappelijk thema 27
gemeenschappelijk verwachtingspatroon 57
gemeenschappelijk vocabulaire 58, 67
gemeenschappen 25
genetwerkt leren 26, 165, 169, 182
Google Reader 104, 164
Google-toolbox 133
groepsclustering 75, 80
groepsdiscussies
–, deelname aan 42
groepsmanagement 138

hardopdenkmethode 75
hashtag 130, 164
heterogene populatie 89
heterogeniteit 43
heuristisch middel 123
houding 89, 142
HTML 133
hulpbronnen 56

human capital 37
hybride aanpak 181
hybride professionele leernetwerken 155, 158
hyperlink 97
Hyves 56, 96, 136, 144, 163

Identi.ca 131
idSpace 61
iFrame 97
iGoogle 104, 141
implementatie 88
impliciete kennis 95
individueel perspectief 180
individuele voorkeuren 90
informatie
–, dynamische 95
–, nieuwe 42
–, statische 95
–, vertrouwelijke of onwelvoeglijke 45
informatie vinden 42
informatiesysteem 97
informatievaardigheden 42
information retrieval 112, 117
informeel leren 106, 148
informele netwerken 181
infrastructuur 89
inhoud
–, dynamische 98
–, statische 98
innovatie 38
innovatief gereedschap 60, 61
innovatieprocessen
–, open - 32
instant messaging 138
instrumenten 128
interactie 36, 39, 41, 110
internettelefonie 138
intranet 133
introduceren 41

Jaiku 131

kalenderdienst 139
kennis verwerven, delen en ontwikkelen 168, 182
kennisarchivering 160
kenniscreatie 25, 160
kennisdeling 94, 148, 157, 160, 169
kenniseconomie 38
kennisgerelateerde doelen 160

kennismaking 44
kennismanagement 146, 149, 151
kennisontwikkeling 38, 94, 157, 170
kennispotentieel 146
kennisproductiviteit 38, 40
kennisuitwisseling 25, 36
kennisvraag 29
kernentiteiten 89, 96
Kirkpatrick
 -, model van 49
koppeling 97
kritische kennismassa 161
kwaliteit 54, 174
kwaliteitsgroepen 36

leercontext 119
leerinfrastructuren 182
leermanagementsystemen 38
leernetwerk 14
 -, als leeromgeving 25
 -, als online netwerk 26
 -, als sociaal netwerk 27
 -, organisatiegebonden 151
leernetwerkinfrastructuur 142
leeromgeving 151, 182
leerproces 29
leerprojecten 36
leerrijke activiteiten 41
leertrajecten
 -, formele 24
 -, non-formele 24
leren
 -, formeel 29
 -, in leernetwerken 39, 142
 -, informeel 74
 -, met elkaar 27
 -, non-formeel 29, 74
 -, van elkaar 27
 -, van en met elkaar 41, 142
lidmaatschap 31
LinkedIn 56, 62, 87, 96, 136, 150, 153, 154, 163, 165
logistieke zin 22
LTfLL 62
lurker 48

managed learning networks (MLN) 149
mashup-instrumenten 104
matching service 64
MediaWiki 133
memory-based 118

microblog 130
migratie 104
MLN 149, 151, 152, 154, 155, 162
mobiliteit 161
model-based 118
MySpace 136

navigeren 141
netbook 91
Netvibes 104, 141
netwerk 26, 63
 -, bedrijfs- 32
 -, gesloten 63
 -, individuele - 32
 -, open 63
 -, van relaties 37
netwerkkwaliteit 56

observeren 177
omvang organisatie 161
on-boek 166
onderwijsbehoeften 22
online identiteit 95
online video-conferencing 134
ontologie 118, 120
ontwerp 59, 71
ontwerpbenadering 72, 176
ontwerpdimensie 29, 172
ontwerpers 28
ontwerpoverwegingen 121, 123, 158
ontwerpsoftware 151
ontwikkelingen 37
ontwikkelingspotentieel 104
ontwikkelplan 179
open innovatiebenadering 172
open source-software 43
OpenSocial 91
organisatie 63
organisatieperspectief 146, 181
organisatorische doelen 160

Pageflakes 141
participatie 46
participatief ontwerp 73
participatief ontwerpen 71
participeren 44
passieve participatie 95
Pathable 61
P-bank 107, 109
persona 177
personage 75, 81, 89
personalisatie 90, 129

personele dynamiek   161
persoonlijk profiel   32, 95, 109, 110, 112
persoonlijke cockpit   140, 180
persoonlijke collectie   141
persoonlijke identiteit   47
persoonlijke leer- en kennisomgeving   149
persoonlijke leernetwerken (PLN)   149
persoonlijke omgeving   141
phishing   47
plaatsbepaling   107, 122
planningsinstrumenten   138
planningstool   139
platform   87, 89, 177
platformkeuze   32
PLN   149, 155, 162
podcast   130
populatie   33
portfolio   107, 109, 112, 179
potentieel interessante contacten   25
presence   91
professionele communities   150
professionele kennisdeling   163
professionele ontwikkeling   169
profieldata   66
profieldienst   95
profielinformatie   110
projectteams   36

randvoorwaarden   65, 88, 177
rating   67, 100
recommenders
   –, zie adviesdiensten   107
referentiekader   57
referentiemodel   122
regie   30
relatiemanagement   171
relationele database   108
ReMashed   62, 119
rich-text editor   133, 134
richtlijnen   144
RSS   98
RSS-feed   130, 136, 137, 164
RSS-functionaliteit   109
RSS-ondersteuning   102

samenwerking   61
SAPS   61, 65
scenariobenadering   83
schaalbaarheid   89
Scribd   135
semantische structuur   101

sharing   99
Skype   134, 138
Slideshare   67, 135
smartphone   91, 131
sociaal kapitaal   40, 53, 55, 59, 174
sociaal leren   152
sociaal netwerk   36, 56, 67, 87, 95, 136, 172
   –, open -   32
sociaal netwerkanalyse   117
social bookmarking   136, 137, 163
social media business cards   163
social media identity   163
Social Networks Visualizer   62
social software   39, 144
sociale interactie   142
sociale media   182
sociale netwerkanalyse   117
software   72, 130
   –, webgebaseerde   87
softwarediensten   32
softwareoplossingen   176
speltheorie   47
Squeelr   131
startpositie netwerk   31
statische inhoud   96
stereotype filtering   120
structurele dimensie
   –, missie   62
   –, structuur   62
structurering   150

taaltechnologie   115, 117
tablet   91
tag   42, 67, 108, 136
tag cloud   101
taggen   164
tagging   99
teamdiscussie   138
technieken
   –, ontwerp-   124
technologie   53, 72
technologiekeuze   90
technologische omgeving   87
technology stewardship   50
telefonische vergadering   138
TENTube   62
The Flowr   152
tijdsinvestering   46
timemanagement   139
tit-for-tat-strategie   47
toegang   45

toegangsrechten 109
toegankelijkheid 31
tools 87
top-down 100
tweet 130
Twitter 131, 144, 165

uitbreidbaarheid 89

veiligheid 162
verbindingen
 –, creëren 43
vergelijking 122
vertrouwelijkheid 109, 162
vertrouwen 44, 57, 61, 95
verwantschapsdiagram 75, 79
videoblog 137
videoconferentie 151
virtuele conferentie 138
visualisatietechnieken 124
Voice over IP 138
volgfunctie 137

vragen stellen 41

watervalmethode 72
weak ties 64
Web 2.0 67, 72, 89, 100, 130, 136,
 140, 143, 149
 –, -functionaliteiten 141
webbrowser 141
webinar 135
weblog 130
werkvorm 22
widget 97, 119
wiki 115, 133
Wikipedia 133
Wikitravel 133

Yammer 87, 150, 152
Youtube 136

zelfsturing 48
zoekmachines 117

GPSR Compliance
The European Union's (EU) General Product Safety Regulation (GPSR) is a set of rules that requires consumer products to be safe and our obligations to ensure this.

If you have any concerns about our products, you can contact us on

ProductSafety@springernature.com

In case Publisher is established outside the EU, the EU authorized representative is:

Springer Nature Customer Service Center GmbH
Europaplatz 3
69115 Heidelberg, Germany

www.ingramcontent.com/pod-product-compliance
Lightning Source LLC
LaVergne TN
LVHW080313260326
834688LV00038B/1088